CLV

David Gooding

In der Schule des Meisters

Eine Betrachtung der Lehren Christi über Heiligkeit

Johannes 13 – 17

CLV

Als Bibelversion wurde, wenn nicht anders vermerkt, die Elberfelder Übersetzung 2003 (Edition CSV Hückeswagen) verwendet.

1. Auflage 2015
2. Auflage 2023
3. Auflage 2025

Titel der britischen Originalausgabe:
»In the School of Christ – A Study of Christ's Teaching on Holiness – John 13–17«

www.keybibleconcepts.org
Original erschien als Koproduktion der Verlage Gospel Folio Press, Grand Rapids, Michigan, USA, und John Ritchie Ltd., Kilmarnock, Schottland.

Christliche Literatur-Verbreitung e.V.
Ravensberger Bleiche 6 · 33649 Bielefeld
www.clv.de

Bei Fragen zur Produktsicherheit erreichen Sie uns über gpsr@clv.de oder auf dem Postweg.

Übersetzung: Silke Morgenstern, Haag
Satz: EDV- und Typoservice Dörwald, Steinhagen
Umschlag: Andreas Fett, Meinerzhagen
Druck und Bindung: CPI books GmbH, Leck

Artikel-Nr. 256263
ISBN 978-3-86699-263-4

Inhalt

Historische Anmerkung

Vor ungefähr 2000 Jahren wurde Jesus Christus gekreuzigt. Damals war Pontius Pilatus Statthalter der römischen Besatzer.

Es war die Zeit des jüdischen Passahfestes. Jesus wurde verraten und von den Machthabern festgenommen und hingerichtet. Unmittelbar vorher lud Jesus seine Jünger zur Feier des Passahs in ein Gastzimmer in Jerusalem ein. Bei dieser Gelegenheit lehrte er sie wesentliche Inhalte des christlichen Glaubens. Sie handelten vom Wesen ihrer fortwährenden Beziehung zu ihm und die Umgestaltung ihres Charakters und ihrer Persönlichkeit, damit sie seine Herrlichkeit zunehmend widerspiegeln würden.

Als die Zeit kam, das Haus zu verlassen, hatte er sein Lehren noch nicht beendet. Die finsteren Straßen Jerusalems waren voller Hass gegen ihn. Dort setzte er seine Lehren fort. Er sagte seinen Jüngern, wie er sie dazu befähigen wird, ihn in einer Welt zu bekennen, die auch sie oft hassen wird.

Jesus war der Lehrer, seine Jünger waren die Schüler. Es war die Schule Christi, des Meisters. Wir möchten uns in diesem Buch den Jüngern Jesu in seiner Schule anschließen und gemeinsam mit ihnen lernen.

Einführung: An der Schultür

Unsere Welt ist voller Schönheit – angefangen beim Sonnenlicht auf frischem Schnee bis hin zu den Frühlings- und Sommerblumen, von der Frische im Gesicht einer Hochzeitsbraut bis zu den Charakterlinien im Gesicht ihrer Großmutter, die das Leben gezeichnet hat.

Doch die Welt ist noch schöner, als es auf den ersten Blick scheint. Und sicherlich schöner, als wir erwarten dürften. Das ist erstaunlich. Betrachtet man einen Insektenflügel unter dem Mikroskop, sieht man eine erstaunliche Konstruktion. Ein Physiker, der gerade entdeckt hat, wie ein riesiges komplexes System im Universum funktioniert, wird die dahinterstehende Mathematik nicht nur als offensichtlich korrekt bezeichnen, sondern als erstaunlich schön.

Die Welt ist ebenso voller Freuden. Manche davon sind tiefgründig, wie z. B. befriedigende persönliche Beziehungen. Andere, wie beispielsweise Düfte, sind nicht lebensnotwendig und scheinen nur als zusätzliche und unerwartete Freuden zu existieren.

Aber man kann nicht leugnen, dass unsere Welt auch voller Abscheulichkeiten und Leid ist. Vieles davon ist völlig unnötig. Warum müssen sich intelligente und angeblich zivilisierte Nationen gegenseitig abschlachten? Warum müssen reiche Geschäftsleute betrügen, um noch weitere Millionen zu ergattern? Warum brechen so viele Kinder ihren Eltern letzten Endes das Herz? Und warum sind manche Frauen so gemein und destruktiv eifersüchtig? Und manche Männer so rücksichtslos egoistisch, aggressiv und untreu?

In unserem Leben machen wir bittere und frustrierende Erfahrungen, wie abscheuliches Verhalten Schönes und Freudvolles zerstört. Das wird früher oder später ganz verschiedene Fragen aufwerfen, zum Beispiel: Warum ist nicht das ganze

Leben herrlich und voller Freude? Warum verletzen wir manchmal selbst diejenigen, die wir am meisten lieben? Was läuft falsch in unserer Welt und mit uns Menschen? Gibt es am Ende doch eine andere wunderschöne Welt ohne Abscheulichkeiten, wie es die Bibel sagt? Wenn ja, haben wir eine realistische Hoffnung, eines Tages dort zu sein? Oder ist das nur ein Märchen für Kinder? Eine Fantasiewelt, damit Menschen die Ungerechtigkeiten ertragen, statt für ihre Beseitigung zu kämpfen? Wenn ja, dann sollten wir uns zweifellos von dieser Illusion befreien und uns darauf konzentrieren, das Verhalten der Menschen zu verbessern und die Welt zu einem herrlicheren und freudvolleren Ort zu machen. Aber wie? Die Bibel sagt, dass eine Kraft verfügbar ist, um uns zu verändern. Dadurch können wir bereits in dieser Welt ein herrlicheres und freudvolleres Leben führen, nicht erst im Himmel. Ist das wahr? Und wenn das stimmt: Wie funktioniert das?

In diesem Zusammenhang sollten wir einige der ersten Nachfolger Christi darüber zu Wort kommen lassen, was sie als Erstes zu Christus hingezogen hat. Petrus, der Fischer aus Galiläa und spätere Apostel, war ein rauer, kräftiger und praktisch veranlagter Mann. Er wusste, was es heißt, seinen Lebensunterhalt durch Fischen auf dem oft gefährlichen See Genezareth zu verdienen. Vermutlich hatte er weder viel für Sentimentalität noch viel für den Glauben übrig. Er erklärt uns, dass Jesus *»uns berufen hat durch Herrlichkeit und Tugend«* (2. Petrus 1,3). Die bloße Pracht und Herrlichkeit des Wesens Christi hat Petrus angezogen: seine Sanftmut trotz seiner Macht, seine außergewöhnliche Liebe, Freundlichkeit und Geduld gegenüber sündigen Menschen. Er war bereit zu vergeben, ohne das Leid zu vergelten, das ihm persönlich angetan wurde. Er wollte vergeben, trotz seines glühenden Zorns über die Ungerechtigkeit, die andere ertragen mussten. Das Wesen und Verhalten Jesu war so anziehend für Petrus, dass er das Fischen aufgab und Jesus nachfolgte. So konnte er Jesus jederzeit aus nächster Nähe beobachten. Das überzeugte ihn davon, dass es einen Himmel gibt und dass die Majestät und Pracht von Jesu Wesen nicht irdischen Ursprungs war.

Denselben Eindruck hat Christus auch bei Petrus' Fischerkollegen Johannes hinterlassen, der später ebenfalls ein Apostel wurde. *»Wir haben seine Herrlichkeit angeschaut«*, sagt Johannes (Johannes 1,14), *»eine Herrlichkeit als eines Eingeborenen vom Vater voller Gnade und Wahrheit.«*

Und dann machten diese mutigen, hart arbeitenden Fischer eine tief greifende Erfahrung. Sie erkannten, dass sie nicht länger mit ihrem bisherigen sündigen Verhalten weitermachen konnten. Sie sehnten sich danach, nicht nur mit Jesus zusammen zu sein, sondern auch so zu leben wie er. Zu sein, was die Bibel »heilig« nennt. Und entgegen ihrer Ansicht, dass es sich für sie als raue Männer dabei um einen unrealistischen Tagtraum handelt, versicherte Jesus ihnen, dass ihre Sehnsucht gestillt werden kann. Allerdings zeigte die Welt nach vergleichsweise kurzer Zeit, was sie von Jesu Wesen und Lebensweise hielt, indem sie ihn kreuzigte. Abscheulichkeit schien erneut über die Herrlichkeit gesiegt zu haben. Aber Jesus stand von den Toten auf, sagen seine Apostel. Und seine Auferstehung setzte die Kraft frei, um in der Härte und dem Durcheinander, den Gegebenheiten und der Wirklichkeit des Alltags ein echtes christliches und heiliges Leben zu führen – sowohl damals als auch für jeden wahren Gläubigen bis zum heutigen Tag.

Aber hier treffen wir auf eine Schwierigkeit. Für viele Menschen ist der Ausdruck »heilig« ausgesprochen langweilig. Für sie scheint es etwas in sich Negatives zu sein, ein Hindernis für Freude im Leben. Heilige sind für sie blasse Einsiedler, nur halb lebendig. Und Heiligkeit ist für sie nicht nur unerreichbar, sondern völlig außerhalb der Neigung normaler, vollständig durchbluteter Menschen.

Zugegeben, Heiligkeit hat auch eine negative Seite, aber das hat z. B. die Chirurgie auch. Die positive Seite der Chirurgie ist, Menschen körperlich gesund und kräftig zu machen. Aber genau aus diesem Grund ist sie dem Wachstum von Bakterien und Krebs gegenüber negativ eingestellt. Ebenso ist das Ziel der Heiligung, die Menschen moralisch rein, stark und schön zu machen, mit einer Schönheit ähnlich der des Schöpfers. Deshalb ist Heiligung verständlicherweise negativ eingestellt gegenüber allem, was den Schöpfer verunehrt, uns als seine Geschöpfe schwächt oder die schönen Dinge des Lebens verdirbt und zerstört. Natürlich wird die Heiligung sich auch gegen manche Dinge richten, die zur jeweiligen Zeit angenehm scheinen. Für den drogensüchtigen Teenager scheint der nächste Schuss Kokain das einzig Attraktive und der größte Genuss der Welt zu sein. Er kann nicht sehen, was ein Außenstehender sieht. Wie groß der Genuss auch scheinen mag: Die Drogen werden sein Gehirn zerstören. Auf ähnliche Weise kann Rache sehr süß scheinen. Doch sie verwundet nicht nur den, gegen den sie sich richtet, sondern schadet auch der Seele dessen, der sie in sich trägt.

Deshalb müssen wir von Christus lernen, was wahre Schönheit, wahre Freude und wahre Heiligkeit sind. Und wie wir ebenso heilig werden können wie er, als er auf der Erde war und wie er nun im Himmel ist. Wir sind nun eingeladen, Jesu Lehren zu diesem Thema zu hören.

Unsere Mitschüler

Wir wollen nun die Schüler kennenlernen, die die Lektionen über Heiligung hörten, als Jesus sie das erste Mal gehalten hat. Das ist für uns in Johannes 13–17 festgehalten. Wir könnten meinen, dass wir nicht in die Klasse passen, weil sie damals nur aus Aposteln bestand. Und dass Christi Lehren über Heiligung nur für Glaubensexperten geeignet sind. Aber das stimmt nicht. Keiner der Apostel hatte eine theologische Ausbildung, keiner war hochgebildet. Was ihre theologische Ausbildung angeht, hat Christus selbst sie als theologische und intellektuelle Babys bezeichnet (Lukas 10,21). Durch die Fragen, die sie Christus während seines Lehrens stellten, sollen wir vermutlich erkennen, dass sie ebenso langsam erkannten, worauf es ankommt, wie auch wir manchmal.

Sie waren wirklich eine bunt gemischte Gruppe von Männern. Mehrere von ihnen waren wie Petrus von Beruf Fischer: rau, mutig, praktisch, Arbeiter, die wussten, wie hart es ist, den Lebensunterhalt zu verdienen und eine Familie zu ernähren. Petrus selbst war ein eifriger, liebenswerter Mann, immer mit einem Kommentar oder einer Antwort auf den Lippen. Er neigte dazu, zu führen und für den Rest zu sprechen, aber er war impulsiv – er redete und handelte, bevor er dachte. Im Gegensatz zu ihm war Matthäus ein kühler, berechnender Typ. Bevor er auf Christi Ruf reagierte, hatte er einen Haufen Geld als Zollbeamter verdient, indem er für die verhassten Römer arbeitete. Bei seiner Bekehrung gab er diesen gesellschaftlich geächteten Beruf auf. Doch er war es gewohnt, genaue und ordentliche Berichte zu schreiben. Er setzte seine Fähigkeit schließlich ein, um einen Bericht über das Leben Christi zu schreiben, das Evangelium nach Matthäus.

Johannes und Jakobus waren ehrgeizige Draufgänger. Ihnen machte es nichts aus, hart zu arbeiten oder etwas zu opfern, wenn sie sich nur die höchste Stellung in Christi Königreich sichern konnten (Markus 10,35-45). Ihre Haltung war völlig ungesund, und ihr Gerechtigkeitssinn war leider manchmal mit boshafter Rache vermischt (Lukas 9,51-56). Wir lesen, dass Philippus ein sanftmütiger, leicht zugänglicher Mensch war (Johannes 12,21). Thomas war nüchtern und scheute sich nicht, seine Zweifel und Schwierigkeiten bezüglich des Glaubens offen auszusprechen (Johannes 11,16; 20,24-29). Simon, der Zelot, war vor seiner Bekehrung rechtsgerichteter Aktivist, das genaue Gegenteil von Matthäus, dem Kollaborateur. Andere waren still, wir hören sie nie etwas sagen – trotzdem waren sie ernst zu nehmende Schüler. Und dann war da noch ein geheimnisvoller Mann. Er trug den gemeinsamen Geldbeutel der Gruppe. Dieser Mann war kein wahrer Jünger und wurde am Ende als Verräter entlarvt.

Ungeachtet unserer Persönlichkeit und unseres Charakters, unseres politischen, kulturellen und gesellschaftlichen Hintergrunds werden wir uns inmitten dieser Männer als Mitschüler in der Schule des Meisters gut zurechtfinden.

Die Schule

Nicht alles, was Jesus hier lehrte, lehrte er am selben Ort. Und dafür gibt es Gründe. Die Heiligung hat zwei Seiten. Die erste ist die Liebe und Hingabe an die drei Personen des dreieinen Gottes. Dies geschieht, indem wir die Gemeinschaft mit ihnen aufrechterhalten, ihnen ermöglichen, uns ihre Liebe zu uns zu zeigen und uns ihren Willen und ihre Vorstellungen für uns zu lehren. Und es geschieht, indem wir ihnen hier auf Erden in unseren Herzen ein Heim bereiten, so wie sie uns eines Tages ein Heim bei ihnen im Himmel bereiten. Diese Punkte lehrte Christus passenderweise in der Abgeschiedenheit des privaten Gastzimmers. Dort hatten er und seine Apostel sich getroffen, um das jüdische Passah zu feiern. Sie legten sich nach orientalischer Sitte um den Esstisch in vertrauter, aufrichtiger Gemeinschaft. Dadurch zeigte Christus ihnen, dass es bei der Heiligung nicht in erster Linie um das Einhalten von Regeln und Vorschriften geht (obwohl es genügend Gebote einzuhalten gibt). Sondern es geht um eine Antwort der Liebe von unserer Seite auf die Liebe Gottes, die er uns durch seinen Sohn Jesus Christus erwiesen hat.

Aber es gibt auch noch eine zweite Seite der Heiligung. Wahre Heiligung wird nicht dazu führen, dass wir vor dem

Leben davonlaufen und uns als geistliche Einsiedler von der Welt isolieren. Sie wird Christi Jünger in die Welt mit all ihrer Sünde und Feindschaft gegen Gott führen. Dort, in der Welt, sollen sie Christus mutig bekennen, ein Leben führen, das Gott verherrlicht, seine Heiligkeit aufzeigen, Sünde missbilligen. Außerdem sollen sie Gottes Liebe verkörpern und sichtbar machen, die er zu allen seinen Geschöpfen hat – egal, wie sündig sie sind. Um diese Seite der Heiligung zu lehren, führte Christus seine Jünger aus der behaglichen Abgeschiedenheit des Gastzimmers hinaus auf die Straßen Jerusalems. Dort war die Nachtluft erfüllt mit dem Hass seiner Feinde, die mit dem Verräter Judas bereits Pläne schmiedeten, wie sie ihn umbringen könnten. Auf den Straßen der Stadt, auf dem Weg zu seiner Festnahme in Gethsemane und seiner anschließenden Kreuzigung, lehrte Christus sie passenderweise diese zweite Seite der Heiligung.

Die Lehren

So viel an dieser Stelle: Christi Lehren über Heiligung sind nicht voller ausgeklügelter, theoretischer Vorstellungen, die nur ausgebildete Philosophen oder Theologen verstehen können. Sie sind so einfach, wie Christi göttliche Weisheit sie nur machen kann. Es ist ein Hinweis auf die Brillanz des Schöpfers, dass er sich der Seele und dem Herzen der Niedrigsten mitteilen kann.

Und obwohl die Lehren viele Einzelheiten enthalten, sind es nur wenige einfache Hauptpunkte. Man kann sie folgendermaßen darstellen:

innerhalb der christlichen Gemeinschaft (Kap. 13–14)	**in der Welt (Kap. 15–16)**
I. Das vorgelebte Gleichnis der Fußwaschung: Gottes Grundausstattung, um uns zu heiligen (13,1-20)	I. Das Gleichnis von dem Weinstock und den Reben: Gottes Grundausstattung, um unser Zeugnis in der Welt aufzurichten (15,1-17)
II. Christi Aufdecken des Verrats durch Judas: zeigt uns die Grundprinzipien der Heiligkeit (und Unheiligkeit; 13,21-32)	II. Christi Aufdecken des Hasses der Welt: hilft uns, die Feindschaft der Welt gegen unser Bekenntnis zu verstehen (15,18-27)
III. Christi Weggehen: dessen Zweck und Auswirkung auf die Vervollkommnung unserer Heiligung (13,33–14,31)	III. Christi Weggehen: dessen Notwendigkeit und Auswirkung auf unseren Sieg über die Welt (16,1-33)

Die zwei Seiten der Heiligung

Doch auch den Einzelheiten können wir einfach folgen und sie verstehen, wenn wir erkennen, dass vieles aus dem ersten Teil im zweiten Teil wiederholt wird (wie man in der Tabelle in Kapitel 16 sehen kann).

Nein, für viele wird die Hauptschwierigkeit nicht darin liegen, die Lehren Christi über Heiligung zu verstehen und ihnen gedanklich zu folgen, sondern sie in die Praxis umzusetzen. Für sie hat ein »Heiliger« durch viele Jahre strenger religiöser Disziplin und fast übermenschlicher Enthaltsamkeit eine fortgeschrittene Stufe der Heiligkeit erreicht. Und sie fühlen instinktiv, dass sie selbst eine solche Last unmöglich tragen können.

Aber diese Vorstellung davon, wie man ein Heiliger wird, ist völlig verdreht. Hören wir uns die Bedingungen an, mit denen Christus an anderer Stelle in seine Schule einlädt:

»Kommt her zu mir, alle ihr Mühseligen und Beladenen, und ich werde euch Ruhe geben. Nehmt auf euch mein Joch und lernt von mir, denn ich bin sanftmütig und von Herzen demütig, und ihr werdet Ruhe finden für eure Seelen; denn mein Joch ist sanft, und meine Last ist leicht« (Matthäus 11,28-30).

Es stimmt: Christus erwartet von seinen Nachfolgern, seine Gebote zu halten und hart daran zu arbeiten, sie in die Praxis umzusetzen. Aber der Grund, warum sein Joch sanft und seine Last leicht ist, wird in den in diesem Buch beschriebenen Lehren Jesu deutlich. Jeder weitere notwendige bedeutende Schritt auf dem Weg der Heiligung wird nicht durch das erreicht, was wir für Christus tun, sondern durch das, was er für uns tut – also nicht durch unsere Anstrengung, sondern durch seine Kraft. Es beginnt damit, dass Christus uns nicht einfach dazu beruft, ein ihm ähnliches Leben zu führen: Er pflanzt uns zuerst sein eigenes Leben ein. Dadurch haben wir das Potenzial und alles Erforderliche, um ein christusähnliches Leben zu führen. Man kann schließlich nicht zu jemandem sagen, er solle eine Symphonie schreiben, ohne ihm zuerst ein besonderes musikalisches Talent zu geben. In der ersten Lektion Christi über Heiligung sollen wir erkennen: Er kann in uns das Leben des Heiligen Geistes einpflanzen, ohne das wir nicht mit der Heiligung beginnen können (Kap. 13).

Danach fordert er uns allerdings auf, ihm in unseren Herzen hier auf Erden eine Wohnung zu bereiten. Aber dies sagt er erst, nachdem er angekündigt hat, dass er hingeht, um für uns im Haus seines Vaters eine Wohnung zu bereiten – und nachdem er verheißen hat, wiederzukommen und uns dorthin zu bringen (Kap. 14).

Natürlich erwartet er die Frucht des Geistes in unserem Leben: Liebe, Freude, Friede usw. Aber nicht durch unsere eigene Anstrengung ohne Hilfe. Wir sind nicht der Weinstock, der diese Frucht hervorbringt: Das ist Christus. Von uns wird nur erwartet, Reben zu sein, die von ihm Leben, Hilfe und

Durchhaltevermögen empfangen, was das Fruchtbringen ermöglicht (Kap. 15).

Ja, Christi Nachfolger werden aufgefordert, Christus in dieser feindlichen Welt mutig zu bezeugen. Aber die Hauptverantwortung für dieses Zeugnis liegt nicht bei ihnen: Der Heilige Geist, vom Vater in Christi Namen gesandt, trägt die Hauptlast dieser weltweiten Aufgabe. Christi Nachfolger sind nur die »Junior-Partner« des Heiligen Geistes (Kap. 16).

Unter diesen Bedingungen kann jeder heilig werden. Betreten wir also jetzt ohne Verzögerung die Schule des Meisters.

Der Kurs: Teil I

A. Die Reinigung der Jünger

Vorschau

In diesem Teil des Buches lernen wir von:

Gottes Grundausstattung, um uns zu heiligen und wunderbaren Menschen zu machen.

Diese von Gott geschenkte Grundausstattung soll uns von unseren sündigen Haltungen und den Unvollkommenheiten in unserem Charakter befreien, die die Bibel bildlich als »Flecken, Runzeln und dergleichen« bezeichnet (vgl. Epheser 5,27).

Diese Grundausstattung beinhaltet:

1. die Wiedergeburt, die der Heilige Geist in uns wirkt.
   - Diese geistliche Erfahrung wird verglichen mit einer einmaligen Ganzkörperwaschung.
   - Sie ist eine notwendige erste geistliche Erfahrung.
   - Sie gibt neues Leben, neue Wünsche und neue Kraft.
   - Ohne sie ist wahre Heiligung nicht möglich.
   - Sie bedarf keiner Wiederholung, wenn sie einmal erfahren wurde.
2. die Reinigung und Erneuerung des Herzens, des Verstands und der Taten durch den Herrn Jesus Christus.
   - Diese geistliche Erfahrung wird mit der Fußwaschung verglichen, die ständig wiederholt werden muss.
   - Es handelt sich um einen Vorgang, den man beständig durchlaufen muss, um die Gemeinschaft mit dem Herrn Jesus aufrechtzuerhalten.

1. Die Kulisse und die zeitliche Einordnung des Kurses

Vor dem Fest des Passah aber, als Jesus wusste, dass seine Stunde gekommen war, dass er aus dieser Welt zu dem Vater hingehen sollte, da er die Seinen, die in der Welt waren, geliebt hatte, liebte er sie bis ans Ende. Johannes 13,1

Der Originalschauplatz dieses Unterrichts war wirklich ergreifend. Drei Jahre lang hatte Christus mit den zwölf Männern, seinen Aposteln, gelebt, gearbeitet und war mit ihnen unterwegs. Alle (mit einer Ausnahme) hatten ihn geliebt, ihm gedient und Annehmlichkeiten und weltlichen Wohlstand geopfert, um ihm zu folgen. Und nun, scheinbar völlig unvermittelt, wird er sie verlassen! Was sollten sie davon halten?

Er hatte ihnen bereits mehrmals gesagt, dass er sie verlassen muss. Aber sie begriffen nicht, was sie nicht hören wollten. Darin sind sie uns sehr ähnlich. Und sie vergaßen sofort, was er gesagt hatte. An diesem Abend muss er ihnen nochmals ausführlich und unmissverständlich sagen: Ich muss euch verlassen! Ich muss gehen! Die Nachricht wird sie niederschmettern und verwirren. Ein paar Stunden später wird er sie verlassen und sie werden ihn eines gewaltsamen Todes sterben sehen. Dann werden sie erschüttert, bekümmert und voller Furcht sein. Und sie werden das äußerst beunruhigende Gefühl haben, dass er sie im Stich gelassen hat. Ihre Betroffenheit wird allerdings nicht lange andauern. Drei Tage später werden sie durch seine Auferstehung wie ausgewechselt sein. Allerdings wird er nur 40 Tage später in den Himmel auffahren und sie erneut verlassen.

Und zwar dieses Mal für immer.

»Warum musste er sie denn verlassen?« Diese Frage beschäftigt uns heute genauso wie die Jünger damals. Wenn Jesus Gottes Sohn ist, in diese Welt gesandt, um uns Menschen zu retten, hätte er so lange bleiben können, wie er wollte. Warum blieb er dann nur so kurze Zeit? Die Zeit, die er mit seinen Jüngern verbrachte, sie lehrte, der Volksmenge predigte und Wunder vollbrachte, dauerte nur etwas über drei Jahre! Hätte er ihnen nicht besser helfen können, nicht mehr Menschen überzeugen und retten können, wenn er länger bei ihnen geblieben wäre? Warum musste er seine Jünger so bald verlassen?

Um es vorwegzunehmen: Es war nicht, weil er das Interesse an ihnen verloren hatte oder seine Liebe für sie abgeflaut war. Johannes sagt: *»Da er die Seinen, die in der Welt waren, geliebt hatte, liebte er sie bis ans Ende«* (V. 1), d. h. bis zum Äußersten.

Er wurde auch nicht als wehrloses Opfer des Hasses von seinen Feinden aus der Welt geworfen – kraftlos, seinen Jüngern länger beizustehen. Nein! Er verließ diese Welt ganz bewusst, um *»aus dieser Welt zum Vater zu gehen«* (V. 1; Schlachter 2000). Dann wurde er von Gott in die höchste Machtstellung über das Universum erhöht, *»eingesetzt zu seiner Rechten im Himmel über alle Reiche, Gewalt, Macht, Herrschaft und alles, was sonst einen Namen hat, nicht allein in dieser Welt, sondern auch in der zukünftigen«* (Epheser 1,20.21; Luther 1984). Sein Fortgehen war weder eine aufgezwungene Verbannung noch ein taktischer Rückzug.

Gerade deshalb fragen wir noch einmal: »Warum musste er seine Jünger so früh verlassen?« Die Antwort ist: Er wollte seine Jünger heiligen, und das konnte er nur, indem er sie verließ. Das klingt im ersten Augenblick merkwürdig, aber es ist wahr. Und wir erfahren später, warum. Er hätte länger bei ihnen bleiben und sie z. B. mehr über Moral lehren können als in der Bergpredigt. Sie hätten dadurch vielleicht ein besseres Verständnis von Gottes Maßstäben der Heiligkeit erlangt. Aber sie wären dadurch nicht heiliger geworden, denn sie hätten so nicht die Kraft für ein Leben nach diesen Maßstäben erhalten. Er konnte ihnen die nötige Kraft, um zuerst heilig zu werden und dann ein heiliges Leben zu führen, nur durch sein Weggehen zugänglich machen.

Wir müssen das begreifen. Christus war nicht wie ein Tennisspieler, der sich tapfer durch ein Tennisturnier kämpft, das letzte Spiel verliert und dann nach Hause geht. Er war auch nicht wie ein Turniersieger, der sein letztes Spiel gewinnt und dann seine Karriere beendet. Denn Christus wurde durch seinen Heimgang zum Vater Teil des Turniers. Er wurde ein unverzichtbarer Teil des Vorgangs und der Grundausstattung, um seine Jünger zu heiligen – und nicht nur die Jünger damals, sondern alle Jünger seitdem.

Deshalb war das die bedeutendste Lektion, die er seine Apostel in den letzten Stunden vor seinem Weggang in seiner Schule der Heiligung lehrte.

Die Vertrauenswürdigkeit des Lehrers

Und während des Abendessens, als der Teufel schon dem Judas, Simons Sohn, dem Iskariot, ins Herz gegeben hatte, ihn zu überliefern, steht Jesus wissend, dass der Vater ihm alles in die Hände gegeben hatte und dass er von Gott ausgegangen war und zu Gott hingehe, von dem Abendessen auf … Johannes 13,2-4a

Jesus wollte seine Jünger heiligen! Da müssen wir fragen: »Wie realistisch war die Aussicht auf Erfolg?« Jesus hatte diese Männer ausgesucht und dazu berufen, ihm zu folgen. Drei turbulente Jahre lang hatte er sie gelehrt, ausgebildet und durch seine Freundschaft und sein eigenes Vorbild ermutigt. Doch schauen wir sie uns an! Sie waren hier zu einem letzten Mahl versammelt, bevor Jesus starb. Aber der Raum, in dem sie sich trafen, gehörte nicht ihnen, und es gab keine Diener, um die kleine Höflichkeit zu übernehmen, den Gästen vor dem Essen die Füße zu waschen, wie es damals im Nahen Osten üblich war. Keiner der Jünger verfügte über das Feingefühl oder die Güte, dem Herrn Jesus die Füße zu waschen, geschweige denn den anderen Jüngern. Unser Herr musste es selbst tun (V. 5-12). Wie selbstsüchtig und ichbezogen diese Männer waren! Eigentlich genauso wie wir.

Nicht nur das. Bei diesem überaus heiligen Ereignis, als die Freundschaft am stärksten hätte sein müssen, plante einer der

Jünger, Judas Iskariot, in Gedanken die Einzelheiten seines Verrats. Bevor die Nacht zu Ende war, verkaufte er Christus für dreißig Silberlinge in den Tod.

Petrus, ein weiterer Jünger, der mit am Tisch saß, bekundete laut, Jesus zu lieben und ihm treu zu sein und ihm, wenn nötig, ins Gefängnis und in den Tod zu folgen. Und er meinte es ernst. Doch seine Aufrichtigkeit nützte wenig. Ein paar Stunden später zerknüllte die leise Andeutung einer möglichen Verfolgung seinen Mut wie ein Blatt Papier. Er verleugnete Jesus drei Mal. Die restlichen der Zwölf waren kaum besser. Als die Situation kritisch wurde und Jesus verhaftet wurde, verließen ihn alle und liefen um ihr Leben.

Welche Hoffnung gab es also, solche Männer jemals zu heiligen? Sie kannten die moralischen Lehren Jesu. Aber woher hatten sie den notwendigen Mut, diese in eine böse und feindliche Welt hinauszutragen? Und die nötige Liebe und Treue, Gnade und Kraft, Entschlossenheit und Ausdauer?

Hat Jesus etwa die Liebe, Treue und guten Absichten seiner Jünger überschätzt? Oder unterschätzte er die miese Selbstsucht, Schwachheit und Wankelmütigkeit des menschlichen Herzens? Nein! Er kannte seine Jünger durch und durch. Er wusste, dass Judas plante, ihn zu verraten (V. 11), und dass Petrus ihn verleugnen wird (V. 36-38). Und außerdem wusste er, dass hinter Judas' Niederträchtigkeit und Petrus' Schwachheit eine noch bösere Macht steckte. Diese Macht wollte durch Judas und Petrus Jesu Absichten im Voraus vereiteln. Denn es war Satan selbst, der es Judas ins Herz gegeben hatte, Jesus zu verraten (V. 2). Und es war Satan, der die Apostel in Panik versetzte, sodass sie Jesus im Stich ließen, als er verhaftet wurde. Und auch während Jesu Verhör war es Satan, der Petrus zu einem feigen Lügner machte (Lukas 22,31.32).

Jesus wusste das alles. Er hatte kein falsches Bild von der vermeintlichen Charakterstärke seiner Jünger. Aber – und das ist der entscheidende Punkt – er hatte es sich, obwohl er alles über sie wusste, zur Aufgabe gemacht, sie in wahrhaft heilige Männer zu verändern, in wirkliche Alltagsheilige. Ungeachtet ihrer Schwachheit und der Stärke der Gegenseite begann er, sie Heiligung zu lehren.

Aber wie konnte er so zuversichtlich sein? Johannes sagt es uns (V. 3). Der Herr Jesus war sich zu diesem Zeitpunkt zweier Dinge bewusst. Erstens, dass der Vater ihm alle Dinge übergeben hat. Das heißt, Gott hat ihm die höchste und endgültige Macht gegeben: Nichts befand sich außerhalb seiner Kontrolle. Christus hat beispielsweise einmal gesagt: *»Niemand nimmt es [mein Leben] von mir, sondern ich lasse es von mir selbst. Ich habe Gewalt, es zu lassen, und habe Gewalt, es wiederzunehmen. Dieses Gebot habe ich von meinem Vater empfangen«* (Johannes 10,18).

Zweitens wusste Jesus, dass er vom Vater ausgegangen war und wieder zum Vater zurückkehren wird (V. 3). Das war immer die Absicht seiner Sendung in unsere Welt. Er kam mit aller Autorität Gottes – aber nicht, um zu bleiben! Sein Auftrag war nicht vollendet, solange er nicht zum Vater zurückgekehrt war. Nichts hielt ihn vom Erreichen dieses Zieles ab.

Nicht einmal sein Verrat und seine Kreuzigung. Denn gerade durch das Leiden am Kreuz bietet Christus allen, die an ihn glauben, Vergebung an und macht sie frei, um ein heiliges Leben zu führen. Wer dachte, Christi Einfluss auf die Menschen würde gebrochen werden, indem Christus durch eine grausame Hinrichtung aus dieser Welt herausgenommen wird, hatte sich getäuscht. Denn Christi Fortgehen von dieser Welt durch Auferstehung und Himmelfahrt zum Vater wird die ganze Kraft freisetzen und für die Jünger zugänglich machen, die sie für ein geheiligtes Leben benötigten. Niemand konnte die Pläne Christi durchkreuzen, seine Jünger (und Millionen nach ihnen) in wahrhaft heilige Menschen zu verwandeln. Der Versuch, mit der Kreuzigung Christi Pläne zu durchkreuzen, hat letztlich die Förderung von Christi Vorhaben bewirkt. Nichts kann den Absichten Christi entgegengesetzt werden, das stark oder raffiniert genug ist, um sie zu vereiteln.

In diesem Vertrauen erhebt sich Jesus vom Tisch für die erste Lektion in Heiligkeit. Und sein Vertrauen wurde schließlich zur Quelle ihres eigenen Vertrauens, dass sie eines Tages mit absoluter Sicherheit die Herrlichkeit Gottes erreichen werden. Hören wir, was der Apostel Paulus sagt: »*Wir wissen aber, dass denen, die Gott lieben, alle Dinge zum Guten mitwirken, denen, die nach Vorsatz berufen sind. Denn welche er zuvor erkannt hat, die hat er auch zuvor bestimmt, dem Bild seines Sohnes gleichförmig zu sein, damit er der Erstgeborene sei unter vielen Brüdern. Welche er aber zuvor bestimmt hat, diese hat er auch berufen; und welche er berufen hat, diese hat er auch gerechtfertigt; welche er aber gerechtfertigt hat, diese hat er auch verherrlicht. ... Denn ich bin überzeugt, dass weder Tod noch Leben, weder Engel noch Fürstentümer, weder Gegenwärtiges noch Zukünftiges, noch Gewalten, weder Höhe noch Tiefe, noch irgendein anderes Geschöpf uns zu scheiden vermögen wird von der Liebe Gottes, die in Christus Jesus ist, unserem Herrn*« (Römer 8,28-30.38-39). Ein solches Vertrauen lässt das Herz eines Gläubigen singen.

Aber bevor wir nun mit der ersten Lektion beginnen, möchten wir noch einen Augenblick innehalten und die Schulatmosphäre aufnehmen.

Die Schulatmosphäre

Einem Kind, das zum ersten Mal zur Schule geht, oder einem Studenten, der mit dem Studium beginnt, wird vermutlich etwas bange sein. Wird der Unterricht sehr schwierig sein? Und wie werden die Lehrer sein? Verständnisvoll, hilfsbereit und geduldig? Oder streng, distanziert und fordernd? Werden sie sich dafür interessieren, ob ihre Schüler bestehen oder durchfallen?

So scheint für viele Menschen die Einladung zu einem Kurs, in dem Christus der persönliche Lehrer jedes Einzelnen ist, nicht sonderlich anziehend, sondern eher beängstigend. Für sie ist Christus der verherrlichte Sohn Gottes, der allmächtige Herrscher des Weltalls, dicht umringt von Engelsreihen, den Erzvätern und Heiligen, majestätisch, jedoch völlig fern von den gewöhnlich Sterblichen, von uns schwachen Männern und Frauen – so weit entfernt, dass sie lieber nicht direkt mit ihm Umgang haben, sondern sich ihm, wenn überhaupt, durch ein oder zwei Vermittler nähern.

Wie sehr unterschied sich die Atmosphäre in diesem Gastzimmer von dieser Vorstellung, als Christus kurz vor seinem Tod seinen Jüngern diese Lektionen in Heiligung erteilte! Die erste Hälfte des Kurses fand während der Abendmahlzeit statt, als er und seine Schüler um einen Tisch saßen, aßen und redeten. In Wirklichkeit war das Ganze ungezwungener und vertrauter, als das Wort »sitzen« vermuten lässt. Im Nahen Osten legte man sich längs auf dünnen Matten rund um einen niedrigen Tisch, stütze sich auf den linken Ellbogen und hatte den rechten Arm und die rechte Hand frei, um zu essen. Und wenn einer der Jünger, der neben Jesus lag, ihm eine Frage stellen wollte, lehnte er sich einfach zurück an Jesu Brust und schaute in sein Gesicht (V. 25). Keiner von ihnen scheute sich, ihn zu unterbrechen und nachzufragen, wenn er etwas nicht verstanden hatte (14,5-10.22-23). Einmal hat Petrus sogar gegen etwas aufbegehrt, was Jesus tat. Das war zweifellos töricht von ihm, aber es zeigt, wie ungezwungen sie sich in der Gegenwart des Herrn fühlten. Das wiederum zeigt, was für ein gütiger und nahbarer Lehrer er war.

Seit seiner Himmelfahrt ist Jesus im Himmel, aber im Grunde unterscheidet er sich nicht von dem, der er in diesem Gastzimmer war. *»Jesus Christus ist derselbe gestern und heute und in Ewigkeit«*, sagt die Bibel (Hebräer 13,8). Und wenn wir nun versuchen, die Lektionen zu begreifen, die er seine Jünger im Gastzimmer lehrte, können wir ihm unsere Fragen direkt im Gebet stellen, ebenso freimütig, wie die Jünger es in der direkten Unterhaltung mit ihm taten.

2. Die Waschung der Wiedergeburt

Vor dem Fest des Passah aber, als Jesus wusste, dass seine Stunde gekommen war, dass er aus dieser Welt zu dem Vater hingehen sollte – da er die Seinen, die in der Welt waren, geliebt hatte, liebte er sie bis ans Ende. Und während des Abendessens, als der Teufel schon dem Judas, Simons Sohn, dem Iskariot, ins Herz gegeben hatte, ihn zu überliefern, steht Jesus, wissend, dass der Vater ihm alles in die Hände gegeben hatte und dass er von Gott ausgegangen war und zu Gott hingehe, von dem Abendessen auf und legt die Oberkleider ab; und er nahm ein leinenes Tuch und umgürtete sich. Dann gießt er Wasser in das Waschbecken und fing an, den Jüngern die Füße zu waschen und mit dem leinenen Tuch abzutrocknen, mit dem er umgürtet war. Er kommt nun zu Simon Petrus, und der spricht zu ihm: Herr, du wäschst mir die Füße? Jesus antwortete und sprach zu ihm: Was ich tue, weißt du jetzt nicht, du wirst es aber nachher verstehen. Petrus spricht zu ihm: Niemals sollst du mir die Füße waschen! Jesus antwortete ihm: Wenn ich dich nicht wasche, hast du kein Teil mit mir. Simon Petrus spricht zu ihm: Herr, nicht meine Füße allein, sondern auch die Hände und das Haupt! Jesus spricht zu ihm: Wer gebadet ist, hat nicht nötig, sich zu waschen, ausgenommen die Füße, sondern ist ganz rein; und ihr seid rein, aber nicht alle. Denn er kannte den, der ihn überliefern würde; darum sagte er: Ihr seid nicht alle rein.

Johannes 13,1-11

»Wer gebadet ist, hat nicht nötig, sich zu waschen, ausgenommen die Füße, sondern ist ganz rein; und ihr seid rein, aber nicht alle. Denn er kannte den, der ihn überliefern würde; darum sagte er: Ihr seid nicht alle rein« (V. 10.11).

Erwartungsgemäß beginnt unser Herr seine Lehre über Heiligung mit einer Lektion über die Notwendigkeit der Reinigung. Jeder von uns ist durch unzählige sündige Haltungen und Handlungen verunreinigt. Wir bedürfen ganz offensichtlich einer Reinigung, um überhaupt heilig zu werden. Und darüber hinaus bedürfen wir einer regelmäßigen Reinigung. Der

Herr Jesus war der vollkommene Lehrer. Daher ist es nicht überraschend, dass er der Notwendigkeit der moralischen und geistlichen Reinigung durch eine Gegenstandslektion oder ein Gleichnis Nachdruck verleiht, indem er seinen Jüngern die Füße wäscht.

Während unser Herr auf eine Bemerkung von Petrus antwortet, erklärt er ganz unvermittelt ein Grundprinzip geistlicher Reinigung. Die erstaunliche Herrlichkeit springt uns ins Auge und nimmt uns unwiderstehlich gefangen: *»Wer gebadet ist, hat nicht nötig, sich zu waschen, ausgenommen die Füße, sondern ist ganz rein«* (V. 10).

Ganz rein? Wie kann jemand ganz rein sein, moralisch und geistlich, während er noch auf der Erde ist? Vielleicht bezog er sich auf die Zukunft – darauf, dass alle Gläubigen letztlich ganz rein sein werden, wenn sie schließlich nach Hause in den Himmel gehen? Nein, Christus sprach nicht von der Zukunft. Seine Jünger waren offenkundig noch nicht im Himmel. Trotzdem sagte er zu ihnen: *»und ihr* ***seid*** *rein«* (V. 10). Sie waren *»gebadet«*. Sie waren völlig rein; von nun an würden sie nur ihre Füße waschen müssen.

Was uns das vorgelebte Gleichnis zu sagen hat

Wir wollen daher erst betrachten, was das vorgelebte Gleichnis uns zu »gebadet sein« zu sagen hat.

Zunächst handelt es sich um eine geistliche Reinigung (V. 10.11). Das wird aus der Anmerkung unseres Herrn seinen Jüngern gegenüber deutlich: *»und ihr seid rein, aber nicht alle«* (V. 10). Das Evangelium erklärt, warum Christus »aber nicht alle« anfügt. Er spricht von Judas. Dieser war im Begriff, Christus zu verraten, und unser Herr wusste das. Die anderen Jünger waren »gebadet« und somit rein. Aber Judas war nicht rein, denn er war nicht »gebadet«. Damit kann unser Herr nicht gemeint haben, Judas habe im wörtlichen Sinn in letzter Zeit nicht gebadet. Er sprach davon, dass Judas niemals geistliche Reinigung erfahren hatte, obwohl er ein Apostel war. Judas war zu keiner Zeit ein wahrer Jünger (Johannes 6,70.71). Dann also bedeutet »gebadet« eine geistliche Reinigung, mit geistlichem und nicht mit buchstäblichem Wasser. Judas mag getauft gewesen sein, aber er war nicht gebadet im geistlichen Sinn.

Zweitens handelt es sich bei dem Bad um die Erstreinigung. Bei der Fußwaschung lehnt Petrus zuerst ab, dass der Herr ihm die Füße wäscht. Dann fällt er ins andere Extrem und möchte, dass der Herr nicht nur seine Füße, sondern auch noch seine Hände und seinen Kopf wäscht. Das führt zur Antwort des Herrn: Wer gebadet ist, muss nur seine Füße waschen, ansonsten ist er völlig (oder überall) rein. Es liegt auf der Hand, dass das Bad zuerst kommt und den Menschen gänzlich reinigt. Anschließend muss er deshalb nur noch seine Füße reinigen. Das trifft auch auf den geistlichen Bereich zu, auf den das Gleichnis verweist. Das Bad kommt zuerst: Es ist die anfängliche Reinigung eines Jüngers. Was der Fußwaschung entspricht, ist eine darauf folgende, geringere (aber dennoch sehr wichtige) Reinigung.

Drittens ist das Bad eine einmalige Reinigung. Das umgesetzte Gleichnis gründet sich auf eine orientalische Sitte. Jemand, der zu einem Festmahl eingeladen ist, wird sich zu Hause (oder in einem öffentlichen Bad) baden, bevor er sich zu seinem Gastgeber aufmacht. Auf dem Weg zum Festmahl werden seine Füße jedoch staubig und dreckig. Wenn er ankommt, wird ein Diener seine Füße waschen, bevor er den Festsaal betritt. Aber der Diener wird ihn nicht baden, denn dafür gibt es keine Notwendigkeit. In Wirklichkeit wird sich der Mensch irgendwann wieder baden, aber in diesem Gleichnis ist es ein einmaliges Bad, das nicht wiederholt wird. Das gilt auch für die großartige Wahrheit, auf die es verweist.

Nun müssen wir das gesamte Neue Testament untersuchen, um die Bedeutung dieses Bades für unser Leben zu entdecken.

Während wir das tun, dürfen wir die drei Merkmale nicht aus dem Auge verlieren: Es muss eine geistliche Reinigung sein; es muss eine Erstreinigung sein; und es muss eine einmalige Reinigung sein.

Das Bad ist die Waschung der Wiedergeburt

Manche Menschen glauben, dass Christus sich mit der Erwähnung des Bads darauf bezieht, dass er unser Gewissen von der Schuld unserer Sünden reinigen kann, weil er die Strafe für unsere Sünden trug, als er am Kreuz starb und sein Blut vergoss. Es ist eine wunderbare Wahrheit, dass Gott uns in dem Augenblick, in dem wir unser Vertrauen auf Christus setzen, versichert, dass uns das Blut seines Sohnes Jesus Christus von unserer Sünde reinigt (1. Johannes 1,7). Diese Reinigung ist absolut gründlich und vollständig, deshalb kann Gott uns verheißen: *»Ihrer Sünden und ihrer Gesetzlosigkeiten werde ich nie mehr gedenken«* (Hebräer 10,17). Aber als unser Herr die Tatsache darstellen wollte, dass wir durch sein Blut Reinigung und Vergebung unserer Sünden haben, füllte er einen Becher mit Wein (nicht mit Wasser), gab ihn seinen Jüngern und ließ sie daraus trinken – nicht sich darin baden (Matthäus 26,27.28). Das Symbol, das er in dem Gleichnis in Johannes 13 verwendete, war kein Wein, der sein Blut darstellt, sondern Wasser. Dieses verweist auf die andere großartige und einmalige Reinigung, die Christus allen anbietet, die in aufrichtiger Buße und Glauben zu ihm kommen: die Waschung der Wiedergeburt.

Was die Waschung der Wiedergeburt ist und was sie bewirkt

Aber was ist die Waschung der Wiedergeburt konkret? Um welches Erlebnis im Leben eines Menschen handelt es sich?

Wir lesen die Antwort im Titusbrief, in dem Paulus nicht nur die Theorie detailliert behandelt, sondern diese durch seine eigene Erfahrung stützt.

Titus war gemeinsam mit Paulus als Missionar unterwegs, verkündigte das Evangelium und gründete Gemeinden auf Kreta. Aber in diesen weit zurückliegenden Tagen waren die Kreter bekannt für ihren schlechten Charakter. Paulus bemerkt: *»Es hat einer von ihnen, ihr eigener Prophet, gesagt: Kreter sind immer Lügner, böse, wilde Tiere, faule Bäuche«* (Titus 1,12). Was kann und soll getan werden, um solchen Menschen zu helfen?

Zuallererst benötigen sie Vergebung für alle ihre begangenen Sünden. Auf ihre Buße und ihren Glauben hin genügt das Blut Christi, um ihr Gewissen von der Sündenschuld zu reinigen. Aber offensichtlich ist es nicht genug, die gegenwärtigen Sünden der Menschen zu vergeben. Es wäre eine Katastrophe, würde man ihre Sünden vergeben und nichts hinsichtlich ihres bösen Charakters tun! Das wäre vielmehr eine Karikatur des Evangeliums. Denn Gott möchte nicht nur unsere Sündenschuld vergeben, sondern er möchte uns von der Macht und Gewohnheit des Sündigens befreien – und sich mit unseren falschen und bösen Herzenshaltungen beschäftigen, die die Ursache für diese sündigen Handlungen sind. Gott möchte nicht nur die Ergebnisse vergeben, sondern die Ursachen ausrotten.

Aber wie kann das geschehen? Sicherlich nicht über Nacht. Die Bibel sagt an keiner Stelle, dass Christus uns in dem Augenblick, in dem wir uns ihm anvertrauen, vollkommen sündlos macht. Wir werden alle erst im Himmel vollkommen sündlos sein. Auf der anderen Seite überlässt Christus uns nicht einfach uns selbst, damit wir versuchen, unser Bestes zu geben, um uns selbst zu bessern. Er hat eine Grundausstattung für uns, die Paulus nun Titus erklärt.

Er beginnt folgendermaßen: *»Erinnere sie daran, Obrigkeiten und Gewalten untertan zu sein, Gehorsam zu leisten, zu jedem guten Werk bereit zu sein; niemand zu lästern, nicht streitsüch-*

tig zu sein, milde, alle Sanftmut zu erweisen gegen alle Menschen« (Titus 3,1).

Man könnte meinen, das sei ein sehr großes Gebot. Es ist tatsächlich nahezu unmöglich für Menschen, die von Natur aus »Lügner« sind und niemals die Wahrheit über etwas erzählen können. Oder auch für »faule Bäuche«, die ihren Magen füllen wollen, ohne einen Handgriff dafür zu tun, weder für sich selbst noch für andere. »Lass dich nicht entmutigen. Denke zurück«, sagt Paulus, *»denn einst waren auch wir unverständig, ungehorsam, irregehend, dienten mancherlei Begierden und Vergnügungen, führten unser Leben in Bosheit und Neid, verhasst und einander hassend. Als aber die Güte und die Menschenliebe unseres Heiland-Gottes erschien, errettete er uns«* (Titus 3,3-5a). Wie? Und wodurch?

Vielleicht glauben wir, die Antwort auf diese Frage zu haben, ohne weiterzulesen, um zu erkennen, was Paulus genau sagt. Wir sagen: Gott rettete Paulus und Titus aufgrund des Blutes und Opfers Christi. Das stimmt natürlich. Durch das Blut und Opfer Christi konnte Gott Paulus und Titus völlige Vergebung zusprechen und ihr Gewissen von der Schuld der Sünde reinigen. Aber das ist nicht die Antwort von Paulus an Titus, weil Paulus nicht die Schuld ihrer Sünde im Blick hat. Er meint all die hässlichen Eigenschaften, die ihre Persönlichkeit entstellten, alle Flecken und Runzeln, die ihren Charakter verunstalteten, bevor sie Christen wurden. Und es war nicht das Blut Christi, das das Problem mit diesen Flecken und Runzeln löste. Was war es dann? Lesen wir die Antwort von Paulus: *»Als aber die Güte und die Menschenliebe unseres Heiland-Gottes erschien, errettete er uns, nicht aus Werken, die, in Gerechtigkeit vollbracht, wir getan hatten, sondern nach seiner Barmherzigkeit durch die Waschung der Wiedergeburt und die Erneuerung des Heiligen Geistes, den er reichlich über uns ausgegossen hat durch Jesus Christus, unseren Heiland«* (Titus 3,4-6).

Die Beschreibung dieser Anfangserfahrung der Errettung beinhaltet zwei Gedanken. In erster Linie ist es eine Waschung, eine Reinigung von Bösem und Verunreinigung. In zweiter Linie ist es eine Erneuerung, das Einpflanzen neuen Lebens – und einer neuen Lebensweise. Der Heilige Geist reinigt uns, indem er uns das Falsche und Böse in unseren sündigen Haltungen und Wünschen erkennen lässt. Er bewirkt in uns, dass wir ihre Unreinheit empfinden, und er führt uns dazu, über sie Buße zu tun und sie abzulehnen. Und noch mehr: Der Heilige Geist lässt uns erkennen, dass wir trotz unserer Anstrengung, uns selbst zu bessern, die bösen Mächte in uns nicht beseitigen können: Wir brauchen einen Erlöser. Wir schreien im Tiefsten unseres Herzens: »*Ich elender Mensch! Wer wird mich retten von diesem Leib des Todes?* Denn allzu oft übe ich nicht das Gute aus, das ich will, sondern das Böse, das ich nicht will, das tue ich« (vgl. Römer 7,15-25). Und der Heilige Geist führt uns dazu, dass wir bereit sind für die Veränderungen in unserem Lebenswandel, die eine Folge dessen sind, dass wir Christus als unseren Erretter und Herrn unseres Lebens angenommen haben.

Aber Christus belässt es nicht dabei. Er lässt uns mit diesem neuen Verlangen nach einem heiligen Leben nicht alleinstehen. Auch hält er uns nicht einfach nur zu dem Versuch an, von nun an gute Werke zu tun und ein christliches Leben zu führen. Seine Grundausstattung für unsere Heiligung geht viel tiefer. Er pflanzt in uns das Leben des Heiligen Geistes Gottes ein, völlig neues und fleckenloses Leben, das wir niemals zuvor besaßen – ein neues Leben mit neuer Kraft, neuem Verlangen und neuen Fähigkeiten, ein Gott wohlgefälliges Leben zu führen. Denn es ist das Leben des Geistes Gottes selbst. Das bedeutet nicht, dass ein Mensch, sobald er dem Erretter vertraut, sofort vollkommen sündlos wird und alle Sünden aus seinem Leben umgehend beseitigt werden. Aber nun ist Leben in diesem Menschen, das sich erheben und die falschen Wünsche und Haltungen seines sündigen Herzens überwinden kann. Es ist so, als ob man eine Eichel in ein Grab pflanzt. Sie wird den verwesenden Leichnam nicht verbessern, aber von ihr wird inmitten der Verwesung neues Leben erwachsen, das vorher nicht dort war – kräftig, völlig rein und wunderschön.

So verhält es sich auch mit Christi Grundausstattung für unsere Heiligung. Er erwartet von uns nicht, dass wir versuchen, aus eigener Kraft Heiligung zu bewirken. Auch gibt er uns nicht nur eine kleine Hilfestellung von Zeit zu Zeit in unseren Kämpfen auf dem Weg der Heiligung. Er hält etwas viel Wunderbareres für uns bereit. Der Heiligungsprozess beginnt, indem Christus uns die Gabe des neuen Lebens des Heiligen Geistes in uns schenkt. Dieses Leben ist vollkommen rein, denn es ist das Leben von Gott selbst. Es ist unverweslich. Es wird niemals vergehen. Es wird ewig bestehen bleiben. Petrus sagt zu den Mitchristen: *»Da ihr eure Seelen gereinigt habt …, die ihr nicht wiedergeboren seid aus verweslichem Samen, sondern aus unverweslichem, durch das lebendige und bleibende Wort Gottes …«* (1. Petrus 1,22.23). Paulus sagt: *»Wenn jemand in Christus ist, da ist eine neue Schöpfung; das Alte ist vergangen, siehe, Neues ist geworden«* (2. Korinther 5,17).

Wenn wir diese Waschung der Wiedergeburt erlebt und das Geschenk des neuen Lebens empfangen haben, gibt es keine Wiederholung. Man kann sowohl körperlich als auch geistlich nur einmal geboren werden. Unser Herr sagt: *»Wer gebadet ist, hat nicht nötig, sich zu waschen, ausgenommen die Füße, sondern ist ganz rein«* (V. 10).

Ganz rein! Das ist so wunderbar, dass wir es nicht glauben könnten, wenn Christus es nicht gesagt hätte. Aber er hat es gesagt. Und es ist keine Übertreibung. Wir dürfen jubeln und seiner Zusicherung vertrauen. Der größte Teil unserer Heiligung geschah bei unserer Bekehrung.

Der Apostel Petrus erinnert an anderer Stelle im Neuen Testament in seiner gütigen, aber entschiedenen Art daran, dass manche Menschen, die bekennen, Christen zu sein, sich durch ein falsches Verständnis und durch ein falsches Erleben dieser persönlichen, inneren, geistlichen Erneuerung selbst in Schwierigkeiten bringen. Er veranschaulicht dies durch ein Bild (2. Petrus 2,17-22). Er bringt uns eine alte griechische Fabel mit dem Titel »Die Sau, die ein Bad nimmt« in Erinnerung. Eine alte Sau beobachtete die Damen der Stadt auf dem Weg zu den öffentlichen Bädern. Sie sieht die Damen alle rosig und wunderschön in ihren wallenden Kleidern herauskommen und entschließt sich zu dem Versuch, auch eine Dame zu sein. Also geht sie in das Bad, schrubbt sich am ganzen Körper und kommt rosig und gut duftend heraus. Dann zieht sie sich ein schönes Kleid an, legt einen Juwel in die Schnauze und stolziert auf den Hinterbeinen die Hauptstraße entlang. Sie tut ihr Bestes, um sich wie eine Dame zu benehmen. Das gelingt ihr eine ganze Weile mehr oder weniger – bis sie an einer Pfütze mit schmutzigem Wasser vorbeikommt. Sie vergisst das Bestreben, eine Dame zu sein, springt in das Wasser und suhlt sich im Dreck. Das macht natürlich ihren Versuch zunichte, eine Dame zu sein.

Es ist wichtig zu beachten, warum ihr Versuch fehlschlug. Das geschah, weil die Sau fälschlicherweise glaubte, dass sie nur die Dinge tun muss, die eine Dame tut, um auch eine Dame zu sein. So reinigte sie sich äußerlich, aber innerlich hatte sich nichts verändert. Wenn sich die Hoffnung der Sau erfüllen soll, jemals eine Dame zu werden, wäre der erste wesentliche Punkt, dass sie innerlich verändert werden muss und das Leben und Wesen einer Dame erhalten muss. Mit anderen Worten: Sie muss von Neuem geboren werden. Ohne diese innere Erneuerung ist jede Hoffnung, sich wie eine Dame zu benehmen, vergeblich.

Petrus erzählt uns diese Geschichte, um uns daran zu erinnern, dass wir denselben Fehler machen können. Viele Menschen machen ihn. Sie entschließen sich, dass sie wie Christen sein möchten. Sie beobachten das Verhalten der Christen, dass sie Loblieder singen, in die christliche Gemeinde gehen, gütig zu den Armen sind usw. Sie glauben, dass sie letztlich gerettet werden, wenn sie sich in diesen Dingen große Mühe geben, indem sie sich selbst Christen nennen. Denn eine Weile schaffen sie es, ihr Leben zu reinigen und eine äußerliche moralische Erneuerung zustande zu bringen. Sie denken, das sei wahrer Fortschritt in der Heiligung. Aber äußerliche Erneuerung ist nicht dasselbe wie innerliche Erneuerung. Sie haben das Leben des Geistes Gottes niemals empfangen und wurden nicht durch den Geist Gottes von Neuem geboren. Deshalb haben sie in Wirklichkeit den Pfad echter Heiligung noch nicht beschritten und stehen in Gefahr, letztlich in der Verdammnis zu landen.

Die Waschung entspricht nicht der christlichen Taufe

Wir müssen um unserer selbst willen darüber im Klaren sein, was die Waschung der Wiedergeburt, das einmalige Bad ist. Sie ist nicht die christliche Taufe, auch wird sie nicht durch diese bewirkt, so wichtig dieses Symbol auch ist. Im Wasser der Taufe befindet sich keine Kraft oder Magie. Es ist einzig und allein ein Symbol. Manche Juden zur Zeit Christi hatten das bereits erkannt. Der bekannte (nichtchristliche) jüdische Geschichtsschreiber Josephus (geboren 37/38 n. Chr.) war der Sohn eines jüdischen Priesters. Dennoch erklärt er in seinem Bericht über die Taufe durch Johannes den Täufer, den er als von Gott gesandten Propheten betrachtete, dass »die Seele bereits (d. h. vor der Taufe) durch Gerechtigkeit völlig gereinigt sein muss«, damit dieser symbolische Ritus irgendeine Bedeutung hat (*Jüdische Altertümer*, 18,117).

Unser Herr selbst machte den Pharisäern seiner Zeit unmissverständlich klar, dass eine zeremonielle Waschung bestenfalls ein Symbol ist und an sich nicht moralische und geistliche Verunreinigungen fortwaschen kann. Die Pharisäer praktizierten ihre zeremoniellen Waschungen peinlich genau. Sie dachten nicht im Traum daran, etwas zu essen, bevor sie sich nicht ihre Hände bis zu den Ellbogen gründlich gewaschen hatten. Sie wollten dadurch nicht nur den tatsächlichen Schmutz oder mögliche Keime auf ihrer Haut wegwaschen, sondern sich von zeremoniellen Verunreinigungen reinigen, die durch die Berührung mit Dingen entstanden sind, die götzendienerische Heiden berührt hatten. Deshalb begehrten sie gegen den Herrn Jesus auf, als sie seine Jünger ohne vorherige zeremonielle Waschung essen sahen. Der Herr Jesus antwortete ihnen, indem er ihnen die praktische Nutzlosigkeit dieses religiösen Ritus aufzeigte. *»Nicht was in den Mund eingeht, verunreinigt den Menschen, sondern was aus dem Mund ausgeht, das verunreinigt den Menschen … Was aber aus dem Mund ausgeht, kommt aus dem Herzen hervor, und das verunreinigt den Menschen. Denn aus dem Herzen kommen hervor böse Gedanken, Mord, Ehebruch, Hurerei, Dieberei, falsche Zeugnisse, Lästerungen; diese Dinge sind es, die den Menschen verunreinigen«* (Matthäus 15,11-20). Es wäre reines Theater, so zu tun, als ob uns ein wenig auf unseren Körper gespritztes Wasser auf magische Weise von der moralischen Verschmutzung unseres Herzens reinigen könnte.

Deshalb handelt es sich bei dem Wort »Wasser« offensichtlich um eine Metapher, wie beispielsweise in Epheser 5,25-27, wo Christus die Gemeinde durch das Wasserbad reinigt. Aber eine Metapher wofür? Hier hilft uns Johannes der Täufer weiter. Als die Menschen aufgrund seiner Verkündigung zu ihm kamen, taufte er sie im Wasser des Jordan als ein öffentliches Zeichen ihrer Buße. Aber es war nur ein Zeichen. Sie wurden dadurch nicht heilig. Das ist nur durch Christus möglich. Wie kann Christus die Menschen laut Johannes dem Täufer heiligen?

Zuerst sagt Johannes: *»Siehe, das Lamm Gottes, das die Sünde der Welt wegnimmt«* (Johannes 1,29). Christus nimmt die Sünden weg durch sein Blut, das er auf Golgatha vergossen hat. Als Zweites sagt Johannes: *»Ich habe euch mit Wasser getauft, er aber wird euch mit Heiligem Geist taufen«* (Markus 1,8). Das ist die doppelte Reinigung von der Sünde: zuerst das Blut Christi, das unser Gewissen von der Schuld der Sünde reinigt und unsere Rechtfertigung vor Gott sicherstellt – und zweitens die Reinigung durch Wasser, eine Metapher für die Kraft des Heiligen Geistes, der uns von der Verunreinigung der Sünde reinigt, um uns neues Leben zu geben und uns zu heiligen.

Wie geschieht die persönliche Wiedergeburt?

Wenn die Waschung der Wiedergeburt nicht durch die Taufe geschieht, wie dann? Lesen wir, wie Petrus sie verstand. Als Christus ihm die Füße waschen wollte, verwehrte Petrus es ihm zuerst, fiel aber dann ins andere Extrem und bat, dass außerdem auch seine Hände und sein Haupt gewaschen werden sollten. Zu dieser Zeit hat er offensichtlich noch nicht verstanden oder es vergessen, dass das Bad kein zweites Mal erfolgen muss. *»Was ich tue, weißt du jetzt nicht, du wirst es aber nachher verstehen«* (V. 7). Nach Pfingsten hat Petrus es dann auch tatsächlich völlig verstanden.

Einmal wurde er zur Verkündigung zu einigen Heiden gesandt. Als diese seine Verkündigung hörten, glaubten sie, empfingen den Heiligen Geist und wurden an Ort und Stelle getauft (Apostelgeschichte 10). Anschließend musste er den anderen Aposteln und Ältesten erklären, wie die geistliche Reinigung dieser Heiden erfolgte: *»Und Gott, der Herzenskenner, gab ihnen Zeugnis, indem er ihnen den Heiligen Geist gab …, indem er durch den Glauben ihre Herzen reinigte«* (Apostelgeschichte 15,8.9). Persönlicher Glaube an den Herrn Jesus ist also unabdingbar für die Waschung der Wiedergeburt.

Es gibt keine bessere Analogie, um diesen Vorgang zu veranschaulichen, als die Antwort unseres Herrn auf die Frage des Nikodemus, wie man von Neuem geboren wird (Johannes 3,9-16). Nikodemus' Väter hatten einmal so schwer gegen Gott gesündigt, dass Gott ihnen in seiner Gerechtigkeit als Plage Giftschlangen sandte. Viele wurden gebissen und starben. Dann bereitete Gott in seiner Gnade ihnen einen Weg der Wiederherstellung. Er ließ Mose eine bronzene Schlange herstellen, sie auf einen Stab stecken und verkünden, dass jedem, der seine Augen auf die Schlange richtet, neues Leben gegeben werde. Viele taten dies und stellten fest, dass es funktionierte. Das war lebendiger Glaube (4. Mose 21,4-9).

Aber einfach auf eine bronzene Schlange zu schauen, muss auf den ersten Blick sehr seltsam erschienen sein, um Leben zu empfangen. Was trieb sie dazu? Die einfache Antwort ist: Buße. Sie starben wegen Gottes Gericht. Es gab kein anderes Heilmittel. Sie konnten sich nicht selbst retten. Jegliche Hoffnung, lange genug zu leben, um besser zu werden und sich so von der Strafe ihrer Sünde zu befreien, war nutzlos: Sie würden wenige Stunden später sterben. Sie schauten den Tatsachen ins Auge. Sie gaben die Hoffnung in alles andere auf, nahmen Gott beim Wort und blickten auf die Schlange – in diesem Augenblick empfingen sie neues Leben.

Als Christus die Analogie auf die geistliche Ebene anwandte, sagte er: *»… so muss der Sohn des Menschen erhöht werden, damit jeder, der an ihn glaubt, nicht verlorengehe, sondern ewiges Leben habe«* (Johannes 3,14.15).

Das bringt uns zurück zur ersten Lektion in Christi Kurs über Heiligkeit: *»Wer gebadet ist, hat nicht nötig, sich zu waschen, ausgenommen die Füße, sondern ist ganz rein«* (V. 10). Im nächsten Kapitel werden wir sehen, was die beständige Reinigung unserer Füße konkret bedeutet, warum sie notwendig ist und wie sie erfolgen sollte. Aber für den Augenblick lehnen wir uns zurück und betrachten den ersten und größeren Punkt dieser doppelten Handlung: das einmalige Bad. Wenn wir unser Vertrauen auf Christus gesetzt haben und von oben geboren wurden, dann sagt uns Christus mit göttlicher Autorität, dass wir in Gottes Augen bereits völlig rein sind: Wir sind gebadet. Das muss niemals mehr wiederholt werden. Die Auswirkung kann nicht rückgängig gemacht werden. Der größte Teil unserer Heiligung hat bereits stattgefunden. Das ist alles Gottes Gnade: Wir sind in Sicherheit und dürfen uns überschwänglich freuen und frohlocken.

Anmerkung

Viele Menschen denken, dass sich unser Herr mit seiner Aussage *»wer gebadet ist …, ist ganz rein«* (V. 10) auf die Reinigung der Sünden durch das Blut seines Sühneopfers bezieht. Aus verschiedenen Gründen muss sich unser Herr hier jedoch auf die Reinigung durch Wasser und nicht durch Blut beziehen.

In der Bibel lesen wir von zwei wesentlichen Arten der Reinigung, die Gott für die Seinen vorgesehen hat. Es ist wichtig, dass wir den Unterschied zwischen den beiden verstehen.

Beginnen wir im Alten Testament. In der Stiftshütte (2. Mose 25–30) und später im Tempel (1. Könige 6–7) standen im Vorhof zwei bedeutende Gegenstände: zuerst der große bronzene Altar und dann das Becken (oder »Meer«). Beide stellten symbolische Reinigungen für Menschen dar, die sich Gott nähern wollten: der Altar durch Blut, das Becken durch Wasser. Im Becken gab es eine einmalige Waschung mit Wasser: Wenn die Priester Israels in ihren Dienst eingeführt wurden, wurden sie zwischen dem Altar und dem Eingang der Stiftshütte im Wasser gebadet, und zwar genau dort, wo das Becken stand (2. Mose 29,4; 40,11-15.30). Sie wurden nur ein einziges Mal eingeführt. Dieses Bad war ein für alle Mal. Anschließend mussten sie oft ihre Hände und Füße im Becken waschen, wenn sie den Dienst in der Stiftshütte verrichteten (2. Mose 30,17-21).

Gleichermaßen spricht das Neue Testament von einer Reinigung durch Blut und einer Reinigung durch Wasser. Johannes beispielsweise erklärt in seinem ersten Brief: »… *das Blut Jesu Christi, seines Sohnes, reinigt uns von aller Sünde*« (1. Johannes 1,7). Paulus hingegen bemerkt: »… *wie auch der Christus die Versammlung geliebt und sich selbst für sie hingegeben hat, damit er sie heiligte, sie reinigend durch die Waschung mit Wasser durch das Wort, damit er die Versammlung sich selbst verherrlicht darstellte, die nicht Flecken oder Runzel oder etwas dergleichen habe, sondern dass sie heilig und untadelig sei*« (Epheser 5,25-27).

Die Frage ist: Auf welche Waschung bezieht sich Christus mit dem Bad (Johannes 13)?

Wir sollten zuerst beachten, dass unser Herr das Bad der Jünger für nicht wiederholbar erklärte, als er ihnen die Füße mit Wasser wusch. Wenn es nun keine triftigen Gründe dafür gibt, vom Gegenteil auszugehen, wird man normalerweise annehmen, dass das Bad ebenso wie die Fußwaschung mit Wasser stattfand. Außerdem gibt es in der Bibel keine Stelle, wo der Leib eines Menschen völlig in Blut gebadet wird – weder bei Israels Tempelriten noch metaphorisch. Die Apostel im Gastzimmer hatten keinen Grund anzunehmen, dass sich unser Herr auf ein vollständiges Bad im Blut seines Sühnetods bezog.

Zweitens sollten wir zur Kenntnis nehmen, wie der Schreiber des Hebräerbriefes (10,22) die von Gott vorgesehene Waschung beschreibt, durch die wir in das Allerheiligste seiner Gegenwart eintreten können: »… *so lasst uns hinzutreten mit wahrhaftigem Herzen, in voller Gewissheit des Glaubens*«, gefolgt von diesen Worten:

- »*die Herzen besprengt und so gereinigt vom bösen Gewissen*«: Diese Besprengung erfolgt im übertragenen Sinn durch das Blut Christi. Beachten wir auch Hebräer 9,14: »… *wie viel mehr wird das Blut des Christus … euer Gewissen reinigen von toten Werken.«*

- *»und den Leib gewaschen mit reinem Wasser«*: Das Wort für »gewaschen« ist dasselbe wie in Johannes 13 für: *»wer gebadet ist«*. Beachten wir besonders, dass hier in Hebräer 10,22 von dem Bad ausdrücklich gesagt wird, dass es mit Wasser geschehen soll (nicht mit Blut).

Drittens sollten wir beachten, dass sich unser Herr in Johannes 13–17 nicht so sehr mit unserer Rechtfertigung und der Vergebung unserer Sünden befasst, sondern mit unserer Heiligung und der Frucht des Heiligen Geistes in unserem Leben. Bei diesem Thema steht die Waschung der Wiedergeburt und der Erneuerung durch den Heiligen Geist besonders im Zentrum – mehr als unsere Rechtfertigung durch den Tod und das Blut Christi.

3. Die ständig wiederholten Waschungen

Da wir nun diese Verheißungen haben, Geliebte, so lasst uns uns selbst reinigen von jeder Befleckung des Fleisches und des Geistes, indem wir die Heiligkeit vollenden in der Furcht Gottes. 2. Korinther 7,1

Wenn wir nun das einmalige Bad verstanden – oder besser: erfahren – haben, können wir mit der zweiten Lektion fortfahren. Diese hat unser Herr mit seinem vorgelebten Gleichnis veranschaulicht. Darin folgt dem Bad eine wiederholte Waschung der Füße. Was bedeutet diese Waschung praktisch in unserem Alltag?

Um eine Antwort zu erhalten, fragen wir am besten erneut den Apostel Petrus. Schließlich hat er anfangs abgelehnt, dass Christus ihm die Füße wäscht. Und Christus musste ihn ermahnen: »*Wenn ich dich nicht wasche, hast du kein Teil mit mir*« (Johannes 13,8). Wer könnte uns also besser erklären als Petrus, was Christus meinte?

Wir haben bereits Petrus' Darstellung von den Geschehnissen gesehen, als seine Mitchristen in der heutigen Türkei dem Evangelium glaubten und gebadet wurden. Hier nochmals die Stelle aus 1. Petrus 1,22.23: »*Da ihr eure Seelen gereinigt habt durch den Gehorsam gegen die Wahrheit zur ungeheuchelten Bruderliebe, so liebt einander mit Inbrunst aus reinem Herzen, die ihr nicht wiedergeboren seid aus verweslichem Samen, sondern aus unverweslichem, durch das lebendige und bleibende Wort Gottes.*«

Da sie nun gereinigt und wiedergeboren waren, was mussten sie nach Petrus als Nächstes tun? Seine Worte: »*Legt nun ab alle Bosheit und allen Trug und Heuchelei und Neid und alles üble Nachreden, und wie neugeborene Kinder seid begierig nach der vernünftigen, unverfälschten Milch, damit ihr durch diese wachst zur Errettung*« (1. Petrus 2,1.2).

Neugeborene können eine Menge schreien und ihren Eltern schlaflose Nächte bereiten. Aber eines tun sie nicht: In all ihrer

Unschuld beschäftigen sie sich nicht fortwährend mit Bosheit, Trug, Heuchelei, Neid und Nachrede! Und wenn Menschen wiedergeboren sind durch die Waschung der Wiedergeburt, hat in ihnen ein völlig neues Leben begonnen, das vorher nicht da war. Es ist das Leben Gottes, der nun ihr Vater geworden ist. Zuerst ist dieses neue Leben klein wie ein Baby und muss dringlich mit dem ganzen, lebensbildenden Wort Gottes gefüttert werden, um richtig zu wachsen. Und zusätzlich muss alles, was unrein und mit diesem neuen Leben nicht vereinbar ist, entfernt werden. Wie es Petrus' Mitapostel Paulus ausdrückt: Gläubige in Christus müssen sich selbst von allen Befleckungen des Fleisches und des Geistes reinigen, die Heiligkeit vollendend in der Furcht Gottes (s. 2. Korinther 7,1). Mit anderen Worten sagen Petrus und Paulus ihren Mitchristen, um die Worte des Gleichnisses zu verwenden, dass sie beständig ihre Füße waschen müssen.

Vielleicht meinen Sie, dass das leichter gesagt als getan ist. Das stimmt mit Sicherheit! Diese Welt ist moralisch ein verschmutzter Ort, und wir leben darin, wir werden von Zeit zu Zeit unausweichlich beschmutzt vom moralischen Schmutz, der uns aus allen Richtungen entgegenfliegt. Außerdem werden das Auf und Ab im Leben, die Versuchungen der Welt und die Schwierigkeiten persönlicher Beziehungen in uns manchmal dieselben schlechten Ansichten und Verhaltensmuster hervorrufen, die uns auch in der Zeit vor unserer Bekehrung kennzeichneten.

Was geschieht, wenn ein Gläubiger sündigt?

Menschen, die erst vor Kurzem zum Glauben gekommen sind, können sehr beunruhigt werden, wenn sie sündigen. Und das sollen sie auch! Das ist ein Zeichen dafür, dass ihr Gewissen anfängt, so zu funktionieren, wie es sollte. Auf der anderen

Seite werden eventuell voreilig falsche Schlüsse gezogen. Manche denken beispielsweise, dass sie überhaupt nicht errettet sind. Andere meinen, dass sie zunächst wirklich gerettet wurden, aber jetzt ihre Errettung verloren haben. Wie gut ist es deshalb, das Wort des Herrn Jesus zu haben, das zur Ruhe bringt und maßgebend ist: *»Wer gebadet ist, hat nicht nötig, sich zu waschen, ausgenommen die Füße, sondern ist ganz rein«* (V. 10). Wenn Gläubige sündigen, bedeutet das nicht, dass sie ihre Errettung verloren haben. Auch bedeutet es nicht, dass sie das Bad der Wiedergeburt erneut benötigen. Das neue Leben, von Gott durch die neue Geburt bewirkt, bleibt bestehen. Um es mit den Worten Christi auszudrücken: Gläubige bleiben ganz rein – bis auf die Füße. Diese allerdings werden schmutzig und müssen gewaschen werden.

Aber wie? Als Erstes müssen Gläubige, die sündigen, dem Herrn ihre Sünden bekennen. Wenn sie das tun, wird ihnen Vergebung zugesichert. Im Neuen Testament (1. Johannes 1,8.9) lesen wir: *»Wenn wir sagen, dass wir keine Sünde haben, so betrügen wir uns selbst, und die Wahrheit ist nicht in uns. Wenn wir unsere Sünden bekennen, so ist er treu und gerecht, dass er uns die Sünden vergibt und uns reinigt von aller Ungerechtigkeit.«*

Dann müssen wir uns natürlich selbst reinigen, indem wir regelmäßig Gottes Wort lesen. Wenn wir lesen, kniet der Herr zu unseren Füßen – ebenso, wie er zu den Füßen seiner Jünger kniete. Er wird uns liebevoll, aber ehrlich zeigen, wo unsere Füße schmutzig sind, welche Haltungen und Handlungen ihm missfallen. Und er wird an uns appellieren, diese Haltungen zu ändern und diese Handlungen zu unterlassen. Und er wird uns Gnade, Mut und Kraft dafür geben. So wäscht er beständig unsere Füße. Das ist ein lebenslanger, nicht endender Prozess.

Wenn wir aber als Gläubige unachtsam werden und den Erretter nicht beständig unsere Füße waschen lassen, wird dies traurige und ernste Konsequenzen nach sich ziehen. Als Petrus bei dem vorgelebten Gleichnis nicht zuließ, dass Christus ihm die Füße wusch, ermahnte dieser ihn: *»Wenn ich dich nicht wasche, hast du kein Teil mit mir«* (V. 8). Daraufhin fügte sich Petrus der symbolischen Waschung seiner Füße. Aber als es nach einer Weile dazu kam, dass das, was die Fußwaschung symbolisierte, Wirklichkeit wurde, war Petrus nicht bereit, sich zu unterwerfen. Er nahm den Mund zu voll und sagte, er sei bereit, sein Leben für den Herrn zu geben. Der Herr sagte ihm freundlich, aber bestimmt, dass er nicht so stark war, wie er dachte. Noch in dieser Nacht würde er den Herrn verleugnen (V. 13,37.38). Petrus hätte dort sofort seine Schwachheit zugeben sollen und den Herrn bitten sollen, ihm dabei zu helfen, sie zu überwinden. Aber wie wir aus den anderen Evangelien wissen, hat er dem Herrn nicht geglaubt, ja, ihm nicht einmal zugehört (Matthäus 26,31-35). Er hat diesen Fehler nicht zugegeben. Das Ergebnis war, dass er, voll törichten Selbstvertrauens statt im Vertrauen auf Christus, dem Herrn in den Hof des Hohenpriesters folgte, wo Christus befragt wurde. Dort überkam ihn seine Schwachheit, als er Christus mutig bekennen und bei ihm hätte bleiben können. Stattdessen verleugnete er Christus drei Mal.

Betrachten wir ein weiteres Beispiel. Ein anderes Mal, als Jesus durch Israel reiste, um das Evangelium zu verkündigen, sandte er Boten aus. Diese sollten in einem Dorf für ihn und seine Jünger eine Unterkunft besorgen. Doch die Einwohner des Dorfes waren Samariter, die aus ethnischen und religiösen Gründen Juden hassten. Niemand in diesem Dorf gab Jesus und seinen Jüngern eine Unterkunft für die Nacht. Zwei der Jünger Jesu, Jakobus und Johannes, waren so wütend darüber, dass sie Feuer vom Himmel über diese Samariter herabrufen wollten. Doch indem sie dem Rachegedanken nachgaben, zeigten Johannes und Jakobus sich völlig außerhalb der Gemeinschaft mit Christus. Christus war nicht gekommen, um das Leben der Menschen zu zerstören, sondern um sie zu retten. Hätten sie weiterhin an dieser Haltung gegenüber Menschen einer anderen Kultur und Religion festgehalten, hätten sie kein Teil haben können mit Christus an seiner Evangelisation, keine Gemeinschaft mit dem, der sogar seine Feinde liebte. Und so ermahnte unser Herr sie (Lukas 9,51-56). Oder mit anderen Worten: Er »wusch ihre Füße«.

Wenn wir als Gläubige Christus gleichermaßen nicht erlauben, unsere Abneigungen gegenüber Menschen aus anderen Völkern oder Ländern, unsere Wutausbrüche, unsere Eigensucht, Unehrlichkeit, Eifersucht, unseren Stolz und andere moralische und geistliche Unreinheiten beständig abzuwaschen, werden wir kaum Gemeinschaft mit ihm haben und nicht tief verbunden sein mit ihm und seiner Mission der Liebe für die Welt.

Als wiedergeborene Gläubige dürfen wir gewiss sein, dass wir nicht mit den Ungläubigen im letzten Gericht verurteilt werden. Aber das heißt nicht, dass wir unachtsam und sündig leben dürfen. Wir sollen uns beständig selbst überprüfen. Wo wir an uns falsche Haltungen und Handlungen erkennen, sollen wir uns selbst richten, es dem Herrn bekennen und um seine Vergebung bitten. Wenn wir so handeln, ist alles in Ordnung. Aber wenn wir gleichgültig werden und uns weder selbst richten noch »unsere Füße waschen«, wird der Herr in seiner Liebe und Treue eingreifen und uns züchtigen. So sollen wir zur Umkehr und zurück zu enger täglicher Gemeinschaft mit ihm gebracht werden (s. 1. Korinther 11,31.32).

So ist die beständige Waschung der Füße, die beständige Erneuerung durch den Heiligen Geist, ebenso unumgänglich wie das anfängliche Bad.

Wie bereits weiter oben bemerkt, machen manche den Fehler, dass sie versuchen, ein heiliges Leben zu führen, ohne jemals das Bad erlebt zu haben. Sie versuchen, mit der zweiten Lektion zu beginnen, und waschen eifrig ihre Füße. Aber natürlich stellen sie fest, dass dies letztlich wirkungslos ist. Andere begehen den entgegengesetzten Fehler. Sie haben die Waschung der Wiedergeburt durch persönlichen Glauben an den Herrn Jesus erfahren, aber sie übersehen die Notwendigkeit der beständigen und täglichen Reinigung der Füße. Dann machen sie keine Fortschritte im Leben als Christ, betrüben den Erretter und sind ein schlechtes Zeugnis für die Welt. Wir müssen deshalb beide Lektionen lernen und dafür sorgen, dass wir die erste Lektion verstanden und erfahren haben und die zweite Lektion täglich umsetzen.

4. Die Fußwaschung praktisch

Als er ihnen nun die Füße gewaschen und seine Oberkleider genommen hatte, legte er sich wieder zu Tisch und sprach zu ihnen: Versteht ihr, was ich euch getan habe? Ihr nennt mich Lehrer und Herr, und ihr sagt es zu Recht, denn ich bin es. Wenn nun ich, der Herr und der Lehrer, euch die Füße gewaschen habe, so seid auch ihr schuldig, einander die Füße zu waschen. Denn ich habe euch ein Beispiel gegeben, damit, wie ich euch getan habe, auch ihr tut. Wahrlich, wahrlich, ich sage euch: Ein Knecht ist nicht größer als sein Herr, noch ein Gesandter größer als der, der ihn gesandt hat. Wenn ihr dies wisst, glückselig seid ihr, wenn ihr es tut.

Johannes 13,12-17

Wenn wir die anfängliche geistliche Erfahrung des einmaligen Bades verstanden und erfahren haben – und wenn wir die Notwendigkeit der folgenden beständigen Waschung der Füße erkannt haben – und wenn wir als Gläubige es uns zur Aufgabe gemacht haben, uns von allen Befleckungen des Fleisches und des Geistes zu reinigen, werden wir nun bereit sein für die nächste Lektion in Christi Schule der Heiligung. Kurz gesagt: Wenn wir Fortschritte in der Heiligung machen wollen, reicht es nicht aus (obwohl das natürlich notwendig ist), sorgsam und beständig unser Leben von den Verschmutzungen durch unreine Haltungen und Handlungen zu reinigen. Wir müssen auch entschieden und aktiv danach streben, unseren Mitmenschen und besonders den Mitgläubigen zu dienen.

Denn nachdem unser Herr seinen Jüngern die Füße gewaschen hatte, legte er seine Kleider wieder an, setzte sich und wandte sich von der geistlichen Bedeutung seines vorgelebten Gleichnisses der praktischen Anwendung zu: »Wenn ich als Herr und Lehrer eure Füße gewaschen habe, solltet ihr euch ebenso gegenseitig die Füße waschen« (vgl. V. 14).

Wie sollen wir diese Anweisung verstehen? Manche Christen denken, sie sollten von Zeit zu Zeit in einer Zeremonie anderen tatsächlich die Füße waschen. Aber die ersten Christen verstanden die Anweisung des Herrn auf eine praktischere Art. Paulus erörtert zum Beispiel in seinem Brief an seinen Mitarbeiter Timotheus die Gewohnheit der ersten Gemeinde, sich um die Witwen zu kümmern und sie finanziell zu unterstützen. Dadurch bestand allerdings die Gefahr, dass jüngere Witwen diese Gewohnheit missbrauchen, indem sie sich von der Gemeinde durchfüttern lassen, anstatt selbst zu arbeiten. Damit das nicht geschah, schlug Paulus vor, dass erst das Leben einer Witwe betrachtet werden sollte, ob sie *»ein Zeugnis hat in guten Werken, wenn sie Kinder auferzogen, wenn sie Fremde beherbergt, wenn sie der Heiligen Füße gewaschen, wenn sie Bedrängten Hilfe geleistet hat, wenn sie jedem guten Werk nachgegangen ist«* (1. Timotheus 5,10), bevor sie diese Unterstützung erhalten sollte. In diesem Zusammenhang kann »der Heiligen Füße gewaschen« durchaus bedeuten, dass diese liebe Frau nach dem Brauch dieser Zeit tatsächlich die Füße ihrer christlichen Besucher gewaschen hat. Aber der Ausdruck kann ebenso demütiges Dienen gegenüber anderen bedeuten.

Zur Zeit unseres Herrn war das Waschen der Füße normalerweise eine niedere Aufgabe, die von einem sehr niedrigen Diener oder sogar einem Sklaven ausgeführt wurde. Indem unser Herr seine Jünger anweist, einander die Füße zu waschen, sagt er allen seinen Nachfolgern, dass sie die Gesinnung eines Dieners annehmen müssen. Sie müssen bereit sein, auf alle notwendige Art und Weise Menschen praktisch zu dienen. Denn Heiligung ist nicht nur eine theologische Lehre: Es schließt eine Gesinnung und Herzenshaltung ein, die nach Möglichkeiten Ausschau hält, anderen zu dienen, und keine Aufgabe als unwürdig betrachtet.

Anderen auf diese Weise zu dienen, ist eine sehr schwierige Aufgabe. Was soll uns dazu antreiben und motivieren?

Als Erstes die Autorität unseres Lehrers. Als er seine Stellung unter ihnen am Tisch zusammenfasste, sagte er: *»Ihr nennt mich Lehrer und Herr, und ihr sagt es zu Recht, denn ich bin es. Wenn nun ich, der Herr und der Lehrer …«* (V. 13.14). Wir bemerken sofort eine Änderung in der Reihenfolge der Wörter. Die Jünger neigten dazu, in Gedanken und Gesprächen ihn zuerst »Lehrer« und dann »Herr« zu nennen. Als Christus von sich selbst zu ihnen redet, dreht er die Wörter um: zuerst »Herr« und als Zweites »Lehrer«. Der Unterschied mag winzig erscheinen, aber wenn es um unsere Haltung gegenüber Christus und seinen Geboten geht, ist dieser Unterschied von großer praktischer Bedeutung. Allzu oft kommen wir zu Christus als Lehrer und hören, was er zu sagen hat. Dann entscheiden wir, ob wir seine Lehre annehmen und sie ausführen – oder nicht. Aber das ist weder ein angemessenes Verhalten für einen Gläubigen in der Schule Christi noch der beste Weg, um Fortschritte in der Heiligung zu machen. Wir sollten zuerst zu ihm als Herrn kommen, entschlossen, ihm zu gehorchen, und das tun, was er uns lehrt. Und dann sollten wir in dieser Gesinnung auf ihn als Lehrer hören.

Wenn das die erforderliche Haltung ist, wird Christus dann nicht zu einem Tyrannen? Nein! Betrachten wir als Nächstes sein Vorbild.

Die Kraft seines Vorbilds

»Denn ich habe euch ein Beispiel gegeben, damit, wie ich euch getan habe, auch ihr tut« (V. 15). Ein fähiger Lehrer weiß, dass das Lehren am erfolgreichsten ist, wenn die Theorie praktisch veranschaulicht wird. Also gab der perfekte Lehrer seinen Jün-

gern ein Beispiel demütigen, liebevollen und praktischen Dienstes. Dieses war so anschaulich, dass sie sofort die allgemeine Bedeutung begreifen und für den Rest ihres Lebens nicht mehr vergessen würden. Aber da war noch so unendlich viel mehr. Er war nicht nur ein Lehrer. Er war nicht in erster Linie der perfekte Lehrer. Er war in erster Linie ihr Herr. Der Herr des Universums. Sie hatten keinen Anspruch darauf, dass er ihnen diente, und kein Recht, dies zu erwarten. Im Gegenteil: Es war bereits ein schwerer Fehler, dass sie nicht eilig ihrer Pflicht nachgekommen waren und ihm, ihrem Herrn, die Füße wuschen. Es war erstaunlich, dass er, ihr Herr und menschgewordener Schöpfer, an ihrer Stelle seine Kleider ablegte, sich wie ein geringer Sklave mit einem Handtuch gürtete, zu ihren Füßen niederkniete, ihnen diese wusch und mit dem Handtuch trocknete, das sein Leib gewärmt hatte. Nachdem er ihnen dies getan hatte, wie konnten sie sich an seinem Gebot stoßen, dass sie auf dieselbe Weise anderen dienen sollten? Christus sagte: *»Wahrlich, wahrlich, ich sage euch: Ein Knecht ist nicht größer als sein Herr, noch ein Gesandter größer als der, der ihn gesandt hat«* (V. 16).

Die Zeit kam, als er sie als seine Apostel mit apostolischer Autorität in die Welt aussandte. Aber es bestand die Gefahr, dass ihr hohes Amt in der Gemeinde sie ihre Pflicht vergessen ließ, demütig ihren Mitgläubigen zu dienen, und stattdessen zu erwarten, dass sich diese vor ihnen niederbeugen und ihnen dienen. So sollten sie sich immer daran erinnern, dass Christus, den sie repräsentierten, wie ein geringer Sklave die niedere Aufgabe erfüllt und ihnen die Füße gewaschen hatte. Wie konnten sie danach hochmütig und stolz werden und sich so verhalten, als wären sie größer und wichtiger als ihr Herr? Sie würden nie das Gefühl von Christi Händen an ihren Füßen vergessen. Es war ein stiller Tadel ihres Stolzes, ein nicht zu unterdrückender und nicht zu leugnender Aufruf, als Diener selbst der niedrigsten Menschen zu handeln.

»Denn ich habe euch ein Beispiel gegeben, damit, wie ich euch getan habe, auch ihr tut … Wenn ihr dies wisst, glückselig seid ihr, wenn ihr es tut«, sagte Christus (V. 15.17).

Hier haben wir das Herzstück christlicher Ethik. Es geht nicht darum, einfach nur Regeln einzuhalten. Der wahre Gläubige wird sich zunehmend gezwungen fühlen, andere so zu behandeln, wie er von Christus behandelt wurde. Hat Christus ihm vergeben? Dann wird er bereit sein, anderen zu vergeben. Hat Christus ihm die Füße gewaschen? Er wird danach streben, anderen Menschen die Füße zu waschen. Hat Christus sein Leben für ihn gegeben? Dann sollte er sein Leben für andere lassen (1. Johannes 3,16).

Das bedeutet es, anderen praktisch zu dienen. Aber auch in geistlichen Dingen. An diesem Punkt wird deutlich, dass wir anderen nur so weit helfen können, wie wir selbst die Hilfe Christi erfahren haben. Offensichtlich kann ich niemandem helfen zu erkennen, was es bedeutet, wiedergeboren zu sein, wenn ich selbst nicht wiedergeboren bin.

Nehmen wir an, du siehst einen Mitchristen, den du gut kennst. Er verhält sich nicht so, wie es für einen Christen angemessen wäre, und lässt es zu, dass seine Schwachheit ihn beherrscht. Dann wirst du es als deine Pflicht als Christ ansehen, ihm zu helfen, seine Fehler zu erkennen und sozusagen seine Füße zu waschen. Aber sei umsichtig in deinem Vorgehen. Du kannst für ihn nur das wirksam tun, was Christus vorher dir getan hat (V. 15). Denke daran, dass auch du Christus brauchst, um die Füße zu waschen. Denke daran, wie Christus vorgeht. Wenn du deinen Freund korrigierst, dann ahme Christi Methode nach. Wenn du auf überlegene Weise handelst und deinen Freund streng tadelst, wirst du alle seine psychologischen Abwehrmechanismen erleben. Er wird sein Herz dir gegenüber verhärten und dich nicht weiter deine Absicht verfolgen lassen. Du kannst dich glücklich schätzen, wenn er dir nicht aufgrund deiner Kritik im Gegenzug Arroganz und Stolz vorwirft – weil er durch deine Kritik, obwohl sie angebracht ist, beschämt ist und sich miserabel, bedroht und wertlos fühlt.

Du solltest besser so auf ihn zugehen, wie der Herr auf die Apostel zuging. Die Jünger sollten sich aufsetzen, und der Herr kniete zu ihren Füßen nieder. Dadurch fühlten sie sich bedeutend, fast peinlich berührt. Aber es war kein Trick: Er wollte, dass sie sich bedeutend fühlen, denn er liebte jeden einzelnen der Apostel, und für ihn waren sie wichtig. So wichtig, dass er trotz ihrer gegenwärtigen Fehler und Versagen auf dem Weg nach Golgatha war, um dort sein Leben für sie zu geben. Sie merkten, dass er sie liebte und jeder Einzelne in seinen Augen wertvoll war. Deshalb fanden sie den Mut, ihre Herzen für seine liebevollen Lehren zu öffnen – und sogar für seinen Tadel. Und indem sie den Mut aufbrachten, ihren Fehlern ins Auge zu schauen, gingen sie den ersten Schritt, sie zu überwinden, und damit den ersten Schritt hin zu christlicher Reife und Heiligung im Leben.

5. Ein tretender Fuß

Ich rede nicht von euch allen, ich weiß, welche ich auserwählt habe; aber damit die Schrift erfüllt würde: Der mit mir das Brot isst, hat seine Ferse gegen mich erhoben. Von jetzt an sage ich es euch, ehe es geschieht, damit ihr, wenn es geschieht, glaubt, dass ich es bin. Wahrlich, wahrlich, ich sage euch: Wer aufnimmt, wen irgend ich senden werde, nimmt mich auf; wer aber mich aufnimmt, nimmt den auf, der mich gesandt hat.

Johannes 13,18-20

»*Wenn ihr dies wisst, glückselig seid ihr, wenn ihr es tut*«, sagte Christus, als er die praktischen Anwendungen aus seinem vorgelebten Gleichnis zog (V. 17). Wir müssen nicht die Gebote Christi halten, um errettet zu werden und ewiges Leben zu erhalten. Diese beiden Dinge sind kostenlose Gaben, die Gott uns in seiner Gnade in dem Augenblick gibt, in dem wir Buße tun und auf den Erretter vertrauen. Aber das Halten von Christi Geboten ist das Anzeichen dafür, dass wir errettet wurden und ewiges Leben erhalten haben. Ein Baby muss nicht schreien, um körperliches Leben zu bekommen. Es erhält das Leben als Geschenk von seinen Eltern. Aber wenn das Baby geboren ist, schreit es normalerweise. Und sein Schreien ist das Anzeichen, dass es Leben hat. Wenn es weder schreit noch sich bewegt und wenn es sonst keine äußeren Anzeichen dafür gibt, dass es lebt, handelt es sich um eine Totgeburt.

Alle Gläubigen in Christus sind bis jetzt unvollkommen. Niemand hält Christi Gebote so vollständig, wie sie gehalten werden sollten. Die Gläubigen sind wie Schulkinder: Sie geben ihr Bestes, um zu lernen, aber sie machen Fehler, verstehen manche der Lektionen falsch, und bei der Umsetzung des Gelernten hapert es oft auch sehr. Und unser Lehrer hat unendlich Geduld mit jedem, wie er sie auch mit Petrus hatte. Aber an dieser Stelle mitten in seinem Kurs verkündet der Herr, dass einer der anwesenden Jünger einer Haltung schuldig war, die nur folgendermaßen beschrieben werden kann: *»Der mit mir das Brot isst, hat seine Ferse gegen mich erhoben«* (V. 18). Was bedeutet das? Wie ernst war das? Wofür war es ein Anzeichen?

Jeder Tritt eines Mitmenschen ist brutal, aber es gibt zwei Arten von Tritten. Bei der einen Art wartet man, bis der Mensch nahe genug herankommt und man den Menschen komplett vor sich sieht. Dann stößt man das Bein nach vorne und tritt ihn hart irgendwo gegen die Vorderseite seines Körpers. Diese Form ist zumindest offen und unverblümt.

Bei der zweiten Art nähert man sich dem Menschen, lächelt über das ganze Gesicht und grüßt ihn, als würde man ihn gern mögen und achten. Sobald er vorbeigegangen ist und nicht sehen kann, was man tut, hebt man das Bein rückwärts hoch und tritt ihn mit der Ferse. Dieses Treten ist nicht nur brutal: Die Heuchelei gefolgt von Verrat macht es doppelt verabscheuungswürdig. Jemanden so zu treten, ist boshaft. Zu planen, den Sohn Gottes so zu treten, ist unsagbar böse.

Dennoch saß genau in diesem Augenblick ein solcher Mann mit dem Herrn am Tisch. Er aß seine Speise, heuchelte Freundschaft und gab vor, dass er eifrig die Lektionen lernen wollte, die Christus in seiner Schule der Heiligung lehrte. Aber der Mann war ein Betrüger. Er hatte überhaupt nicht die Absicht, Christi Gebote in die Tat umzusetzen. Er dachte, er hatte Christus mit seiner äußerlichen Darbietung von Interesse und Jüngerschaft beeindruckt. Und er hatte die (wie er dachte) heimliche Absicht, Christus nicht nur ungehorsam zu sein, sondern ihn zu verraten.

Christus wurde natürlich nicht getäuscht. Er kannte das Herz des Mannes bereits seit langer Zeit. Aber Christus gab den Verräter nicht unmittelbar bekannt. Er gab sich in diesem Augenblick damit zufrieden, preiszugeben, dass er um die Gegenwart eines solchen Verräters wusste. Er hatte bereits früher kundgetan, dass einer der zwölf Jünger nicht »rein«, nicht »gebadet« und kein erneuerter Mensch war (V. 10.11). Nun beschrieb er im Voraus, wie dieser bekennende Jünger in Kürze der Welt zeigen wird, dass er niemals ein wahrer Gläubiger war. Dieser äußerlich religiöse, aber in Wirklichkeit uneinsichtige Mann wird in seiner ungezähmten Auflehnung in Kürze etwas tun, von dem dieser Mann dachte, es sei geheim. Der schwelende Unmut gegenüber Christus und seinen Geboten wird sich betrügerisch entladen, indem dieser Mann ihn so fest wie möglich in den Rücken tritt.

Wie bereits erwähnt, gab Christus nicht unmittelbar zu erkennen, welcher der zwölf Jünger der Verräter war. Für eine kurze Zeit ließ er zu, dass die Mitteilung jeden Anwesenden dazu brachte, sich selbst zu überprüfen und ehrlich nachzuprüfen, wie die eigene Herzenshaltung gegenüber dem Herrn ist. Es schadet uns nicht, an diesem Punkt unser eigenes Herz mit derselben Absicht zu prüfen. Es ist gefährlich, äußerlich religiös zu sein, ohne jemals wiedergeboren worden zu sein. Denn wenn Menschen mit ihrer äußerlichen Religiosität weitermachen, werden Christi Gebote irgendwann Unmut in ihren unbekehrten Herzen hervorrufen. Und selbst wenn dies nicht öffentlich sichtbar wird, werden sie es vor Christus nicht verbergen können.

Der Glaube und das Verhalten von wahren Jüngern

Wir wissen, dass der Verräter Judas war – denn Johannes, der das Evangelium im Nachhinein schrieb, konnte uns Lesern im Voraus sagen (V. 2), dass Judas derjenige war, der Jesus verraten würde.

Aber es gab einen weiteren Grund, warum Jesus seinen Jüngern vor dem Verrat zeigte, dass er Judas durch und durch kannte und von dem bevorstehenden Verrat wusste. Jesus hatte Judas erwählt (wir werden in Kürze betrachten, warum), mit den anderen Elf nicht nur Jünger, sondern Apostel zu sein. Judas ging wie die anderen aus, um zu predigen. Er verwaltete sogar die Kasse der Apostel. Wenn Jesus nicht gezeigt hätte, dass er vom Vorhaben Judas' gewusst hatte, hätten die Apostel daraus schließen können, dass Jesus von Judas getäuscht worden war – und dass es Christus nicht möglich war, den Unterschied zwischen einem wiedergeborenen und einem nicht wiedergeborenen Herzen zu erkennen, und er so fälschlicherweise einem nicht wiedergeborenen Menschen apostolische Autorität verliehen hat.

Aber das war natürlich nicht so – weil *»Jesus … alle kannte und nicht nötig hatte, dass jemand Zeugnis gebe von dem Menschen; denn er selbst wusste, was in dem Menschen war«* (Johannes 2,24.25). Deshalb machte Jesus seine Jünger auf den bevorstehenden Verrat aufmerksam, bevor er erfolgte. Wenn es geschah, sollten sie dadurch in ihrem Glauben an ihn gestärkt und nicht geschwächt werden (Johannes 13,19).

Diese Tatsache, dass Jesus im Voraus wusste, dass Judas ein unechter Apostel war, ist auch für uns ein Trost. In den Briefen des Neuen Testaments lesen wir, dass die ersten Christen von Zeit zu Zeit in Schwierigkeiten gerieten wegen falscher Apostel, falscher Prediger und mancher Amtsträger, die nicht einmal wiedergeboren waren (s. 2. Korinther 11,13.26; Galater 2,4; 2. Petrus 2,1; 3. Johannes 9.10). Und die Gemeinde als Ganzes wurde seitdem von solchen Leuten heimgesucht. Christus selbst warnte uns davor (Lukas 12,45.46). Es war nicht geschehen, weil Christus etwa versagt und es nicht vorhergesehen und verhindert hatte.

Gleichzeitig hat Christus uns erkennen lassen, wo wahre geistliche Autorität liegt und wie unsere Haltung ihr gegenüber auszusehen hat. *»Wahrlich, wahrlich, ich sage euch: Wer aufnimmt, wen irgend ich senden werde, nimmt mich auf; wer aber mich aufnimmt, nimmt den auf, der mich gesandt hat«* (V. 20).

Beginnen wir bei der Spitze dieser Autoritätspyramide. Wenn wir den Herrn Jesus aufnehmen, nehmen wir dadurch Gott auf, der ihn gesandt hat. Aber wie wissen wir, dass Gott Christus gesandt hat? Jesus selbst sagt es uns. Als er mit Gott über seine Jünger spricht, sagt Jesus: *»Jetzt haben sie erkannt, dass alles, was* *du mir gegeben hast, von dir ist; denn die Worte, die du mir gegeben hast, habe ich ihnen gegeben, und sie haben sie angenommen und wahrhaftig erkannt, dass ich von dir ausgegangen bin, und haben geglaubt, dass du mich gesandt hast«* (Johannes 17,7.8). Wir wissen, dass Jesus von Gott gesandt ist, weil die Worte, die er zu uns spricht, offensichtlich die Worte Gottes sind.

Wir können auf dieselbe Weise feststellen, ob jemand die Wahrheit spricht, wenn er behauptet, vom Herrn Jesus gesandt oder berufen worden zu sein: Sind die Worte, die dieser Mensch sagt und predigt, mit den Worten des Herrn Jesus und seiner Apostel im Neuen Testament im Einklang? Und sind auch seine Taten damit im Einklang? Denn das Kennzeichen eines wahren Gläubigen ist: Wenn er das Wort von Christi Aposteln im Neuen Testament liest, wird er sie annehmen und ihnen gehorchen. Denn die Worte der Apostel Christi im Neuen Testament zu verwerfen, bedeutet, Christus zu verwerfen. Und Christus zu verwerfen, bedeutet, den Vater zu verwerfen, der ihn gesandt hat.

B. Der Verrat durch Judas wird aufgedeckt

Vorschau

In diesem Abschnitt werden wir das Wesen wahrer Heiligkeit kennenlernen:

- Wenn wir in den Augen Gottes vollkommen werden wollen, sollten wir das Ziel kennen.
- In Christi Aufdecken des Verrats durch Judas Iskariot werden wir ein Extrembeispiel von Unheiligkeit sehen.
- Judas nahm Christi Gaben und Freundschaft an, hatte aber weder Liebe noch Zeit für Christus. Am Ende war er sogar bereit, Christus für materiellen Vorteil zu verkaufen.
- Das Wesen der Heiligkeit ist eine Herzenshaltung, die der von Judas genau entgegengesetzt ist: eine Herzenshaltung der Liebe, Treue und Hingabe an den Herrn Jesus, den Vater und den Heiligen Geist.

6. Das Wesen der Heiligkeit

Als Jesus dies gesagt hatte, wurde er im Geist erschüttert und bezeugte und sprach: Wahrlich, wahrlich, ich sage euch: Einer von euch wird mich überliefern. Johannes 13,21

Die erste bedeutende Unterrichtsstunde in Christi Schule der Heiligung begann mit einer beeindruckenden symbolischen Gegenstandslektion: Christus wäscht seinen Jüngern die Füße. Die zweite bedeutende Unterrichtsstunde besteht aus einer weiteren wichtigen symbolischen Geste: Christus reicht den eingetunkten Bissen Judas. Dadurch wurden zwei Dinge deutlich: Als Erstes wurde der Verräter dadurch eindeutig identifiziert, und zweitens deckte sie das Wesen seiner Sünde klar auf.

Johannes' erster Grund, dieses Ereignis zu berichten, ist zweifellos der, dass es sich tatsächlich ereignet hat. Aber das Ereignis ist mehr als Geschichte: Es vermittelt eine allgemeine Lektion, die wir besonders an dieser Stelle des Kurses über Heiligung lernen müssen. Seine Bedeutung ist folgende: Das Waschen der Füße durch Christus zeigt uns, dass von wahren Gläubigen erwartet wird, dass sie sich *»selbst reinigen von jeder Befleckung des Fleisches und des Geistes, indem wir die Heiligkeit vollenden in der Furcht Gottes«* (2. Korinther 7,1). Wir sollen danach streben, immer heiliger zu werden. Wie sollen wir das tun, ohne eine klare Vorstellung davon zu haben, was Heiligkeit ist? Es geht nicht nur darum, welche Haltungen und Handlungen heilig sind, sondern darum, was das Wesen und das Kernstück der Heiligkeit ist.

Wir können erkennen, wie etwas ist, indem wir das Gegenteil betrachten. Wir lernen beispielsweise Schönheit mehr zu schätzen, indem uns Hässlichkeit gezeigt wird. Wir werden uns unserer Gesundheit mehr bewusst, wenn wir sie verlieren und krank werden. Was ist also das Gegenteil von Heiligkeit?

»Sünde natürlich«, sagt vielleicht jemand. Das ist richtig. Aber Sünde zeigt sich auf vielerlei Weise. Als Gegenteil von

Rechtschaffenheit beispielsweise ist Sünde – so sagt es die Bibel an einer Stelle – Gesetzlosigkeit (1. Johannes 3,4), ein Leben in totaler Missachtung von Gottes Gesetz, als ob es nicht existieren würde. Aber wie sieht Sünde als Gegenteil von Heiligkeit aus?

Das zeigt uns der Herr hier. Durch die Bezeichnung des Verräters Judas und das eindrückliche Aufdecken des Wesens seiner Sünde zeigt Christus uns das Wesen der Unheiligkeit. Wir sollen daran umso deutlicher deren Gegenteil erkennen, nämlich wahre Heiligkeit – und das Geheimnis, wie man heilig werden kann.

Das Wesen der Unheiligkeit

Wir haben bereits Christi Beschreibung der Sünde von Judas (ohne ihn namentlich zu nennen) mit den folgenden Worten gehört: *»Der mit mir das Brot isst, hat seine Ferse gegen mich erhoben«* (V. 18). Nun fügt unser Herr noch die düstere Aussage hinzu: *»Einer von euch wird mich überliefern«* (V. 21). Wir wissen aus den anderen Evangelien, dass Judas den Herrn für Geld verriet. Judas verkaufte Jesus für 30 Silberlinge (s. Matthäus 26,15). Wir müssen alle diese Elemente zusammenfügen, um ein umfassendes Bild von Judas' Sünde zu erhalten.

Gehen wir zurück zur Aussage: *»Der mit mir das Brot isst, hat seine Ferse gegen mich erhoben«* (V. 18). Luther 1912 übersetzt diesen Vers wie folgt: *»Der mein Brot isset, der tritt mich mit Füßen.«* Luthers Übersetzung *»mein Brot«* weist auf folgenden Umstand hin: Es war kein gemeinsames Essen von 13 Männern in einem Restaurant, bei dem jeder Einzelne seinen Anteil bezahlt. Wie bereits mehrmals in der Vergangenheit, so war auch diesmal Jesus der Gastgeber, der in seiner liebevollen Großzügigkeit Judas als persönlichen Gast an seinen Tisch eingeladen hatte. Zusätzlich zu dem Essen auf seinem Tisch hatte der Herr Jesus dem Judas viele Vorrechte und Gaben gewährt: Er hatte ihn zum Apostel ernannt und ihn beauftragt, mit den anderen Aposteln als sein Gesandter hinauszugehen, um das Evangelium des Reiches Gottes zu predigen. Möglicherweise war Judas wie die anderen Apostel bevollmächtigt, Wunder zu tun, obwohl er niemals etwas anderes war als ein Ungläubiger (und unser Herr wusste das, s. Johannes 6,70.71). Auch Ungläubige können im Namen Jesu Wunder tun (s. Matthäus 7,22.23). Außerdem hatte Judas das Amt des Kassenwarts unter den Aposteln inne: Er verwaltete den Beutel mit dem gesamten Geld, das Jesus gehörte (nebenbei bemerkt hat Judas davon oft Geld unterschlagen; Johannes 12,6).

Doch diese Vorrechte, Gaben und Ehrenämter werden noch weit übertroffen von der persönlichen Freundschaft, die Jesus ihm angeboten hat. Christus hätte Judas wie einen Unteroffizier in einer Armee behandeln können, der – egal, wie wichtig sein Rang sein mag – nicht vom Oberbefehlshaber der Armee zum Essen eingeladen wird, geschweige denn vom Präsidenten des Landes. Aber nein! Jesus lud Judas ständig an seinen Tisch ein. Und er bot ihm nicht nur sein Essen an, sondern auch seine persönliche Freundschaft.

Und Judas' Sünde? Er hat alle Geschenke Christi und die Vorrechte angenommen und am Tisch Christi gegessen. Aber er hatte weder Liebe noch Zeit, noch Loyalität für Christus selbst. Er behauptete, Christi Freund und treuer Diener zu sein. Aber er hatte Christus nie geliebt. Und was die Treue betrifft: Als sich ihm die Gelegenheit bot, stahl er nicht nur Christi Geld aus dem Beutel – er wies auch die Freundschaft Christi ab und verkaufte sogar Christus selbst.

Die Schwere von Judas' Sünde

Es gibt einige Dinge im Leben, die so heilig sind, dass man ihren Wert nicht mithilfe eines Geldbetrags angeben kann.

Jemand, der bereit ist, diese Dinge zu verkaufen, wird von allen vernünftigen Menschen aus tiefstem Herzen verachtet werden. Freundschaft ist eines dieser Dinge. Loyalität ein weiteres. Wenn jemand ein fremdes Land ausspioniert, wird er vielleicht von seinen Mitbürgern für seinen Mut und seine Fähigkeit bewundert. Aber wenn jemand bereit ist, sein eigenes Land zu verkaufen, vorausgesetzt, der Preis stimmt, wird er von seinen Landsleuten mit Abscheu und Empörung angesehen. Er ist der entsetzlichsten Verdrehung wahrer Werte schuldig. Wird er entdeckt und ergriffen, wird er normalerweise erschossen. Was würden wir von jemandem sagen, der seine Mutter für eine ansehnliche Summe in die Sklaverei verkauft?

Dass Judas alle Geschenke von Christus genommen und dann sein Geld aus dem gemeinsamen Beutel gestohlen hat, war natürlich armselig und verachtenswert. Aber was bedeutet letztlich der Verlust einiger Münzen für Christus? Aber dass Judas die Geschenke Christi nahm, dessen Gast war, Freundschaft heuchelte, von seinem Tisch aß und dann sowohl Christus selbst als auch seine Freundschaft verkaufte – das traf wie ein Dolch in Christi Herz. Christus war kein gefühlloser Stoiker. Jahre später rief Johannes sich dieses Ereignis ins Gedächtnis und hielt es für uns fest. Er hatte immer noch den Schmerz vor Augen, den Christus bei der Ankündigung erkennen ließ: *»… wurde [Jesus] im Geist erschüttert und bezeugte und sprach: Wahrlich, wahrlich, ich sage euch: Einer von euch wird mich überliefern«* (V. 21).

Wäre Jesus einfach ein gewöhnlicher Mensch oder ein einzigartiger brillanter Theologe und Lehrer gewesen – selbst dann wäre Judas' Verrat niederträchtig gewesen. Aber Jesus war kein gewöhnlicher Mensch. Er war der Sohn Gottes. Jesu Geschenke und Essen anzunehmen und ihn dann zu verwerfen, bedeutet gleichzeitig, Gottes Geschenke anzunehmen und Gott dann zu verwerfen. Jesus und seine Freundschaft wegen Geld zu verraten, heißt, Gott und seine Freundschaft gegen Geld zu verraten. Der Dolch, den Judas Jesus ins Herz stieß, hat Gottes Herz durchbohrt.

Das Herz von Judas: ein Mikrokosmos der Menschheit

Das Verhalten von Judas mag uns extrem erscheinen. Aber seine Herzenshaltung ist verbreiteter als man denkt. Judas nahm die Geschenke Christi, hatte aber keine Zeit, Liebe und Loyalität für Christus selbst. Scharen von Menschen nehmen die Gaben Gottes, haben aber keine Zeit, Liebe und Loyalität für Gott. Sie behandeln Gott den Schöpfer so, wie Judas Christus behandelt hat. Überall um uns herum sprießen die guten und oft köstlichen Gaben der Natur, einschließlich unseres täglichen Brotes. Aber es gibt mehr als die unpersönlichen Naturgewalten. Hinter der Natur schlägt das Herz des Schöpfers. Die Gaben der Natur sind seine liebevolle Aufforderung, ihn und seine Freundschaft zu suchen. Scharen von Menschen nehmen die Geschenke und erfreuen sich daran. Aber sie interessieren sich nicht für den göttlichen Geber. Sie fühlen sich ihm nicht verpflichtet, dankbar zu sein. Sie haben keine Liebe für ihn, keine Loyalität ihm gegenüber und kein Verlangen nach einer Freundschaft mit ihm. Sie ignorieren ihn. Viele möchten mehr Geld erhalten, bessere Positionen in der Gesellschaft einnehmen, in der Welt besser angenommen werden. Dafür sind viele bereit, Gottes Sohn zu verkaufen – und den Glauben an Gott gegen weltlichen Erfolg zu tauschen. Das ist das Wesentliche und das Kernstück der Unheiligkeit. Man muss nicht jemanden getötet, eine Bank überfallen, Ehebruch begangen oder kleine Kinder gequält haben, um unheilig zu sein. Es reicht, Gottes Geschenke anzunehmen und keine Liebe oder Zeit für Gott selbst zu haben. Dadurch verwundet man das Herz Gottes und entheiligt außerdem alles im Leben.

Eine uralte Sünde

Diese falsche, unheilige Herzenshaltung ist die Sünde, in die Satan ursprünglich Adam und Eva gelockt hat. 1. Mose 3 beschreibt, wie er auf den Baum der Erkenntnis von Gut und Böse zeigt und Eva bewusst macht, dass er gut zur Speise ist, also zur körperlichen Befriedigung. Und dass er schön anzusehen ist, also zur ästhetischen Befriedigung. Und dass er begehrenswert ist, um weise zu werden, also zur intellektuellen Befriedigung. Und Satan behauptete gegenüber Eva, dass man alle diese wunderbaren Dinge – mit einem Wort: das Leben in Fülle – unabhängig von Gott genießen kann, ohne Gott oder sein Wort zu beachten. Adam und Eva glaubten dieser Lüge. Dadurch wurde zwangsläufig die Einstellung der Menschen gegenüber dem Leben, seinen Ressourcen und Beziehungen grundlegend verändert. Die Wohltaten im Leben wurden nicht mehr als Geschenke aus Gottes gnädiger Hand betrachtet, die man in der Gemeinschaft mit Gott genießt und die das Herz in eine immer enger werdende Freundschaft zu Gott ziehen. Diese Freundschaft besteht auf ewig im Himmel, wenn das irdische Leben vergeht und die auf die Zeit dieses Lebens begrenzten Geschenke verloren sind. Die Wohltaten im Leben wurden zum Selbstzweck, indem sie die Herzen von Gott wegzogen statt zu ihm hinzogen. Außerdem wurden die Menschen durch ihre Entfremdung von Gott in Furcht vor ihm versetzt. Sie mussten sich vor ihm verstecken, er war nicht länger eine Quelle der Freude in ihrem Leben, sondern eine Bedrohung. Und das Gift dieser falschen Haltung gegenüber Gott hat das Wesen jedes Menschen durchdrungen.

Es ist die typische Sünde der Welt – so sehr, dass die Bibel das Wort »Welt« oft in einem negativen Sinn auf die menschliche Gesellschaft bezieht, die auf der Grundlage dieser falschen Herzenshaltung Gott gegenüber aufgebaut ist und lebt. Wir werden dazu später noch viele Beispiele sehen.

Außerdem kennzeichnet diese Sünde nicht nur unbekehrte Menschen. Wahre Gläubige werden nach wie vor zu dieser Sünde verleitet und müssen mit den Worten des Apostels Johannes ermahnt werden: *»Liebt nicht die Welt noch was in der Welt ist. Wenn jemand die Welt liebt, so ist die Liebe des Vaters nicht in* *ihm; denn alles, was in der Welt ist, die Lust des Fleisches und die Lust der Augen und der Hochmut des Lebens, ist nicht von dem Vater, sondern ist von der Welt«* (1. Johannes 2,15.16). Die schönen Dinge im Leben oder das Verlangen nach ihnen sind an sich nicht falsch. Die Bibel sagt, dass Gott uns alle diese Dinge reichlich gibt zum Genuss (1. Timotheus 6,17). Der Schaden wird verursacht, wenn diese schönen Dinge des Lebens (oder auch etwas anderes) unsere Herzen von Gott fortziehen. Das ist Weltlichkeit und der Kern der Unheiligkeit.

Nehmen wir an, ein reicher Mann hat entschieden, seinem volljährigen Sohn zu seinem Geburtstag ein eigenes Flugzeug zu schenken. Nehmen wir weiter an, dass der Sohn das Geschenk angenommen hat, ohne seinem Vater zu danken. Er stieg ins Cockpit, flog davon und besuchte seinen Vater nie mehr für den Rest seines Lebens. Was würden wir von diesem Sohn halten? Und wie wird sich wohl der Vater fühlen?

Das Wesen der Heiligkeit

Wenn dies das Grundprinzip der Unheiligkeit ist, können wir daraus schließen, dass das Wesen der Heiligkeit dessen genaues Gegenteil ist. Es geht nicht um das Halten einer Liste von Regeln, auch wenn Christus uns später daran erinnert: »*Wer meine Gebote … hält, der ist es, der mich liebt«* (Johannes 14,21). Im Grunde ist wahre Heiligkeit unerschütterliche Liebe und Hingabe gegenüber den Personen der Dreieinheit.

Manchmal hat ein falsches Verständnis von wahrer Heiligkeit dazu geführt, dass Menschen alle Arten von gesetzlichen Praktiken einhalten. Das scheint nach außen heilig, dabei wird jedoch das Grundprinzip außer Acht gelassen. Es gibt beispielsweise Christen, die immer noch mittelalterliche Kleidung tragen, weil sie glauben, zeitgemäße Kleidung sei unheilig. Wir dürfen natürlich nicht ihr Herz beurteilen. Aber wir können sicher sein, dass es möglich ist, altertümliche Kleidung zu tragen und alle möglichen Verhaltensregeln zu beachten und dennoch im Herzen nur wenig oder gar keine Liebe für den Erretter zu haben und sich ihm nicht hinzugeben. Selbst Prediger und Theologen stehen in dieser Gefahr. Es ist möglich, die Heilige Schrift als Beruf oder Hobby zu studieren und aus reiner Freude an dem Einfluss zu predigen, die der Prediger dadurch über große Versammlungen hat. Und dennoch kann das Herz weit vom Herrn entfernt sein und es an persönlicher Liebe für ihn mangeln. Auch Prediger können um der Position, der Karriere oder des Verdienstes willen Christus gegenüber moralisch, geistlich und theologisch untreu sein. Möge Judas uns als Warnung dienen.

Wenn wir in der Heiligung voranschreiten wollen, müssen wir dem Herrn immer hingegebener werden, ihn immer inniger lieben und ihm immer treuer dienen. Aber wenn das so ist, werden die hingegebensten Gläubigen als Erste einräumen, dass ihre Liebe für Christus nicht so herzlich und beständig ist, wie sie sein sollte. Der Druck des Lebens, seine Freuden, sein Kummer, seine Kämpfe saugen die Kräfte aus unseren Herzen, halten uns von Loyalität ab und kühlen unsere Zuneigung gegenüber Christus ab. Was lässt das Herz auftauen und die Hingabe erneuern? Und wie wird Christus, der die Wankelmütigkeit unseres Herzens und dessen Untreue sieht und kennt, uns gegenüber reagieren? Wird er uns verurteilen und verwerfen?

Genau diese Frage lässt uns in das Gastzimmer zurückkehren, um zu beobachten, wie Christus Judas gegenüber reagiert, wie er den Verräter kennzeichnet und wodurch er den Verrat aufdeckt.

7. Der Verrat durch den Menschen wird aufgedeckt

Da blickten die Jünger einander an, in Verlegenheit darüber, von wem er rede. Einer aber von seinen Jüngern, den Jesus liebte, lag zu Tisch in dem Schoß Jesu. Diesem nun winkt Simon Petrus, damit er frage, wer es wohl sei, von dem er rede. Jener aber, sich an die Brust Jesu lehnend, spricht zu ihm: Herr, wer ist es? Jesus antwortete: Der ist es, dem ich den Bissen, wenn ich ihn eingetaucht habe, geben werde. Als er nun den Bissen eingetaucht hatte, gibt er ihn Judas, Simons Sohn, dem Iskariot. Und nach dem Bissen fuhr dann der Satan in ihn. Jesus spricht nun zu ihm: Was du tust, tu schnell! Keiner aber von den zu Tisch Liegenden verstand, wozu er ihm dies sagte. Denn einige meinten, weil Judas die Kasse hatte, dass Jesus zu ihm sage: Kaufe, was wir für das Fest nötig haben, oder dass er den Armen etwas geben solle. Als er nun den Bissen genommen hatte, ging er sogleich hinaus. Es war aber Nacht. Johannes 13,22-30

Als der Herr Jesus sagte: »*Einer von euch wird mich überliefern*« (V. 21), muss Judas endgültig erkannt haben, dass Jesus von seinen Plänen wusste. Doch bis jetzt wusste keiner der anderen im Gastzimmer, wer der Verräter war. Sie starrten sich gegenseitig ratlos an, um herauszufinden, wen Jesus damit meinte. Einer von ihnen – der Apostel, den Jesus liebte – lag an der Brust Jesu. Petrus gab diesem Jünger ein Zeichen, dass er Jesus fragen sollte, wer von ihnen gemeint war. An Jesu Brust gelehnt, fragte dieser Jünger Jesus freiheraus: »*Herr, wer ist es?*« (V. 25).

Nun kam der dramatische Augenblick, als Jesus den Verräter enthüllen musste. Wie würde er es tun?

Er hätte schweigend mit anklagendem Finger auf Judas zeigen können, während dieser sich auf seinem Sitz wand. Aber so machte er es nicht. Er hätte Judas' Namen nennen können mit einer vernichtenden Anklage seines Verrats. Das wäre entsetzlich für Judas gewesen.

Vielleicht erinnern wir uns an eine andere Begebenheit, als unser Herr die Sünde von Menschen aufdecken musste. Wie furchteinflößend mussten zum Beispiel seine blitzenden Augen und die erhobene Peitsche gewesen sein, als er die Wechsler aus dem Tempel hinausjagte (Johannes 2,14-17)! Wie vernichtend muss seine Anklage gegenüber einigen Gesetzeslehrern und Pharisäern gewesen sein: *»Ihr Schlangen! Ihr Otternbrut! Wie solltet ihr dem Gericht der Hölle entfliehen?«* (Matthäus 23,33)! Aber die Sünden, die unseren Herrn bei diesen Gelegenheiten zu solch energischem öffentlichem Tadel veranlassten, waren die Entweihung von Gottes Haus, die falsche Darstellung von Gottes Wesen, die Verfolgung von Gottes Propheten und die Unterdrückung der Armen unter dem Deckmantel der Religion. Christus wollte nicht unterstützen, dass Menschen aufgrund der Verdrehtheit heuchlerischer Menschen geistlich Schaden leiden.

Aber jetzt im Gastzimmer waren es nicht andere Menschen, die Schaden nehmen würden. Die Sünde von Judas verletzte Christus selbst, stieß einen giftigen Pfeil in sein Herz. Auf welche Art und Weise, mit welchem Tonfall und durch welche Handlung wird er den Verrat dieser Schlange gegen seine eigene Person aufdecken? Auf die Frage des Jüngers, den Jesus liebte, wer der Verräter sei, antwortete er: *»Der ist es, dem ich den Bissen, wenn ich ihn eingetaucht habe, geben werde«* (V. 26). Dann tauchte er den Bissen Brot ein und reichte ihn Judas Iskariot, Simons Sohn.

Diese vielsagende Handlung war mehr als passend, um die Identität des Verräters offenzulegen. Wir erinnern uns daran, dass Judas seit drei Jahren das Brot Christi genommen und Freundschaft vorgetäuscht hat. Nun war er dabei, das Brot der Freundschaft Christi zurück in dessen Gesicht zu schleudern. Wie wird Christus darauf reagieren? Indem er ihm ein weiteres Mal dasselbe Brot anbietet! Ohne glühende Entrüstung und hasserfüllte Beschimpfung! Nur das Angebot des Bissens, das ohne Worte sagte: »Judas, du hast das Brot meiner Freundschaft genommen. Trotzdem hast du heimtückisch deine Ferse gegen mich erhoben und zum Tritt ausgeholt. Du bist dabei, mich zu verraten. Ich weiß das alles. Ungeachtet dessen biete ich dir noch einmal das Brot meiner Freundschaft an, bevor du es tust, Judas! Willst du es nicht annehmen?«

Die Geste war weder zynisch noch sarkastisch. Und es war auch kein Bestechungsversuch, um sich die Gunst von Judas zu erschmeicheln. Es war ein echter Versuch, ihn im letzten Augenblick von der selbst gewählten Hölle zu retten. Im Nahen Osten gab es zur damaligen Zeit ein ungeschriebenes Gesetz bezüglich der Gastfreundschaft. Wenn ein Gastgeber ein Stück Brot nahm, es eintauchte und dann einem seiner Gäste gab, bedeutete das nicht nur, dass er seinen Gast ehrte und ihm einen besonderen Leckerbissen vom Festmahl anbot. Zusätzlich versprach er diesem Gast dadurch, ihm ein treuer Freund zu sein. Wir dürfen sicher sein, dass das Anbieten des Bissens eine ehrliche Geste unseres Herrn war, selbst in diesem finsteren und einschneidenden Augenblick auf Judas' Weg zur Hölle. Diese Geste sollte Judas dazu bringen, Christi Freundschaft und Liebe und damit die Vergebung, Begnadigung und spätere Herrlichkeit anzunehmen.

Die Reaktion von Judas

Wir erfahren nicht, wie sich Judas zu diesem Zeitpunkt gefühlt hat. Armer Judas! Warum schrie er nicht in der Tiefe seines Herzens: »Herr, ich wusste nicht, dass du es weißt. Aber ich erkenne nun, dass du mich durchschaut hast. Ich bin dieser niederträchtigen, widerwärtigen Gier nach Geld und nach Macht erlegen, die mich dazu gebracht hat, dich zu verkaufen und zu verraten. Aber wenn du mir, obwohl du das alles weißt, immer noch den Bissen deiner treuen Freundschaft anbieten kannst, dann brauche ich genau dies vor allem anderen. Der Teufel selbst hat mich zu fassen bekommen und zieht mich hinunter in die Hölle. Rette mich vor mir selbst! Rette mich von meiner entsetzlichen Verirrung!«? Wenn Judas so aufgeschrien hätte, dürfen wir sicher sein, dass er die Echtheit von Christi Geste im Anbieten des Bissens erkannt hatte. Christus hätte ihn gerettet und wäre ihm für immer treu gewesen. Tatsächlich nahm Judas den Bissen. Aber es war ein weiteres Mal geheuchelt. Er nahm den angebotenen Bissen, verfolgte aber weiterhin völlig unbußfertig seine Pläne, den Geber zu verraten.

Er hatte seine letzte Entscheidung getroffen. Im Johannesevangelium lesen wir: *»Und nach dem Bissen fuhr dann der Satan in ihn«* (V. 27). Wie reagierte Christus auf diese wiederholte und endgültige Ablehnung seiner Freundschaft und Errettung? Es hagelte keine Vorwürfe. Christus sagte nur, als Judas den Raum verließ: *»Was du tust, tu schnell!«* (V. 27). Damals verstand keiner der Anwesenden, was damit gemeint war. Von Johannes erfahren wir, dass sie dachten, Judas solle als Kassenwart noch das Nötige für das Fest kaufen oder den Armen etwas geben. Stellen wir uns einmal vor, wie Christus seinen Jüngern normalerweise gesagt hätte, dass sie den Armen etwas geben sollten! Welche Blicke und Gesten hätten wir gesehen? Vielleicht in diesem Tonfall hat unser Herr seine letzte Bemerkung an Judas gerichtet.

Dennoch ist Johannes' Bericht über die falsche Deutung der Worte Christi an Judas äußerst ergreifend. Es erinnert an ein Ereignis, das Johannes einige Verse vorher festgehalten hat (Johannes 12,1-8). Maria, die Schwester von Lazarus, hat ihre Dankbarkeit, Liebe und Hingabe an den Herrn dadurch ausgedrückt, dass sie seine Füße mit einer ganzen Flasche teuren Salböls gesalbt hat. Der Wert des Salböls entsprach mindestens einem Jahreseinkommen. Für Judas schien eine solch außergewöhnliche Hingabe an Christus lächerlich übertrieben, und er äußerte seine Kritik: *»Warum ist dieses Salböl nicht für dreihundert Denare verkauft und den Armen gegeben worden?«* (Johannes 12,5). Johannes fügt hinzu, dass Judas sich in Wirklichkeit nicht um die Armen sorgte. Er war ein Dieb. Und da er die gemeinsame Kasse verwaltete, hätte er sich leicht einen Teil des Geldes nehmen können, wenn das Salböl verkauft und der Erlös vorübergehend in die Kasse gelegt worden wäre. Aber davon abgesehen ärgerte es ihn eigentlich, dass jemand Jesus so wertschätzte und sich ihm deshalb völlig hingab und ihn so liebte, um so viel für ihn zu geben. Er selbst hatte Jesus gedient, solange es ihm dienlich war, für die Stellung, die Macht und die finanziellen Vorteile, die für ihn heraussprangen. Aber Jesus persönlich lieben? Warum würde jemand Jesus so lieben? Er tat es natürlich nicht. Und er konnte nicht verstehen, warum es sonst jemand tun sollte.

Und nun würde er es niemals verstehen. Hätte er nicht nur den Bissen angenommen, sondern auch das, wofür der Bissen stand, hätte er mit zunehmendem Staunen nach und nach entdecken können, was die Freundschaft Christi für diejenigen bedeutet, die sie annehmen. Aber nachdem er den Bissen genommen hatte, verschloss er sein Herz ein letztes Mal für die Liebe und Freundschaft Christi. Er ging unverzüglich hinaus, und es war Nacht (V. 30), wie wir von Johannes wissen. Es war tatsächlich Nacht. Aber die Aussage weist nicht nur auf die Tageszeit hin. Judas hatte den Vorschlag Satans vorher begrüßt (V. 2), als Verbündeter im Kampf seine Unabhängigkeit von Jesus zu bewahren. Jetzt ging Satan nicht weg und überließ Judas nicht seiner erhofften Freiheit. Er fuhr in Judas (V. 27), überwältigte ihn und machte ihn zu seinem Diener. Damit ging Judas hinaus in eine Nacht völliger moralischer und geistlicher Finsternis, bei der es nie eine Morgendämmerung geben wird. Die Bibel warnt uns vor dem, was mit denen geschieht, die Gott und seinen Sohn endgültig ablehnen. Judas ist ein drastisches Beispiel dafür.

»Aber das ist furchtbar«, sagt vielleicht jemand. »Meinen Sie wirklich, dass Gott Menschen in die Hölle kommen lässt oder sie sogar dorthin schickt, nur weil sie sich geweigert haben, an Jesus Christus zu glauben und ihn anzunehmen? Wenn das so ist, wer kann einen solchen Gott achten und an ihn glauben? Sollte er nicht ein Gott der Liebe sein?«

Genau dieser Einwand führt uns zur Betrachtung der nächsten Aussage Jesu, nachdem Judas hinausgegangen war.

8. Die Offenbarung der Herrlichkeit Gottes

Als er nun hinausgegangen war, spricht Jesus: Jetzt ist der Sohn des Menschen verherrlicht, und Gott ist verherrlicht in ihm. Wenn Gott verherrlicht ist in ihm, wird auch Gott ihn verherrlichen in sich selbst, und sogleich wird er ihn verherrlichen. Johannes 13,31.32

Wir müssen uns von vornherein im Klaren sein, was dazu geführt hat, dass Judas den Herrn verraten hat. Es war weder die Tatsache, dass Jesus Judas zum Apostel ausgewählt hat, noch der Umstand, dass Jesus den Verrat vorausgesagt hat. Nehmen wir an, Sie sehen aus einem Hubschrauber zwei Autos, die sich mit hoher Geschwindigkeit einer unübersichtlichen Kurve nähern. Sie können voraussagen, dass die beiden Autos zusammenstoßen werden. Aber auch wenn Ihre Vorhersage wahr ist, so führt diese nicht zum Zusammenstoß. Denn dieser wird durch die Fehler der Fahrer verursacht. Mit Judas war das genauso. Jesus wusste es im Voraus und sagte es vorher, dass Judas ihn verraten würde. Aber diese Tatsache führte nicht dazu, dass Judas es wirklich tat, und ist auch keine Entschuldigung für ihn. Judas tat es aus freiem Willen, aufgrund der Sündhaftigkeit seines Herzens.

Als Satan dem Judas den Gedanken eingab, Jesus zu verraten, hatte er nicht die Absicht, die Prophetien des Alten Testaments zu erfüllen, dass der Messias sterben muss. Er handelte ebenfalls nach seinen eigenen Berechnungen. Nach seiner gefallenen und teuflischen Denkweise konnte der Verrat Jesu und sein Tod an einem Kreuz nur eine verheerende Niederlage für Jesus sein. Der Tod durch Kreuzigung war die schändlichste Strafe zur damaligen Zeit. Die Schande würde die Sache Jesu in einem Meer voller Ungnade versinken und somit verschwinden lassen. Er dachte, es sei ein meisterlicher Schachzug, einen der erwählten Apostel Jesu zu bestechen, um Jesus dieser öffentlichen Erniedrigung preiszugeben.

Wie sehr Satan sich irrte! Der Sohn Gottes war in unsere Welt gekommen, um am Kreuz zu sterben! Er wusste im Voraus, dass Judas ihn in diesen Tod überliefern würde, und hat ihn bewusst als Apostel erwählt. Als Judas schließlich das Gastzimmer verließ, um seine niederträchtige Tat auszuführen, gebot Christus ihm: »*Was du tust, tu schnell!*« (V. 27). Jesu Ansehen wurde durch die Schande des Kreuzes nicht zerstört. Im Gegenteil: Das Leiden am Kreuz wurde zur größten Offenbarung der Herrlichkeit Gottes und des Sohnes Gottes, die die Welt je gesehen hat und die das Universum je sehen wird. Als Judas hinausgegangen war und Christi Kreuzigung unmittelbar bevorstand, erklärte Jesus deshalb: »*Jetzt ist der Sohn des Menschen verherrlicht, und Gott ist verherrlicht in ihm*« (V. 31).

Seit Satan das Herz des Menschen durch verleumderische, falsche Darstellungen von Gottes Wesen verunreinigte, plante Gott diesen Augenblick und arbeitete darauf hin. Zur gegebenen Zeit setzte Gottes eigener Sohn seinen Fuß auf unseren rebellischen Planeten. Dann kam der Höhepunkt, als der menschgewordene Schöpfer im Gastzimmer jenem Geschöpf von Angesicht zu Angesicht gegenüberstand, das ihn an ein Kreuz bringen würde. Nun würde die Welt erkennen, wie Gott war! Die Reaktion Gottes diesem Verräter gegenüber würde Gottes Herz offenbaren. Bewusst und in dem Wissen, was Judas tun wollte, bot er Judas den Bissen seiner Freundschaft an.

So herrlich diese Geste auch ist, leitet sie doch nur die majestätischere Offenbarung der Herrlichkeit Gottes auf Golgatha ein. Als Christus den Bissen an Judas reichte, wurden der Verräter und seine üble Heimtücke offenbar. Ebenso wurde der rebellische Hass gegenüber Gott offenbar, als Gott seinen Sohn in die Hände der Menschen gab. Sie sagten: »*Dieser ist der Erbe; kommt, lasst uns ihn töten, und das Erbe wird unser sein*« (Markus 12,7). Aber selbst als sie Jesu Hände und Füße an das Kreuz nagelten, bot Gott der Welt Christus als Bissen seiner Freundschaft an, als Versprechen seiner Vergebung und ewiger Liebe für all jene, die Buße tun und ihn in Aufrichtigkeit und Wahrheit annehmen. *»Nämlich dass Gott in Christus war, die Welt mit sich selbst versöhnend, ihnen ihre Übertretungen nicht zurechnend, und er hat in uns das Wort der Versöhnung niedergelegt«* (2. Korinther 5,19). Denn *»Gott aber erweist seine Liebe zu uns darin, dass Christus, da wir noch Sünder waren, für uns gestorben ist ... Denn wenn wir, da wir Feinde waren, mit Gott versöhnt wurden durch den Tod seines Sohnes, so werden wir viel mehr, da wir versöhnt sind, durch sein Leben gerettet werden«* (Römer 5,8.10). Und direkt zu uns in unser Jahrhundert kommt der Ruf Gottes durch die Apostel Christi: *»So sind wir nun Gesandte für Christus, als ob Gott durch uns ermahnte; wir bitten an Christi statt: Lasst euch versöhnen mit Gott! Den, der Sünde nicht kannte, hat er für uns zur Sünde gemacht, damit wir Gottes Gerechtigkeit würden in ihm«* (2. Korinther 5,20.21).

Wenn nun Menschen alle Geschenke des Schöpfers annehmen, aber den Bissen seiner Freundschaft ablehnen, werden sie wie Judas in eine Nacht ewiger Finsternis hinausgehen. Dort wird das Licht von Gottes Freundschaft nicht hingelangen, und das Bewusstsein seiner Heiligkeit brennt wie ein unauslöschliches Feuer. Aber sie werden selbst daran schuld sein.

Wir haben bereits beobachtet, was Jesus gesagt hat, als Judas hinausgegangen war: *»Jetzt ist der Sohn des Menschen verherrlicht, und Gott ist verherrlicht in ihm«* (V. 31). Aber er fügte noch hinzu: *»Wenn Gott verherrlicht ist in ihm, wird auch Gott ihn verherrlichen in sich selbst, und sogleich wird er ihn verherrlichen«* (V. 32).

Jesus sagte voraus, dass er nach seinem Tod am Kreuz auferstehen wird. Danach wird der Vater ihn erheben und ihm die höchste Macht über das Universum geben und ihn zum Richter der Menschen ernennen. Eines Tages wird Gott fordern, dass sich jedes Knie im Himmel, auf Erden und in der Hölle beugen wird. Und jede Zunge wird bekennen müssen, dass Jesus Christus Herr ist – würdig, um über das Universum zu herrschen und die Fülle zu verwalten und die Unterwerfung und den verehrenden Dienst jedes empfindungsfähigen Geschöpfs zu empfangen. Wenn das geschieht, wird allgemein bestätigt werden, dass Gott kein Tyrann ist. Sein moralischer Anspruch auf allgemeine Unterwerfung und Anbetung wird nicht nur im Namen des Allmächtigen begründet sein, sondern auch im Namen Jesu, der sich selbst demütigte und seinen Geschöpfen die Füße wusch, selbst Judas den Bissen der Freundschaft anbot und für alle Menschen am Kreuz starb.

Im Neuen Testament ist das folgendermaßen zusammengefasst:

»Christus Jesus ..., der, da er in Gestalt Gottes war, es nicht für einen Raub achtete, Gott gleich zu sein, sondern sich selbst zu nichts machte und Knechtsgestalt annahm, indem er in Gleichheit der Menschen geworden ist, und, in seiner Gestalt wie ein Mensch erfunden, sich selbst erniedrigte, indem er gehorsam wurde bis zum Tod, ja, zum Tod am Kreuz. Darum hat Gott ihn auch hoch erhoben und ihm den Namen gegeben, der über jeden Namen ist, damit in dem Namen Jesu jedes Knie sich beuge, der Himmlischen und Irdischen und Unterirdischen, und jede Zunge bekenne, dass Jesus Christus Herr ist, zur Verherrlichung Gottes, des Vaters« (Philipper 2,5-11).

C. Aufrechterhaltung, Weiterentwicklung und Vervollkommnung der Heiligkeit

Vorschau

Im letzten Abschnitt haben wir gesehen, dass für die wahre Heiligkeit die Hingabe an die Personen der Dreieinheit von entscheidender Bedeutung ist.

In diesem Abschnitt werden wir entdecken, was der dreieine Gott tat, um die zunehmende und letztlich vollkommene Hingabe der Seinen an Gott sicherzustellen.

Kurz zusammengefasst sind dies:

- Christi »Gehen«, um für uns einen Ort in den vielen Wohnungen im Vaterhaus im Himmel zu bereiten, sowie sein Wiederkommen, um uns mit sich zu nehmen, auf dass wir für immer bei ihm seien, wo er ist (Johannes 14,1-3).
- die Bereitwilligkeit des Vaters, des Sohnes und des Heiligen Geistes, in der Zwischenzeit zu kommen und hier auf Erden in unseren Herzen Wohnung zu nehmen (Johannes 14,17.23).

Der Schlüsselvers dieses Abschnitts ist Christi Aussage: *»Ich bin der Weg und die Wahrheit und das Leben. Niemand kommt zum Vater als nur durch mich«* (Johannes 14,6).

Auf Grundlage dieser Äußerung betrachten wir folgende Wahrheiten:

- *Christus ist der Weg*, nicht nur zum Vaterhaus im Himmel in der Zukunft, sondern zum Vater selbst, sowohl im Hier und Jetzt als auch im Jenseits (Johannes 14,1-15).
- *Christus zeigt uns die Wahrheit über den Vater*, indem er den Vater bittet, uns als weiteren Beistand den Geist der Wahr-

heit zu geben, um in uns zu wohnen und uns in alle Wahrheit zu führen (Johannes 14,15-17).

- *Christus ist das Leben*, indem er uns sein ewiges Leben gibt und mit uns teilt, indem er uns hilft, die Gemeinschaft mit dem Vater immer besser kennen und sich an ihr erfreuen zu können (Johannes 14,18-24).

9. Das Gehen Christi setzt neue Maßstäbe

Kinder, noch eine kleine Zeit bin ich bei euch; ihr werdet mich suchen, und wie ich den Juden sagte: Wohin ich gehe, dahin könnt ihr nicht kommen, so sage ich jetzt auch euch. Ein neues Gebot gebe ich euch, dass ihr einander liebet, damit, wie ich euch geliebt habe, auch ihr einander liebet. Daran werden alle erkennen, dass ihr meine Jünger seid, wenn ihr Liebe untereinander habt. Johannes 13,33-35

Bisher haben wir in der Schule Christi gelernt:

1. dass wahre Heiligkeit mit der persönlichen Erfahrung der Wiedergeburt beginnt, die der Heilige Geist in uns einmalig bewirkt; und dass dieser Erfahrung eine beständige Reinigung folgt, die der Heilige Geist bewirkt, indem er die Worte Christi auf uns anwendet;

2. dass das Wesentliche und das Hauptprinzip der Heiligkeit Hingabe an die Dreieinheit Gottes – den Vater, den Sohn und den Heiligen Geist – sind; und dass diese Liebe und Hingabe sich auch in Liebe, Hingabe und Selbstverleugnung gegenüber anderen Kindern Gottes ausdrücken muss und wird.

Nun werden wir von den im Laufe dieses Abschnitts immer großartiger werdenden Vorkehrungen hören, die Gott uns durch das zweite Kommen Christi bereitstellen wird, um unsere Heiligkeit zu vervollkommnen.

Wir lesen im später geschriebenen Brief von Johannes (1. Johannes 3,2), dass Gottes Werk in den Seinen schließlich vollendet werden wird, wenn Christus bei seinem zweiten Kommen den Seinen offenbar wird und sie ihn sehen, wie er ist. Ihre Umgestaltung wird augenblicklich vollständig sein, und sie werden sein wie Christus, weil sie ihn sehen, wie er ist.

Aber das ist noch nicht alles. Das Herzstück wahrer Heiligkeit liegt, wie wir erkannt haben, in unerschütterlicher Hingabe an den Herrn Jesus, in der Nachfolge des Lammes, wohin immer es geht (Offenbarung 14,4). Deshalb wird der Plan Gottes beim zweiten Kommen Christi umgesetzt – in Wahrheit ist er bereits umgesetzt –, dass alle Gläubigen für immer und ewig bei Christus sein werden, wo er ist. Niemals mehr werden sie sich mit ihrem Herzen, Verstand oder Bewusstsein von ihm entfernen, auch wird es dann nie an Hingabe mangeln.

Das ist die wesentliche Lektion, die die Jünger in diesem Abschnitt des Kurses von Christus lernen werden. Aber bevor es losgeht, muss Christus ihnen noch ein paar Punkte sagen, von denen einige auf den ersten Blick ziemlich unangenehm scheinen.

Die Notwendigkeit von Christi Weggehen

Zweifellos kann Christi zweites Kommen nicht stattfinden, ohne dass er zuerst weggeht. Also muss er ihnen nun sehr deutlich sagen und es ihnen nochmals einschärfen, dass er weggehen und sie verlassen muss.

Einige Monate zuvor, beim großen Laubhüttenfest, hatten die Jerusalemer Machthaber Tempeldiener entsandt, um Jesus festzunehmen. Er sollte nicht länger zu den Volksmengen reden. Zur Überraschung der Tempeldiener antwortete Jesus im Grunde: »Keine Bange! Ihr musst mich nicht festnehmen. Ich gehe aus freien Stücken.« Tatsächlich sagte er es so: *»Noch eine kleine Zeit bin ich bei euch, und ich gehe hin zu dem, der mich gesandt hat. Ihr werdet mich suchen und nicht finden, und wo ich bin, dahin könnt ihr nicht kommen«* (Johannes 7,33.34). Unser Herr bezog sich damit natürlich auf seinen Tod, seine Auferstehung und die Rückkehr zu seinem Vater durch die Himmelfahrt. Die Tempeldiener hatten keinerlei Vorstellung, auf was er sich bezog – aus dem einfachen Grund, weil sie keine Vorstellung davon hatten, dass sein Kommen in diese Welt sich von dem anderer Menschen unterschied. Oder dass er der Sohn Gottes war, der vom Vater ausgegangen und durch die Fleischwerdung in unsere Welt gekommen war. Sie verstanden wirklich nicht, woher er kam. Sie wussten überhaupt nicht, was er damit meinte, als er von der Rückkehr zu dem Einen sprach, der ihn gesandt hatte. Daran änderte sich auch nichts, als er hinzufügte, dass er an einen Ort gehen wird, an den sie nicht kommen konnten, selbst wenn sie es versuchten. Sie dachten, er würde auf eine Vortragsreise zu den Griechisch sprechenden Juden in Ägypten und anderen Ländern gehen. *»Die Juden sprachen nun zueinander: Wohin will dieser gehen, dass wir ihn nicht finden können? Will er etwa in die Zerstreuung der Griechen gehen und die Griechen lehren?«* (Johannes 7,35).

Ein solcher Mangel an Verständnis aufseiten der Tempeldiener war zu erwarten: Sie waren keine Gläubigen. Aber nun sagte der Herr zu seinen »Kindern«, wie er die Jünger nannte, nahezu dasselbe, was er vorher zu den Tempeldienern gesagt hatte: *»Kinder, noch eine kleine Zeit bin ich bei euch; ihr werdet mich suchen, und wie ich den Juden sagte: Wohin ich gehe, dahin könnt ihr nicht kommen, so sage ich jetzt auch euch«* (V. 33). Er bezog sich erneut nicht nur auf seinen Tod: Sie hätten ihm in den Tod folgen können, wenn er das zu diesem Zeitpunkt von ihnen verlangt hätte – und wenn sie den Mut dazu gehabt hätten. Aber er bezog sich auf seine körperliche Auferstehung und Himmelfahrt in die unmittelbare Gegenwart Gottes. Und dorthin konnten sie ihm vorläufig nicht folgen.

Christi Gehen stellt neue Maßstäbe auf

Nachdem unser Herr seinen bevorstehenden Weggang angekündigt hatte, musste er seine Jünger lehren, was ihre vorrangige Pflicht während seiner Abwesenheit sein wird: *»Ein neues Gebot gebe ich euch, dass ihr einander liebet«* (V. 34).

Warum ist es neu? Hatte Gott seinem Volk nicht bereits Jahrhunderte vorher im Alten Testament geboten: *»Du … sollst deinen Nächsten lieben wie dich selbst«* (3. Mose 19,18)?

Die Antwort auf diese Frage sind die Worte, die unser Herr hinzufügt: *»damit, wie ich euch geliebt habe, auch ihr einander liebet«* (V. 34). Es war der Anspruch, die Qualität und das Ausmaß der Liebe, die neu waren. Er hat sie geliebt, während er bei ihnen war. Nun wird er bald weggehen, und der erste Schritt bei diesem Weggehen wird das Kreuz sein. Sein Tod wird eine Liebe zeigen, wie sie sie vorher nicht kannten. Er wird nicht nur für seine Freunde sterben, sondern auch für seine Feinde. Er wird für sie sterben, während sie immer noch Sünder sind. Er wird sie nicht nur wie sich selbst lieben: Er wird sich für sie opfern.

Dies ist der Maßstab, den der Herr Jesus an ihre Liebe und Hingabe gegenüber anderen stellt, die das Kennzeichen ihrer sich entwickelnden Heiligkeit sein soll. Und nicht nur das. Das soll der Maßstab sein, durch den die Welt um sie herum eine Möglichkeit bekommen soll, festzustellen, ob sie wahre Jünger Jesu sind oder nicht: *»Daran werden alle erkennen, dass ihr meine Jünger seid, wenn ihr Liebe untereinander habt«* (V. 35).

Von Musikkennern hört man manchmal über junge Musiker: »Man kann es merken, wer ihn ausgebildet hat.« Das Spiel des jungen Musikers ist unverkennbar geprägt von seinem Lehrer. Und Menschen im Allgemeinen erkennen wahre Christen immer noch durch diesen Test. Sie wissen vielleicht nur wenig über die christliche Lehre oder Theologie. Aber sie kennen die Liebe, für die Christus steht und die er darstellt. Sie treffen nun Menschen, die behaupten, Christen zu sein, sich aber gegenseitig schikanieren und die säkulare Staatsgewalt in Anspruch nehmen, um diejenigen zu benachteiligen, die mit ihnen in Lehrfragen nicht übereinstimmen – und Bürgerkriege gegeneinander führen und Völkermorde begehen. Dann kommt die Welt zu der Schlussfolgerung, dass solche Menschen überhaupt keine Christen sind. Nur diejenigen, deren Verhalten eine Ähnlichkeit mit dem Maßstab Christi in Sachen Liebe aufweist, betrachten sie als wahre Jünger Christi.

Wenn wir aber, um in der Praxis heilig zu sein, andere lieben sollen, wie Christus uns geliebt hat, haben wir dann eine realistische Aussicht, jemals diesen Maßstab zu erreichen? Ja, denn Christus hat für uns Hilfsmittel bereitgestellt, mit deren Hilfe wir seinem Beispiel folgen können. Aber oft müssen wir die Unzulänglichkeit (eigentlich den Bankrott) unserer eigenen Mittel und Wege erkennen, bevor wir lernen, diese Hilfsmittel zu ergreifen und uns auf sie zu stützen, wie wir nun sehen werden.

10. Versagende Nachfolger

Nun folgt eine Lektion, der man in der Theorie relativ leicht zustimmt. Wenn wir mit ihr in der Praxis konfrontiert werden, sieht das schon ganz anders aus. Es geht um Folgendes: Wie dankbar wir dem Herrn auch sind für das, was er für uns getan hat, und wie entschlossen wir auch sind, ihn zu lieben, ihm zu gehorchen und ihm zu folgen – unsere Liebe und Entschlossenheit sind in sich selbst nicht ausreichend, um uns so in der Nachfolge zu halten, wie es sein sollte. In Wahrheit haben wir verborgene Schwachheiten in uns, die den gesamten Wandel in der Nachfolge leicht völlig zunichtemachen würden, wenn wir einzig auf unsere eigenen Mittel angewiesen wären.

Natürlich wird jeder Gläubige ohne Zögern zustimmen, dass er immer noch unvollkommen ist und immer mal wieder sündigt. Aber viele von uns nehmen – fast ohne es zu merken – an, dass wir mit genügend Entschlossenheit, Sorgfalt und Anstrengung unsere Sünden selbst überwinden oder unterdrücken und den gewünschten Maßstab der Heiligkeit erreichen können. Das ist einfach nicht wahr. Sünde hat uns mehr geschwächt und unsere Charakterstärke mehr beschädigt als wir meinen. Und es kann eine herbe Erfahrung sein, wenn wir aufgrund wiederholten Versagens mit dieser unerfreulichen und beunruhigenden Tatsache konfrontiert werden.

Der bedeutende Apostel Paulus gibt offen das Gefühl äußerster Erbärmlichkeit zu, das über ihn kam, als er dies erkannte. Er sagt: *»Also nun diene ich selbst mit dem Sinn dem Gesetz Gottes«*, denn er erkannte klar, dass die einzig vernünftige Lebensweise ist, Gott zu dienen. Er fügt hinzu: *»Denn ich habe Wohlgefallen an dem Gesetz Gottes nach dem inneren Menschen.«* Gott wohlgefällig zu leben, war für ihn nicht bloß eine kühle, rein verstandesmäßige Handlung. Er hatte Wohlgefallen daran, es bewegte ihn innerlich. Außerdem sagt er: *»… denn das Wollen ist bei mir vorhanden«*. Seine Entschlossenheit, ein heiliges

Leben zu leben, wurde durch einen eisernen Willen bedingt. Aber vergeblich! Allzu oft stellt sich heraus, dass in der Praxis das genaue Gegenteil des Vorsatzes geschieht. *»Nicht das, was ich will, tue ich, sondern was ich hasse, das übe ich aus«*, klagt Paulus (Römer 7,15-25). Wenn man Verstand, Gefühl und Wollen vereint und durch sie ein heiliges, christusähnliches Leben führen möchte, wird man erkennen, dass sie dazu völlig ungeeignet sind. Das war eine herbe Erfahrung für Paulus.

Gott wusste es jedoch von Anfang an. Und als Paulus seine Unfähigkeit erkannte, zeigte Gott ihm die Vorkehrung, die er selbst getroffen hatte, damit selbst ein unfähiger Paulus dem Herrn Jesus nachfolgen, ihn lieben und ihm gehorchen kann, wie er soll (Römer 8). Und so wird es auch bei uns sein. Christus will uns am Beispiel von Petrus unsere Unfähigkeit aufzeigen. Und nur wenn wir bereit sind, Christus ernst zu nehmen und zu glauben, was er über uns sagt, werden wir bereit sein, seine Vorkehrung zu erkennen und zu ergreifen, durch die Heiligkeit tatsächlich in unsere Reichweite rückt.

Petrus: Ein Fallbeispiel für uns

Simon Petrus spricht zu ihm: Herr, wohin gehst du? Jesus antwortete ihm: Wohin ich gehe, dahin kannst du mir jetzt nicht folgen; du wirst mir aber später folgen. Petrus spricht zu ihm: Herr, warum kann ich dir jetzt nicht folgen? Mein Leben will ich für dich lassen. Jesus antwortet: Dein Leben willst du für mich lassen? Wahrlich, wahrlich, ich sage dir, der Hahn wird nicht krähen, bis du mich dreimal verleugnet hast.

Johannes 13,36-38

Als der Herr äußerte, dass er weggehen wird und seine Jünger nicht dorthin kommen können, wo er hinging, dachte Petrus ein paar Augenblicke darüber nach und entschied, dass unser Herr Dinge unnötig übertrieb. Petrus fragte: *»Herr, wohin gehst* *du?«* Unser Herr antwortete: *»Wohin ich gehe, dahin kannst du mir jetzt nicht folgen; du wirst mir aber später folgen«* (V. 36).

Petrus war damit nicht zufrieden, denn er erkannte, dass die Antwort des Herrn auf eine Schwäche bezüglich seines Mutes hinwies. Er fragte: *»Herr, warum kann ich dir jetzt nicht folgen?«* (V. 37). Er meinte jedes Wort ehrlich, denn in den vergangenen Jahren war im Herzen von Petrus eine tiefe und herzliche Hingabe an den Herrn Jesus gewachsen. Seines Wissens war er völlig bereit, sein Leben für Jesus zu geben, wenn es notwendig sein sollte. Zweifellos war er kein Judas. Und vielleicht war sich Petrus aufgrund der Offenbarung von Judas' Unaufrichtigkeit und Verrat umso sicherer, dass er den Herrn niemals so abscheulich behandeln würde. Er wollte dem Herrn folgen, seiner Meinung nach bis ins Gefängnis oder in den Tod, wenn notwendig. Denn seine Hingabe an Christus wurde bisher noch nicht angezweifelt. Das Problem war, dass er sich selbst nicht gut genug kannte. In Wirklichkeit gab es in Petrus' Persönlichkeit eine verborgene Schwäche. In wenigen Stunden werden durch die bösen Machenschaften des Teufels die Umstände unerträglichen Druck auf diese Schwachstelle bei Petrus ausüben. Petrus' Hingabe wird völlig zusammenbrechen, und er wird den Herrn verleugnen und verfluchen. Dies musste der Herr ihm nun sagen und seine Schwachheit aufdecken, wie vorher den Verrat von Judas.

Petrus' grundlegender Fehler

Natürlich dürfen wir Petrus' Schwachheit nicht mit Judas' Verrat verwechseln. Die Schwachheit von Petrus war die Schwachheit eines Menschen, der gebadet war, die Wiedergeburt durch den Heiligen Geist erfahren hatte und völlig rein war (V. 10.11). Der Verrat durch Judas war der Verrat eines Menschen, der nicht nur unbekehrt war, sondern unter der Führung des Teufels handelte und letztlich von ihm besessen war (V. 2.10.11.18.27). Die

Schwachheit von Petrus wird eines Tages überwunden sein – der Verrat durch Judas wird niemals aufgehoben.

Auf der anderen Seite wird Petrus' Schwachheit nicht automatisch überwunden. Es gibt nur einen einzigen Weg für uns Gläubige, unsere Schwachheiten zu überwinden: Zuerst müssen wir an den Punkt kommen, dass wir ihnen ins Auge sehen und sie zugeben. Dann müssen wir über sie Buße tun und den Herrn um Gnade und um die Kraft des Heiligen Geistes bitten, um sie zu überwinden. Wäre Petrus bereit gewesen, dem Herrn Jesus zuzuhören und zu akzeptieren, dass er die Wahrheit sagte, hätte er sich ungeheuren Schmerz und Kummer ersparen können. Wir wundern uns vielleicht, wenn wir die Uneinsichtigkeit unseres eigenen Herzens nicht kennen, warum Petrus dem Herrn Jesus nicht in folgender Weise geantwortet hat: »Herr, ich kann es nicht glauben. Ich bin nicht diese Art von Mensch. Ich glaube nicht, dass ich diese Schwachheit besitze, von der du sprichst. Aber wenn ich sie habe – und das weißt du am besten –, dann sag mir bitte, wie ich sie überwinden kann. Wie kann ich davor bewahrt werden, diese abscheuliche Sache zu tun, von der du mir sagst, dass ich sie tun werde?« Wenn er das gesagt hätte, hätte der Herr Jesus ihm ziemlich sicher gezeigt, wie er den bevorstehenden Fall hätte vermeiden können.

Aber nein, Petrus konnte so etwas nicht von sich glauben, obwohl der Herr es ihm gesagt hatte. Er dachte, er hätte genügend Mut und Entschlossenheit, um jedes notwendige Opfer im Rahmen seiner Hingabe an den Herrn zu bringen. Tatsächlich hatte er dies aber nicht. Deshalb musste er auf harte und bittere Weise lernen, dass der Herr ihn und seinen Charakter besser kannte als er selbst. Die Schwachheit, die der Herr an ihm gesehen und ihm gegenüber erwähnt hatte, war wirklich da. Und sie musste an die Oberfläche kommen, bevor sie geheilt werden konnte. Der Herr wusste: Petrus konnte seine Schwachheit nur erkennen und dadurch lernen, sie zu überwinden, wenn er in Umstände kam, in denen er versagen und den Herrn verleugnen würde. Deshalb äußerte sich die Liebe des Herrn in der Form, dass Petrus in diese Umstände kommen und diese entsetzliche Entdeckung machen würde. Denn wie uns V. 1 erinnert: »... *da er die Seinen, die in der Welt waren, geliebt hatte, liebte er sie bis ans Ende.«* Und seine Liebe war entschlossen, Petrus letztlich vollkommen zu machen, was auch immer es koste.

Die Gewissheit von Petrus' Wiederherstellung

Aber Christus war sich natürlich sicher, dass Petrus letztlich wiederhergestellt werden und siegen wird. Er sagte zu Petrus: *»Wohin ich gehe, dahin kannst du mir jetzt nicht folgen; du wirst mir aber später folgen«* (V. 36). Und so geschah es auch. Sein Mut verließ Petrus, sodass er Christus verleugnete und verließ, um den Leiden im Hof des Hohenpriesters und am Kreuz zu entgehen. Trotzdem wurde er später wiederhergestellt und diente Christus und folgte ihm auf großartige Weise für viele Jahre. Und schließlich ging er heim in die Herrlichkeit durch den Märtyrertod, ebenso wie der Herr Jesus.

Und wir sollten Folgendes nicht übersehen: Als der vorhergesagte Zusammenbruch kam und Petrus versagte und dem Herrn nicht, wie er sollte, in sein Leiden gefolgt war, muss es eine gewaltige Ermutigung und neue Hoffnung für Petrus gewesen sein, sich daran zu erinnern, was der Herr vor diesem allem sagte: *»Wohin ich gehe, dahin kannst du mir jetzt nicht folgen;* ***du wirst mir aber später folgen.«*** In den Höhen und Tiefen seines restlichen Lebens wird Petrus sich selbst immer wieder die Worte des Herrn wiederholt haben und sich ihre volle Bedeutung bewusst gemacht haben. Er durfte dem aufgefahrenen Herrn noch nicht körperlich in die Herrlichkeit der Gegenwart des Vaters im Himmel folgen. Aber eines Tages würde er es zweifellos tun. Christus hatte es gesagt. Und seine Verheißung würde eintreffen. Außerdem würde der Eingang in die Herrlichkeit des Vaters im Himmel und der unmittelbare Blick auf den gesegneten Herrn Jesus sofort Petrus' Heiligung abschließen, und die Gefahr weiteren Versagens wäre damit für immer gebannt. Dies ließ unser Herr den Petrus vor dessen Fall wissen. Die Gewissheit dieser Verheißung und die sich aus ihr ergebende Ermutigung befähigten Petrus, seinem Versagen ins Auge zu schauen, zurückzukommen und dem Herrn für den Rest seines Lebens hingegeben zu dienen. Und da Christus niemanden bevorzugt, dürfen alle, die ihm vertrauen, dieselbe Verheißung für sich in Anspruch nehmen.

11. Das sichere Ziel

Euer Herz werde nicht bestürzt. Ihr glaubt an Gott, glaubt auch an mich! In dem Haus meines Vaters sind viele Wohnungen; wenn es nicht so wäre, hätte ich es euch gesagt; denn ich gehe hin, euch eine Stätte zu bereiten. Und wenn ich hingehe und euch eine Stätte bereite, so komme ich wieder und werde euch zu mir nehmen, damit, wo ich bin, auch ihr seiet. Johannes 14,1-3

»*Euer Herz werde nicht bestürzt*«, sagte Christus (V. 1). Denn zweifellos hatte er die Bestürzung auf den Gesichtern der Jünger gesehen, als er ihnen sagte, dass er sie verlassen und Petrus ihn verleugnen wird. Wenn Petrus' Hingabe so instabil war, war dann ihre eigene besser? Petrus konnte dem Herrn, als er noch körperlich anwesend war, nicht treu sein. Wie viel schwieriger würde es für sie alle sein, ihm treu zu bleiben, wenn er fort war!? Werden sie dann nicht in ihrer Hingabe versagen und dadurch mutlos und schwach werden? Wird dadurch nicht ihre Hoffnung zerstört werden, letztlich heilig zu werden? Sie hatten natürlich allen Grund, dass ihr Herz bestürzt war. Immerhin ist es eine äußerst ernste Sünde, den Herrn zu verleugnen. Der Herr hatte sie früher gewarnt, dass er diejenigen, die ihn vor den Menschen verleugnen, auch vor seinem Vater im Himmel verleugnen wird (Matthäus 10,33). Wenn nun jemand behauptet, gläubig zu sein, und sein Leben lang fortwährend den Herrn Jesus verleugnet, ohne Buße zu tun, ist ernster Zweifel angebracht, ob er jemals ein wahrer Gläubiger war. Wie sollten sie da nicht bestürzt sein?

Doch kaum hatte Christus gesagt, dass Petrus ihn verleugnen wird (Johannes 13,38), fügte er im nächsten Vers (Johannes 14,1) fast im selben Atemzug hinzu: »*Euer Herz werde nicht bestürzt.*« Er hatte seine Gründe.

Erstens wusste er, dass Petrus trotz seiner Schwachheit ein wahrer Gläubiger ist. Und dass seine Verleugnung nur ein vorübergehender (und trotzdem ernster) Bruch war. Petrus wird nach seinem Scheitern wiederhergestellt werden: Das Gebet Christi für Petrus (Lukas 22,32) wird das bewirken. Und von einem praktischen und psychologischen Gesichtspunkt aus war es sehr wichtig, dass Petrus und die anderen Apostel die Ankündigung von Petrus' Scheitern nüchtern betrachteten. Sein Scheitern war gewiss – aber auch die Wiederherstellung war gewiss.

Zweitens werden mindestens zwei oder drei gute Dinge daraus entstehen, so ernst sein Scheitern auch war. Denn am Ende wirkt Gott für diejenigen, die ihn lieben und über ihr Versagen Buße tun, alle Dinge zum Guten, selbst die Fehler. Es wird beispielsweise Petrus' unangebrachtes Vertrauen in seine eigene Stärke zerstören und ihn zu einem ernüchterten, realistischen Bewusstsein seiner Schwachheit führen.

Als Nächstes wird es Petrus von Christi Realismus überzeugen. Christus ließ sich von Petrus' inbrünstigen Beteuerungen der Hingabe nicht beirren; Christus war auch nicht von seinem Scheitern enttäuscht, denn er hatte es vorhergesehen, erwartet und liebte ihn trotzdem noch.

Viertens wird Petrus nun bereit sein, Christus auf eine Weise zuzuhören, wie er es davor nicht getan hatte. Er wird jetzt Christi Vorkehrungen für die Aufrechterhaltung, Weiterentwicklung und Vervollkommnung seiner Hingabe an Christus und den Vater annehmen.

Und schließlich wird im Licht all dessen Petrus besonders fähig sein, seine Mitgläubigen zu stärken (Lukas 22,32).

»Euer Herz werde nicht bestürzt«, sagte Christus. Und wir tun gut daran, auf seinen Rat zu hören. Denn es gibt zwei gleichartige und doch einander entgegengesetzte Fehler, die Gläubige hinsichtlich ihres Versagens machen können. Sie können es auf die leichte Schulter nehmen, als ob es überhaupt nichts ausmache – sie versagen darin, über das Versagen Buße zu tun. Sie verwehren es dem Herrn Jesus, »ihre Füße zu waschen« und sie von ihren Unreinheiten zu reinigen. Dies führt zu vermehrtem Versagen und Fruchtlosigkeit. Der andere Fehler ist das genaue Gegenteil. Man

lässt sich vom eigenen Versagen und von den eigenen Unzulänglichkeiten vereinnahmen. Man verbeißt sich dann in der Niederlage, der Geist wird schwach, und Satan zieht Vorteile aus der Situation und verursacht Verzweiflung, Freudlosigkeit und weitere Niederlagen. Das ist nicht wahre Heiligung! Wahre Heiligung führt uns dazu, unsere Sünden zu bereuen und zu bekennen und uns dann auf Gottes Zusicherung der Vergebung zu stützen (1. Johannes 1,9). Wir werden dann Gott zustimmen, dass in uns, das ist in unserem Fleisch, nichts Gutes wohnt (vgl. Römer 7,18). Dann werden wir von uns wegschauen hin zu Christus und den herrlichen Vorkehrungen, die er für uns getroffen hat und immer noch trifft, damit wir unsere Schwachheiten überwinden können und unsere Hingabe schließlich vollkommen wird.

So wendet Christus mit göttlicher Weisheit nun die Aufmerksamkeit seiner Jünger weg von ihren Unzulänglichkeiten und Petrus' Versagen hin zur herrlichen Zukunft, die vor ihnen liegt.

Seine Vorsorge, damit sie immer bei ihm sein können

»Euer Herz werde nicht bestürzt«, sagte Christus. Er hatte seine Jünger im Blick, nicht wie sie momentan waren, sondern wie sie sein werden, wenn Gottes Plan für ihre Heiligung vollendet sein wird. Heiligung bedeutet nicht nur Nachfolge und Dienst, indem man Christus hingegeben für einige Jahre in seiner Mission der Gnade und Errettung auf dieser gefallenen, durch Sünde verdorbenen und mit Leid gefüllten Welt lebt. Es bedeutet, Christus danach in seinem Auffahren in den Himmel zu folgen und dort Gott sündlos und mit vollkommener Hingabe zu dienen in dem himmlischen Tempel, in dem kein Vorhang nötig ist, um die unmittelbare Gegenwart des allheiligen Gottes vor den Seinen zu verbergen.

Christus beginnt nun, von diesem Tempel zu reden. Als der vom Himmel herabgekommene Sohn Gottes hatte er diese himmlischen Dinge selbst erlebt. Aber seine Jünger nicht. Sie konnten auch nichts über diese Dinge wissen, außer sie glaubten alles, was er ihnen sagte, mit dem Vertrauen, das sie normalerweise in Gott setzten. Er sagt: *»Ihr glaubt an Gott, glaubt auch an mich!«* (V. 1).

Und er fährt fort: *»In dem Haus meines Vaters sind viele Wohnungen«* (V. 2). Am Anfang seines öffentlichen Dienstes hatte Jesus schon einmal diesen Ausdruck »Haus meines Vaters« verwendet. Er bezog sich damit auf den Tempel in Jerusalem. Selbst dieses irdische Haus war heilig. Alle, die Gott darin dienten, die Hauptpriester und die geringeren Priester (Leviten), mussten heilig sein, das heißt abgesondert und völlig dem Dienst für Gott hingegeben. Nichts durfte die Heiligkeit des Hauses beflecken. Deshalb hat unser Herr die Händler, als er die Tempelhöfe durch deren unheiliges, auf Gewinn ausgerichtetes Treiben entheiligt sah, hinausgetrieben und gesagt: *»Nehmt dies weg von hier, macht nicht das Haus meines Vaters zu einem Kaufhaus«* (Johannes 2,16).

Als er nun zu seinen Jüngern von der Herrlichkeit sprach, die sie erwartete, verwendete er diesen Ausdruck erneut. Aber diesmal nicht für den irdischen Tempel, sondern für den himmlischen, *»der größeren und vollkommeneren Hütte, die nicht mit Händen gemacht, das heißt nicht von dieser Schöpfung ist«* (Hebräer 9,11). *»In dem Haus meines Vaters sind viele Wohnungen«* oder »Räume«. Interessanterweise hatte das irdische Haus seines Vaters ebenfalls viele Räume, die es umgaben und in denen die Priester und Leviten untergebracht waren – jeder nach seinem Aufgabenbereich, egal ob es die Bereitung des Weihrauchs war oder die Aufbewahrung des Brandopfers für das Feuer auf dem Altar oder das Backen des Schaubrots, was auch immer. Jeder Diener Gottes in diesem Tempel hatte einen Platz, an dem er sich auskennen und Gott dienen und anbeten sollte. Und nun gebraucht Christus denselben Ausdruck, um diesen unendlich höheren, großartigeren, herrlicheren ewigen Tempel im Himmel zu beschreiben. Dieser Tempel hat ebenfalls viele Räume. Dort werden die Seinen in ihren verherrlichten Leibern und ihren völlig unterschiedlichen erlösten Persönlichkeiten nach dem zweiten Kommen Christi Gott ewig und unaufhörlich hingebungsvoll dienen und anbeten.

Die Bereitung einer Stätte

»Denn ich gehe hin, euch eine Stätte zu bereiten«, sagte Jesus (V. 2). Die Meinungen darüber, was er damit genau gemeint hat, gehen auseinander. Manche denken, dass er sich auf seinen Weg zum Kreuz bezog. Sein Tod bezahlte die Strafe für ihre Sünden und ermöglichte es Gott, völlig gerecht zu bleiben und ihnen dennoch zu vergeben und sie anzunehmen (Römer 3,24-26). Und das Blut Jesu reinigte ihr Gewissen und befreite sie dazu, dem lebendigen Gott zu dienen (Hebräer 9,14). Gott sei Dank, das stimmt natürlich alles: Der Tod Christi hat dies alles bewirkt, nicht nur für die damaligen Jünger, sondern für alle, die Christus vertrauen.

Wenn er sich aber darauf bezog, hätten wir von ihm eher die Aussage erwartet: »Ich gehe hin, euch für die Stätte zu bereiten«, anstatt *»ich gehe hin, euch eine Stätte zu bereiten«*. Als Christus in den Himmel auffuhr und sich zur Rechten der Majestät in der Höhe setzte, ging er nur dorthin, wo er zuvor bereits war (Johannes 6,62). Als Sohn Gottes nahm er wieder seine rechtmäßige Stellung ein. Der Vater verherrlichte ihn bei sich selbst mit der Herrlichkeit, die er bei ihm hatte, ehe die Welt war (vgl. Johannes 17,5). Dennoch hat der Mensch Jesus Christus, als er in den Himmel auffuhr, diesen verändert. Niemals zuvor war in der unmittelbaren Gegenwart Gottes ein Mensch mit einem verherrlichten menschlichen Leib. Welche Anpassungen werden in diesem herrlichen Reich notwendig sein, wenn die Millionen von Christi Erlösten ihm in die ewige Stiftshütte von Gottes Gegenwart folgen!? Und zwar nicht als körperlose Seelen, sondern als wirkliche und vollständige Menschen mit verherrlichten

Leibern – darüber können wir nicht mehr sagen, weil wir in der Bibel nicht mehr erfahren. Aber wir können gewiss sein: Christus wird eine für die erlösten Menschen passende Stätte bereitet haben und bereit sein, die Seinen zu empfangen. Einschließlich Petrus, der ihn einst verleugnete.

Warum Christus kam

Christi Formulierung ist bedeutsam. Er hätte sagen können: »Ich werde wiederkommen und euch mit in den Himmel nehmen, wo kein Geschrei, keine Trauer, kein Schmerz und keinerlei Fluch mehr sein wird«, das wäre vollkommen wahr. Aber er drückte es ein klein wenig anders aus, denn er dachte an sein zweites Kommen als ein Ereignis, durch das die Heiligkeit der Seinen endgültig vollkommen wird. Er sagte: *»... so komme ich wieder und werde euch zu mir nehmen, damit, wo ich bin, auch ihr seiet«* (V. 3). Hier haben wir den ersten und hauptsächlichen Grund, warum Christus für uns im Vaterhaus eine Stätte bereitet. Wir sollen eines Tages für immer dort sein, wo er ist, und ihn niemals mehr verlassen. Nie wieder wird Schwachheit zur Folge haben, dass Petrus ihn verleugnet oder die anderen Jünger ihn aus Furcht verlassen. Es wird ein Tempel sein, aus dem wir nie mehr hinausgehen werden, wie Offenbarung 3,12 es ausdrückt. Unsere Hingabe wird vollkommen sein.

Das Ausmaß des zweiten Kommens Christi

Christi Vorkehrung und Verheißung schließt alle wahren Gläubigen ohne Ausnahme ein. Der Apostel Paulus beschreibt, was bei Christi zweitem Kommen geschehen wird: *»Siehe, ich sage euch ein Geheimnis: Wir werden zwar nicht alle entschlafen, wir werden aber alle verwandelt werden, in einem Nu, in einem Augenblick, bei* *der letzten Posaune; denn posaunen wird es, und die Toten werden auferweckt werden unverweslich, und wir werden verwandelt werden. Denn dieses Verwesliche muss Unverweslichkeit anziehen und dieses Sterbliche Unsterblichkeit anziehen. Wenn aber dieses Verwesliche Unverweslichkeit anziehen und dieses Sterbliche Unsterblichkeit anziehen wird, dann wird das Wort erfüllt werden, das geschrieben steht: ›Verschlungen ist der Tod in Sieg‹«* (1. Korinther 15,51-54).

Den Christen in Thessalonich schreibt er: *»Denn wenn wir glauben, dass Jesus gestorben und auferstanden ist, so wird auch Gott die durch Jesus Entschlafenen mit ihm bringen. Denn dieses sagen wir euch im Wort des Herrn, dass wir, die Lebenden, die übrig bleiben bis zur Ankunft des Herrn, den Entschlafenen keineswegs zuvorkommen werden. Denn der Herr selbst wird mit gebietendem Zuruf, mit der Stimme eines Erzengels und mit der Posaune Gottes vom Himmel herabkommen, und die Toten in Christus werden zuerst auferstehen; danach werden wir, die Lebenden, die übrig bleiben, zugleich mit ihnen entrückt werden in Wolken dem Herrn entgegen in die Luft; und so werden wir allezeit bei dem Herrn sein«* (1. Thessalonicher 4,14-17).

Paulus hatte durch den Geist Gottes die größte Sehnsucht im Herzen des Erretters erkannt. Christus sagte: *»… so komme ich wieder und werde euch zu mir nehmen, damit, wo ich bin, auch ihr seiet«* (V. 3). *»Und so«*, sagt Paulus, *»werden wir allezeit bei dem Herrn sein«* (1. Thessalonicher 4,17).

Das Ausmaß der ewigen Priesterschaft

Der nächste herrliche Punkt, den wir beachten sollten: Im antiken irdischen Tempel Gottes in Jerusalem wurde der Gottesdienst nicht von allen Menschen Gottes ausgeführt. Er war beschränkt auf die Mitglieder eines bestimmten Stammes, des Stammes Levi, der gesalbt und geheiligt wurde, um im Namen aller anderen als Priester zu dienen. Aufgrund ihrer Salbung wurden sie als besonders heilig und bevorrechtigt angesehen, Bereiche des Tempels zu betreten, in welche alle anderen nicht kommen durften. Aber in Christus sind alle diese Einschränkungen, Unterscheidungen und besonderen Vorrechte aufgehoben. Nun sind alle Menschen, die zu Ihm gehören, Priester. Und zwar bereits jetzt, wie der Apostel Petrus erklärt: »… *werdet auch ihr selbst als lebendige Steine aufgebaut, ein geistliches Haus, zu einer heiligen Priesterschaft, um darzubringen geistliche Schlachtopfer, Gott wohlangenehm durch Jesus Christus*« (1. Petrus 2,5). Alle Erlösten singen Christus ihr Lob, gemeinsam mit dem Apostel Johannes: »*Dem, der uns liebt und uns von unseren Sünden gewaschen hat in seinem Blut und uns gemacht hat zu einem Königtum, zu Priestern seinem Gott und Vater: Ihm sei die Herrlichkeit und die Macht von Ewigkeit zu Ewigkeit!*« (Offenbarung 1,5.6). Und allen Erlösten im Himmel gilt die Verheißung: »*Darum sind sie vor dem Thron Gottes und dienen ihm Tag und Nacht in seinem Tempel; … und seine Knechte werden ihm dienen, und sie werden sein Angesicht sehen; und sein Name wird an ihren Stirnen sein*« (Offenbarung 7,15; 22,3.4).

Worte reichen nicht aus, um die Majestät und Herrlichkeit dieses Bereitens einer Stätte im himmlischen Vaterhaus auszudrücken. Das Ergebnis wird vollkommen und ewig sein. Zudem ist es etwas, für das wir nichts leisten müssen. Es ist völlig das Werk Christi und seine Vorkehrung. Und unser Herr erzählt uns bereits davon, während wir immer noch auf der Erde sind. Nicht um uns sorglos zu machen, sondern im Gegenteil: um unsere Entschlossenheit zu fördern, heilig zu sein. Wir sollen wissen, dass das eigentliche Ziel sicher ist, während wir weiterhin von Versuchungen und Anfechtungen umgeben sind und von Zeit zu Zeit straucheln und fallen. Wir müssen nicht resignieren und verzagen. Wir werden eines Tages dem Bild des Herrn Jesus gleichförmig sein. Wir werden eines Tages vollkommen heilig sein. Wir werden für immer bei ihm sein. Es wird ein Tag kommen, von dem an unsere Hingabe an den dreieinen Gott immer vollkommen sein wird.

12. Christus – der Weg zum Vater

Und wohin ich gehe, wisst ihr, und den Weg wisst ihr. Thomas spricht zu ihm: Herr, wir wissen nicht, wohin du gehst, und wie können wir den Weg wissen? Jesus spricht zu ihm: Ich bin der Weg und die Wahrheit und das Leben. Niemand kommt zum Vater als nur durch mich. Wenn ihr mich erkannt hättet, würdet ihr auch meinen Vater erkannt haben; und von jetzt an erkennt ihr ihn und habt ihn gesehen. Philippus spricht zu ihm: Herr, zeige uns den Vater, und es genügt uns. Jesus spricht zu ihm: So lange Zeit bin ich bei euch, und du hast mich nicht erkannt, Philippus? Wer mich gesehen hat, hat den Vater gesehen, und wie sagst du: Zeige uns den Vater? Glaubst du nicht, dass ich in dem Vater bin und der Vater in mir ist? Die Worte, die ich zu euch rede, rede ich nicht von mir selbst aus; der Vater aber, der in mir bleibt, er tut die Werke. Glaubt mir, dass ich in dem Vater bin und der Vater in mir ist; wenn aber nicht, so glaubt mir um der Werke selbst willen. Wahrlich, wahrlich, ich sage euch: Wer an mich glaubt, der wird auch die Werke tun, die ich tue, und wird größere als diese tun, weil ich zum Vater gehe. Und um was irgend ihr bitten werdet in meinem Namen, das werde ich tun, damit der Vater verherrlicht werde in dem Sohn. Wenn ihr um etwas bitten werdet in meinem Namen, werde ich es tun. Johannes 14,4-14

Christus bereitet uns eine Stätte im himmlischen Vaterhaus. Wie wir gesehen haben, ist dies die erste von Christi Vorkehrungen für die Aufrechterhaltung und Vervollkommnung unserer Hingabe an Gott. Doch nun erklärt Christus die zweite Vorkehrung. Diese ist das Einrichten einer Wohnung für den Vater und den Sohn in unseren Herzen hier auf der Erde. Betrachten wir, wie der Herr von der ersten Vorkehrung zur zweiten überleitet. Er sagte: »*… ich gehe hin, euch eine Stätte zu bereiten … und wohin ich gehe, wisst ihr, und den Weg wisst ihr*« (V. 2.4).

Doch an diesem Punkt unterbricht Thomas: »*Herr, wir wissen nicht, wohin du gehst, und wie können wir den Weg wissen?*« (V. 5).

Bevor wir Thomas' Frage als Zeichen geringer Erkenntnis abtun, sollten wir uns ehrlich fragen, ob wir selbst den Weg zu dem Ort, wohin der Erretter ging, besser kennen als Thomas. Was ist der Weg zum Vaterhaus? Wo ist der Himmel, und auf welchem Weg gelangt man dorthin? Wir wissen natürlich, dass wir den Himmel nicht durch einfaches Hochsteigen in den atmosphärischen Himmel erreichen. Kein Astronaut kann dorthin kommen, selbst wenn er lange genug leben würde, um Milliarden von Lichtjahren durch das All zu reisen. Sollen wir annehmen, wie manche es taten, dass der Himmel zusätzlich zu den uns bereits bekannten Dimensionen eine weitere Dimension unseres Universums ist, die für uns als Menschen noch nicht zugänglich ist? Oder ist er völlig von unserem Universum getrennt? Wir wissen es einfach nicht. Gott hat es uns nicht gesagt, und es ist sinnlos, darüber zu spekulieren. Wahrscheinlich würden wir es in unserem momentanen Zustand nicht verstehen können – auch wenn Gott versuchen würde zu erklären, wo er ist und wie man dorthin gelangt.

Deshalb ist es umso interessanter, dass unser Herr in seiner Antwort auf die Frage des Thomas die ursprüngliche Aussage umformuliert. *»Ich bin der Weg und die Wahrheit und das Leben. Niemand kommt* – er sagt nicht: zum Vaterhaus, sondern – *zum Vater als nur durch mich«* (V. 6).

Vielleicht fragt sich jemand, ob es einen Unterschied gibt zwischen dem Kommen zum Vaterhaus und dem Kommen zum Vater. Aber natürlich! Sowohl in Bezug auf den Begriff als auch in Bezug auf die Anwendung besteht ein großer und wichtiger Unterschied. Man kann herrliche Paläste in vielen Ländern besuchen, in denen einst Könige und Kaiser lebten. Diese sind nicht mehr dort, trotzdem kann man immer noch die Architektur und die fabelhaften Schätze in diesen großartigen Palästen bewundern. Und obwohl man sich daran erfreuen kann, welch ein Unterschied wäre es, würde man den König oder Kaiser selbst treffen, mit ihm reden, essen und sich mit ihm unterhalten! Ein anderes Beispiel: Stellen Sie sich vor, Sie reisen in eine entfernte Stadt und entscheiden dort, einen alten Freund zu besuchen. Als Sie bei seinem Haus ankommen, stellen Sie fest, dass Ihr Freund im Urlaub ist. Sie können sich sein Haus ansehen, aber das wird die Enttäuschung nicht ausgleichen, dass Sie Ihren Freund nicht persönlich angetroffen haben. Ebenso wäre es nicht nur eine Enttäuschung, sondern ein ewiges Unheil, wenn es möglich wäre (was es aber natürlich nicht ist), dass man zum Vaterhaus käme und niemals Gemeinschaft mit dem Vater hätte. Wie wir bereits weiter oben gesehen haben, ist das Wesen der Unheiligkeit in diesem Leben auf der Erde, dass Menschen die vielfältigen Geschenke vom Schöpfer annehmen, aber wenig oder keine Zeit für den Schöpfer selbst und kein Verlangen nach Gemeinschaft mit ihm haben. Wenn es möglich wäre, in den Himmel zu kommen und all die Wunder des Vaterhauses zu genießen, aber dennoch weiterhin kein bis wenig Interesse am Vater zu haben, würde das nur unsere elende Unheiligkeit fortsetzen und vergrößern.

Es ist nicht Christi Anliegen, uns einfach nur ins Haus des Vaters zu bringen, wenn er wiederkommt. Der weit wichtigere Punkt ist, dass der Herr uns zum Vater selbst bringen möchte. Das ist tatsächlich so wichtig, so wesentlich für die Aufrechterhaltung und letztlich die Vervollkommnung unserer Heiligkeit, dass Christus nicht beabsichtigt zu warten, bis wir im Himmel sind, um uns dem Vater vorzustellen. Er möchte uns bereits hier auf der Erde zum Vater bringen – oder vielmehr den Vater zu uns. Dadurch sollen wir, lange bevor wir im Haus des Vaters im Himmel ankommen und dem Vater dort begegnen, wissen, was es heißt, hier auf der Erde in unseren Herzen den Vater und den Sohn zu empfangen und mit ihnen Gemeinschaft zu haben.

Auf die Frage von Thomas: *»Herr, wir wissen nicht, wohin du gehst, und wie können wir den Weg wissen?«* (V. 5), antwortet unser Herr deshalb: *»Ich bin der Weg und die Wahrheit und das Leben. Niemand kommt zum Vater als nur durch mich«* (V. 6).

Die Erklärung dieser großartigen Aussage wird den folgenden großen Abschnitt in Johannes 14 füllen.

Erstens: »Ich bin der Weg. Niemand kommt zum Vater als nur durch mich.« In den Versen 7-14 erklärt Christus, wie und in welchem Sinn er selbst der Weg zum Vater ist.

Zweitens: »Ich bin die Wahrheit. Niemand kommt zum Vater als nur durch mich.« In den Versen 15-17 legt er dar, wie er uns durch das Senden des Heiligen Geistes helfen wird, die Wahrheit über den Vater zu verstehen.

Drittens: »Ich bin das Leben. Niemand kommt zum Vater als nur durch mich.« In den Versen 18-24 führt er aus, wie er uns das Leben gibt, das wir brauchen, um Gemeinschaft mit dem Vater zu haben.

Christus, der vollkommene und ausreichende Weg zum Vater

Christus ist der einzige Weg zum Vater. Wir brauchen auch keinen anderen, denn Christus ist der vollkommene und ausreichende Weg zum Vater. Und das ist er, weil er die vollkommene Offenbarung des Vaters ist. Er sagte zu Thomas: *»Wenn ihr mich erkannt hättet, würdet ihr auch meinen Vater erkannt haben; und von jetzt an erkennt ihr ihn und habt ihn gesehen«* (V. 7).

An dieser Stelle unterbrach Philippus ihn mit einem seiner Meinung nach guten Gedanken: »Ich denke, Herr, es wäre für uns leichter zu verstehen und die Angelegenheit wäre ein für alle Mal erledigt, wenn du uns jetzt hier den Vater zeigen würdest. Das würde ausreichen.«

Philippus dachte scheinbar daran, den Vater in einer physischen Weise oder durch eine unmittelbare ekstatische Vision zu sehen. Außerdem meinte er wohl, dass alle Zweifel zerstreut würden, wenn jemand den Vater so zu sehen bekommen würde. Vielleicht sind wir gelegentlich derselben Meinung. Für uns scheint es oft eine Belastung, immer alles im Glauben annehmen zu müssen, ohne Gott mit eigenen Augen zu sehen. Ihn zu sehen, ist nach unserer Vorstellung der größte und überzeugendste Beweis für seine Existenz. Wir würden gerne denselben Vorschlag wie Philippus machen, wenn wir uns trauen würden. Viele Philosophen und Mystiker haben im Lauf der Jahrhunderte behauptet, dass solch eine direkte Vision Gottes für uns in diesem Leben möglich ist. Laut ihren Aussagen könnten wir sie erreichen, wenn wir uns durch verschiedene strenge geistige und psychologische Methoden vorbereiten.

Der heidnische griechische Philosoph Plotin (205–269/270 n. Chr.) beteuerte seinen Jüngern beispielsweise, dass Gott (oder »der Eine«, wie Plotin ihn nannte) absolut unerkennbar ist. Trotzdem wäre es durch passende geistige und psychologische Methoden möglich, zu einer ekstatischen unmittelbaren Vision des Einen zu gelangen, in der das Selbst eins wird mit dem Einen. Bestimmte Formen des Hinduismus behaupten dasselbe. Und leider geschah es durch die Jahrhunderte hindurch immer wieder, dass Christen versucht wurden und dachten, durch das Befolgen solcher philosophischen Grundsätze und psychologischen Methoden über das hinauszugelangen, was Christus uns von Gott offenbart. Sie meinen, sie könnten auf solchen Wegen zu einem Gott gelangen, der absolut nicht erkennbar ist, eine unmittelbare Vision dieses unerkennbaren Gottes haben und ekstatische Gemeinschaft mit ihm genießen.

Aber all diesen faszinierenden, aber dennoch trügerischen Behauptungen steht Christi unmissverständliche Erklärung entgegen: *»Niemand kommt zum Vater als nur durch mich«* (V. 6). Auf unserer Suche nach Gott sollten wir niemals über Christus hinausgehen oder etwas über den Vater annehmen, was Christus uns nicht sagt oder sagen kann. Und das ist auch nicht notwendig. Denn hören wir die Antwort von Christus an Philippus: *»So lange Zeit bin ich bei euch, und du hast mich nicht erkannt, Philippus? Wer mich gesehen hat, hat den Vater gesehen, und wie sagst du: Zeige* *uns den Vater?«* (V. 9). Christus ist das Bild des unsichtbaren Gottes (Kolosser 1,15). Er ist die Ausstrahlung von Gottes Herrlichkeit und der Abdruck seines Wesens (Hebräer 1,3). Niemand hat Gott jemals gesehen; der eingeborene Sohn, der im Schoß des Vaters ist, der hat ihn kundgemacht (Johannes 1,18).

Christi Antwort sorgte vielleicht dafür, dass auf Philippus' Gesicht dessen Ungläubigkeit oder Unverständnis abzulesen war – jedenfalls fährt der Herr fort: »Glaubst du nicht, dass ich in dem Vater bin und der Vater in mir ist? Denk an die Worte, die ich zu euch rede, und die Werke, die ich vollbracht habe. Was denkst du, Philippus, wie ich sie tue? Ich bin nicht die Quelle der Worte, die ich zu euch rede, und nicht die Quelle der Werke, die ich tue. Die Quelle von beiden ist der Vater, der in mir bleibt. Glaube mir, Philippus, dass ich in dem Vater bin und der Vater in mir ist; wenn du aber meinst, mich nicht einfach beim Wort nehmen zu können, so glaube mir um der Werke selbst willen, die ich tue« (vgl. V. 10.11).

Das muss ein wunderbarer Augenblick an diesem wunderbaren Abend gewesen sein. Thomas und Philippus hatten gedacht, Gott sei weit weg im Himmel. Doch nun erkannten sie, dass der Vater in der Person Jesu ihnen sozusagen gegenüber am Tisch saß. Sie hatten den ganzen Abend den Worten Jesu gelauscht und über deren Gnade und deren Wunder gestaunt. Dabei waren es die ganze Zeit die Worte des Vaters. Während sie Jesus zuhörten, betrachteten sie sein Gesicht und den Ausdruck der Liebe, des Zuspruchs und der Trauer darauf. Und sie haben tatsächlich das Licht der Kenntnis der göttlichen Herrlichkeit im Gesicht Jesu Christi gesehen. Johannes lag in Jesu Schoß, und die Liebe, die er bei jedem Herzschlag spürte, war die Liebe Gottes. Und das war wirklich Gott, der vor Kurzem zu ihren Füßen kniete und sie wusch? War Gott so? Ja, ganz genau: *»Die Worte, die ich zu euch rede, rede ich nicht von mir selbst aus; der Vater aber, der in mir bleibt, er tut die Werke. … Wer mich gesehen hat, hat den Vater gesehen«* (V. 10.9). So ist Gott. Gewiss haben die Apostel dort im Gastzimmer nicht die äußerliche Herrlichkeit von Gott und Christus gesehen, wie Johannes sie später sehen durfte in der Offenbarung auf Patmos (s. Offenbarung) und wie die Gläubigen sie eines Tages sehen werden. Aber sie haben das Herz und den Sinn, das Wesen und die Gesinnung, die Worte und Werke des Vaters in vollem Ausmaß gesehen. Christus hatte ihnen den Vater gebracht. Und sie werden in Ewigkeit keinen Unterschied feststellen können zwischen dem, was in Gottes Herzen ist, und dem, was Christus ihnen offenbart hat, auch wenn sie im Himmel die volle Herrlichkeit Gottes erblicken werden. Dank sei Gott für Jesus Christus, seinen Sohn! Wie unendlich höher ist er gegenüber jenen Philosophen und Mystikern, die nur die (trügerische) Hoffnung in Aussicht stellen können, einen völlig unerkennbaren und unfassbaren Gott zu sehen, wenn man all ihren Theorien und psychologischen Methoden gefolgt ist!

Christus – unser Vorbild

Wahrlich, wahrlich, ich sage euch: Wer an mich glaubt, der wird auch die Werke tun, die ich tue, und wird größere als diese tun, weil ich zum Vater gehe. Und um was irgend ihr bitten werdet in meinem Namen, das werde ich tun, damit der Vater verherrlicht werde in dem Sohn. Wenn ihr um etwas bitten werdet in meinem Namen, werde ich es tun.

Johannes 14,12-14

Aber es gibt noch einen weiteren Aspekt, wie Christus der Weg zum Vater für uns ist. Er hat uns nicht nur den Vater gezeigt, der in ihm wohnt, indem er die Werke tat und die Worte redete, die der Vater durch ihn tat und sprach. Sondern in alledem wurde er ein Vorbild für uns auf unserer niedrigeren Ebene, wie er nun den Aposteln erklärt.

Um diesen Punkt klar zu erfassen, kommen wir noch einmal auf das eben Gesagte zurück. Als Christus sagte: *»Die Worte, die* *ich zu euch rede, rede ich nicht von mir selbst aus; der Vater aber, der in mir bleibt, er tut die Werke«* (V. 10), stellte er sich nicht als Maschine oder Computer ohne Verstand dar, durch die sich der Vater nur äußerte. Es waren tatsächlich die Worte und Werke des Vaters. Sie hatten ihren Ursprung im Entschluss und in der Kraft des Vaters. Aber Christus selbst sprach diese Worte ganz bewusst mit seinen Lippen und tat diese Werke ganz bewusst mit seinen Händen.

»Wahrlich, wahrlich, ich sage euch: Wer an mich glaubt, der wird auch die Werke tun, die ich tue« (V. 12). Mit diesen Worten meinte Christus, dass der Gläubige selbst diese Werke tun wird. Der Gläubige wird nicht eine Maschine sein, die nur von Christus verwendet wird. Und dennoch wird es gleichzeitig Christus sein, der diese Werke in und durch den Gläubigen tut. Beachten wir die zweifache Bekräftigung: *»Und um was irgend ihr* ***(beim Vater)*** *bitten werdet in meinem Namen, das werde* ***ich*** *tun, damit der Vater verherrlicht werde in dem Sohn. Wenn ihr um etwas bitten werdet in meinem Namen, werde* ***ich*** *es tun«* (V. 13.14). Mit anderen Worten: Die Beziehung des Gläubigen zu Christus wird so sein wie die zwischen Christus und dem Vater.

Aber dann fügt Christus etwas Überraschendes hinzu: *»Wer an mich glaubt, der wird auch die Werke tun, die ich tue, und wird größere als diese tun, weil ich zum Vater gehe«* (V. 12). Wie ist das Wort »größer« gemeint? Wie soll es möglich sein, dass es größere Werke gibt als jene, die Christus tat, als er auf der Erde war? Er weckte mehr als einmal Tote auf. Kann irgendetwas größer sein als das?

Um zu verstehen, wie das sein kann, müssen wir genau auf Christi Begründung achten: *»größere …,* ***weil*** *ich zum Vater gehe«*. Als Christus auf der Erde war, konnte er zur selben Zeit nur an einem Ort sein, wie wir bereits festgestellt haben. Auch wenn er aus der Entfernung Macht ausüben und Menschen heilen konnte (s. Johannes 4,46-53; Lukas 7,2-10), wird uns nicht berichtet, dass er jemals an zwei Orten gleichzeitig gewesen ist.

Doch als er zum Vater auffuhr, gab es diese Einschränkung nicht mehr. Denn nun können Tausende von Gläubigen auf der ganzen Welt gleichzeitig im Namen Christi zum Vater beten, und Christus kann die Erhörung ihrer Gebete bewirken, indem er gleichzeitig durch all diese Gläubigen wirkt. Die Werke werden größer sein als jene, die Christus auf der Erde getan hat. Größer in der Anzahl.

Aber sie werden auch größer in der Beschaffenheit sein. Es war etwas Großes, wie Lazarus von den Toten auferweckt zu werden (Johannes 11) und für eine Zeit das vorübergehende Geschenk körperlichen Lebens noch einmal zu erhalten (Lazarus starb letztlich wieder). Aber es ist etwas weit Größeres, das unvergängliche Geschenk des Heiligen Geistes zu erhalten und durch ihn in den Leib Christi eingesetzt zu werden (1. Korinther 12,13). Hier spricht Christus von der Gabe des Heiligen Geistes, als er noch auf der Erde war. Aber die Heilige Schrift macht deutlich, dass diese Gabe nicht allen gegeben wurde, bis Jesus nach der Himmelfahrt die an ihn Glaubenden an Pfingsten mit dem Heiligen Geist getauft hatte. Deshalb sagte Jesus zur Volksmenge während eines Laubhüttenfestes: »*Wer an mich glaubt, wie die Schrift gesagt hat, aus dessen Leib werden Ströme lebendigen Wassers fließen.*« Und der Evangelienschreiber fügt hinzu: »*Dies aber sagte er von dem Geist, den die an ihn Glaubenden empfangen sollten; denn noch war der Geist nicht da, weil Jesus noch nicht verherrlicht worden war*« (d.h. in den Himmel aufgefahren; Johannes 7,38.39; vgl. auch Apostelgeschichte 1,4.5; 2,2.3).

Nun kann kein Mensch, kein Prediger, nicht einmal ein Apostel jemandem den Heiligen Geist verleihen. Aber seit Pfingsten redet der auferstandene Herr durch seine Diener. Dadurch glauben Menschen und empfangen daraufhin den Heiligen Geist. Petrus beispielsweise erzählt, was geschah, als er zu einem römischen Hauptmann gesandt wurde, um ihm und seinen Freunden »*Worte, durch die du errettet werden wirst*« zu predigen. »*Als ich aber zu reden begann, fiel der Heilige Geist auf sie, so wie auch auf uns im Anfang. Ich dachte aber an das Wort des Herrn, wie er sagte: Johannes taufte zwar mit Wasser, ihr aber werdet mit Heiligem Geist getauft werden«* (Apostelgeschichte 11,14-16). Wir lesen nirgends, dass so etwas geschah, als Jesus auf der Erde war und predigte. Das ist das »Größere«, das der auferstandene und aufgefahrene Herr seit Pfingsten durch die Seinen wirkt.

Christus gibt die Verheißung, dass er alles tun wird, um was wir den Vater oder ihn selbst in seinem Namen bitten. Selbstverständlich muss diese Verheißung in diesem Zusammenhang betrachtet werden. Es gibt keine Garantie, dass wir alles empfangen werden, was wir uns wünschen. Unsere Bitte muss *»in seinem Namen«* erfolgen, das heißt, sie muss mit seinem Wesen, seinen Absichten und Belangen übereinstimmen. Und wenn Christus das tut, um was wir bitten, wird es immer mit dem Ziel sein, dass *»der Vater verherrlicht werde in dem Sohn«* (V. 13). Aus einem anderen Grund wird er nicht handeln.

Aber diese Einschränkungen sind keine Beschränkungen des Wunders, über das Christus uns hier lehrt. Denken Sie nur einmal daran, was für eine unbeschreibliche Herrlichkeit es ist, dass der Vater und der Sohn schwache Gefäße sterblichen Tons wie uns reinigen und heiligen und dann mit unserer Beteiligung durch uns wirken, um ihre Herrlichkeit zu zeigen. Wie der Apostel Paulus es später ausdrückt: *»Denn wir predigen nicht uns selbst, sondern Jesus Christus als Herrn, uns selbst aber als eure Knechte um Jesu willen. Denn der Gott, der sprach: Aus Finsternis leuchte Licht, ist es, der in unsere Herzen geleuchtet hat zum Lichtglanz der Erkenntnis der Herrlichkeit Gottes im Angesicht Jesu Christi. Wir haben aber diesen Schatz in irdenen Gefäßen, damit die Überfülle der Kraft sei Gottes und nicht aus uns«* (2. Korinther 4,5-7).

13. Christus – die Wahrheit über den Vater

Ich bin … die Wahrheit … Niemand kommt zum Vater als nur durch mich. … Wenn ihr mich liebt, so haltet meine Gebote; und ich werde den Vater bitten, und er wird euch einen anderen Sachwalter geben, dass er bei euch sei in Ewigkeit, den Geist der Wahrheit, den die Welt nicht empfangen kann, weil sie ihn nicht sieht noch ihn kennt. Ihr kennt ihn, denn er bleibt bei euch und wird in euch sein. Johannes 14,6.15-17

Jedes richtige und erfolgreiche Lernen geschieht durch Aussage, Verstehen und Wiederholung. So ist es auch bei uns Schülern in der Schule Christi. Wiederholung richtet unseren Blick darauf, dass das Grundprinzip jeder wahren Heiligkeit Liebe, Hingabe und Dienst gegenüber den Personen der Dreieinheit ist. Wenn wir heilig sein möchten, müssen wir deshalb fortwährend näher zum Vater gebracht werden.

Hierzu haben wir gesehen, dass Christus eines Tages wiederkommen und uns mit unserem Körper zu sich in das Vaterhaus mitnehmen wird. Um uns darauf vorzubereiten, hat Christus uns inzwischen bereits zum Vater gebracht und den Vater zu uns durch seine Menschwerdung, sein Leben, seinen irdischen Dienst, seinen Tod und seine Auferstehung. Der Apostel Johannes sagt: *»Und das Wort wurde Fleisch und wohnte unter uns (und wir haben seine Herrlichkeit angeschaut, eine Herrlichkeit als eines Eingeborenen vom Vater) voller Gnade und Wahrheit«* (Johannes 1,14). Wie unser Herr dem Philippus erklärte: Wenn wir ihn gesehen haben, haben wir den Vater gesehen.

Doch wenn wir fortwährend näher zum Vater gebracht werden müssen, werden wir, um es ehrfurchtsvoll auszudrücken, mehr als die Offenbarung Gottes durch Christus benötigen. Nicht, dass etwas in dieser Offenbarung unzulänglich wäre! Ganz im Gegenteil! Aber es gibt eine große Unzulänglichkeit in unserer Fähigkeit, diese Offenbarung zu erfassen.

Wir erkennen das, wenn wir uns nochmals die elf Männer vorstellen, die im Gastzimmer mit Jesus zu Tisch lagen. Indem sie Jesus sahen, sahen Philippus und die anderen den Vater. Aber sie begriffen und genossen es nicht richtig, was sie sahen. Warum nicht? Weil ihre Gedanken voll von eigenen Vorstellungen, Annahmen, falschen Erwartungen und Unwissenheit waren. Ihre Gedanken waren in Wirklichkeit so voll davon, dass manches von dem, was Christus sagte und tat, ihnen unerwartet und rätselhaft schien, manches sogar regelrecht falsch. Und das sagten sie ihm auch. Damit sie vollständig zum Vater gebracht werden, bedarf es nicht nur der völligen Offenbarung des Vaters in Christus, sondern auch etwas, um ihre inneren geistigen und emotionalen Blockaden zu überwinden – und um die dunklen Wolken ihrer Furcht, Zweifel und Missverständnisse aufzulösen, sodass das Licht von Gottes Offenbarung in Christus durchscheint.

Sie würden noch etwas anderes benötigen. Der menschliche Verstand – selbst der schärfste menschliche Verstand – kann die Dinge Gottes nicht annehmen, sagt die Heilige Schrift (1. Korinther 2,14). Nur Gottes Geist kann die Dinge Gottes verstehen. Deshalb brauchen die Jünger, wenn sie den Vater erkennen wollen, den Geist Gottes. Genau den wird der Herr Jesus den Jüngern geben, wie er ihnen nun mitteilt: *»... ich werde den Vater bitten, und er wird euch einen anderen Sachwalter geben, dass er bei euch sei in Ewigkeit, den Geist der Wahrheit«* (V. 16.17).

Wir bemerken sofort den Namen, der hier dem Geist gegeben wird: weder »der Geist Gottes« noch »der Geist der Gnade« oder »der Geist der Heiligkeit« – obwohl er das natürlich alles ist und an anderen Stellen so genannt wird. Aber unser Herr nennt ihn hier *»den Geist der Wahrheit«*. Dabei klingt mit, was unser Herr kurz zuvor sagte: *»Ich bin ... die Wahrheit ... Niemand kommt zum Vater als nur durch mich«* (V. 6). Nun verheißt er, den Vater zu bitten, der auf sein Gebet hin den Geist der Wahrheit senden wird – nicht nur, um bei den Gläubigen zu sein, sondern in ihnen. Und indem er ihnen hilft, den Vater zu erkennen, wird er sie näher zum Vater bringen.

Die Wahrheit über den Vater

Folgende Illustration soll zur Veranschaulichung dienen: Ein Freund von mir wurde einmal gebeten, eine Klasse in einem Heim für unerwünschte Kinder zu leiten. Als er eines Tages die Tür des Empfangsraums öffnete und eintrat, sah er eine Betreuerin mit einem etwa 7- oder 8-jährigen Jungen. Sobald der Junge meinen Freund sah, fing er an zu schreien. Die Betreuerin musste meinen Freund bitten hinauszugehen, während sie den Jungen beruhigte. Danach bat sie meinen Freund erneut herein, zog dem Jungen die Kleidung aus und zeigte meinem Freund den Körper des Jungen, der überall Brandspuren aufwies. Der Junge erklärte: »Mein Vater verbrennt mich immer.« Tatsache war, dass sein Vater normalerweise betrunken nach Hause kam, einen Schürhaken ins Feuer hielt, bis er glühte, und damit sein Kind schlug. Stell dir vor, mein Freund hätte versucht, dem Jungen zu erzählen, dass Gott sein Vater sein möchte. Welche Vorstellung hätte das Wort »Vater« hervorgerufen? Wie schwierig wäre es für meinen Freund gewesen, dem Kind klarzumachen, wie Gott wirklich ist und was er damit meint, wenn er sich als unser Vater bezeichnet!

Satan hat durch seine Hinterhältigkeit im Garten Eden mehr oder weniger alle unsere Vorstellungen davon, wie Gott wirklich ist, verdreht. Das ist sicherlich ein Grund dafür, warum Unbekehrte nicht Schlange stehen, um das Evangelium anzunehmen. Sie denken, dass Gott ihr Leben zu einer erbärmlichen Langeweile machen wird, wenn sie an ihn glauben würden, um einst bei ihm im Himmel sein zu können.

Natürlich gibt es noch weitere Schwierigkeiten. Satan hat durch die Verführung der Menschen zur Sünde ihre Gedanken mit Schuld gefüllt. Und sie fürchten Gottes Gerechtigkeit und versuchen, sich selbst davon zu überzeugen, dass Gott nicht existiert. Sie denken, dass Gott, wenn es ihn gibt, gegen sie sein muss. Das führt dazu, dass sie meinen, Gott sei ein grausames Monster.

Der Gläubige hat erkannt, dass dies nicht der Wahrheit entspricht. Gottes Gerechtigkeit muss gegen die Sünde des Sünders sein, aber Gott liebt den Sünder. Und Christus starb für Sünder, als diese noch Sünder waren. Das Kreuz Christi erklärt, dass Gottes Liebe einen Weg gefunden hat, jedem zu vergeben und anzunehmen, der aufrichtig bereut und bereit ist, sich mit Gott durch seinen Sohn Jesus Christus versöhnen zu lassen. Was seine Annahme von Gott angeht, hat der Gläubige vollkommenen Frieden mit Gott, jetzt und in Ewigkeit.

Aber Leid kann – und tut es auch – auch noch Gläubigen Schwierigkeiten bereiten. Wir fragen: »Wie kann Gott das alles zulassen? Warum antwortet Gott nicht auf meine Gebete und beendet mein Leiden oder meine Schwierigkeiten, was auch immer es ist? Ich habe dieses Leid doch bestimmt nicht verdient. Es ist ungerecht. Warum sollte ich, wo ich so viel für den Herrn getan und bereitwillig geopfert habe, alle diese Leiden durchmachen müssen, wo doch andere, die nicht so hingegeben sind und noch nicht einmal bekehrt sind, ungeschoren davonkommen und das Leben scheinbar in vollen Zügen genießen?«

Unsere Fragen sind verständlich. Außerdem hat Gott uns in der Bibel das Beispiel von Menschen wie Hiob gegeben, um uns zu zeigen, dass er unsere Fragen versteht. Trotzdem versichert er uns, dass wir letztlich erkennen werden, dass er *»voll innigen Mitgefühls und barmherzig ist«* (Jakobus 5,11) – egal, welche Leiden er zulässt. Und wenn wir wagen, ihm in unseren Leiden zu vertrauen, wird er durch sie unseren Charakter weiterentwickeln, damit wir Teilhaber seiner Heiligkeit werden (Hebräer 12,5-13). *»Denn das schnell vorübergehende Leichte unserer Trübsal bewirkt uns ein über jedes Maß hinausgehendes, ewiges Gewicht von Herrlichkeit«* (2. Korinther 4,16-18).

Auf der anderen Seite zeigt die Tatsache, dass Bitterkeit und Zweifel sich in unser Infragestellen eingeschlichen haben, dass wir noch nicht so nah zum Herz des Vaters gekommen sind, wie wir könnten. Wenn wir im Himmel ankommen und (was natürlich nicht möglich ist) immer noch die Liebe des Vaters infrage stellen würden und uns seiner Treue uns gegenüber nicht sicher wären, würde das die Freuden und die Herrlichkeit des Himmels verderben. Denn je größer die Freuden, desto größer wären unsere Befürchtungen, dass uns diese Freuden eines Tages weggenommen werden.

Wie sollen wir also zum Vater gebracht werden, damit wir die Wahrheit über ihn kennen und so vorbereitet werden, ihm durch dick und dünn zu vertrauen? Und das mit der Gewissheit, dass seine Liebe echt ist – egal, was geschieht? Es ist nicht nur das Lesen von Bibelversen über die Liebe Gottes zu uns, obwohl das sehr hilfreich ist. Es muss etwas Tieferes als das sein. Wir brauchen etwas, was ins Innere dringt – durch unsere Neurosen, Blockaden, Minderwertigkeitskomplexe und die Hauptsünde der gefallenen Menschheit, dem Misstrauen gegenüber Gott. Unser Herr sagt: »Ich bin der Weg zum Vater, weil ich die Wahrheit über den Vater bin; und ich sage zu euch nicht bloße Worte, ich werde euch einen anderen Sachwalter senden, einen anderen Ratgeber, den Geist der Wahrheit.« Nicht nur Worte, sondern eine Person – eine Person, die wir kennen können und die nicht nur bei uns sein wird, sondern in uns (V. 16.17). Hier sehen wir die Vorsorge des Herrn, die vollkommen auf unsere Bedürfnisse zugeschnitten ist.

Der Dienst des Geistes der Wahrheit

Der Heilige Geist, der in uns wohnt, kann alle unsere falschen Vorstellungen korrigieren und die Liebe Gottes in unsere Herzen ausgießen, wie Paulus es in Römer 5,5 ausdrückt. Das betrifft nicht unsere Liebe zu Gott (die uns hilft, Gott zu lieben, wie wir sollten, obwohl dies auch der Heilige Geist für uns tut), sondern Gottes Liebe zu uns, wie aus dem Textzusammenhang in Römer 5 hervorgeht. Der Heilige Geist nimmt Gottes Liebe zu uns und gießt sie in unsere Herzen aus, wie jemand ein Glas Wasser auf den Boden ausgießt, bis das Wasser in jeden Winkel geronnen ist. Wenn wir Gottes Wort lesen, das vom Heiligen Geist Gottes inspiriert ist, von Gottes Liebe zu uns, bestätigt der in uns wohnende Heilige Geist dieses Wort, macht es glaubwürdig und real und beginnt so, Schritt für Schritt unsere falschen Vorstellungen von Gott zu zerstreuen und die Knoten unserer Zweifel und Ängste zu lösen. So kommen wir immer näher zum Vater.

Nun beginnen wir zu verstehen, was »zum Vater kommen« bedeutet. Es würde nicht ausreichen, selbst wenn es möglich wäre, auf eine physische Weise zum Vater zu kommen. Schließlich kann ein Mensch so nah an einen anderen Menschen heranrücken, dass sich die Körper berühren, und dennoch können sie im Herzen Lichtjahre voneinander entfernt sein. Nur wo sich das Herz und der Geist von Menschen treffen, kommen sie sich wirklich nahe. So ist es auch zwischen uns und Gott. Und das Herrliche daran ist, dass wir nicht physisch zum Vater kommen müssen, um ihm auf diese Weise nahezukommen. Deshalb müssen wir nicht darauf warten, bis er uns nach dem Tod zu sich in den Himmel holt oder bis Christus wiederkommt. Im Geist können wir jetzt zum Vater kommen. Wie Paulus später in Epheser 2,18 sagt: *»Denn durch ihn haben wir beide* [Juden und Heiden] *den Zugang durch einen Geist zu dem Vater.«* So wird unsere Persönlichkeit Schritt für Schritt verändert. Allmählich werden wir auf diese Weise heiliger, vertrauensvoller, dem Herrn hingegebener – bis wir, wie Paulus, ehrlich sagen können, dass wir, auch wenn wir uns manchmal wie Schafe fühlen, die täglich zur Schlachtbank geführt werden, völlig davon überzeugt sind, dass weder Tod noch Leben, weder Engel noch Fürstentümer, weder Gegenwärtiges noch Zukünftiges, noch Gewalten, weder Höhe noch Tiefe, noch irgendein anderes Geschöpf uns zu scheiden vermögen wird von der Liebe Gottes, die in Christus Jesus ist, unserem Herrn (Römer 8,38.39).

14. Christus – das Leben, das wir mit dem Vater teilen

Wenn ihr mich liebt, so haltet meine Gebote; und ich werde den Vater bitten, und er wird euch einen anderen Sachwalter geben, dass er bei euch sei in Ewigkeit, den Geist der Wahrheit, den die Welt nicht empfangen kann, weil sie ihn nicht sieht noch ihn kennt. Ihr kennt ihn, denn er bleibt bei euch und wird in euch sein. Ich werde euch nicht verwaist zurücklassen, ich komme zu euch. Noch eine kleine Zeit, und die Welt sieht mich nicht mehr; ihr aber seht mich: Weil ich lebe, werdet auch ihr leben. An jenem Tag werdet ihr erkennen, dass ich in meinem Vater bin und ihr in mir und ich in euch. Wer meine Gebote hat und sie hält, der ist es, der mich liebt; wer aber mich liebt, wird von meinem Vater geliebt werden; und ich werde ihn lieben und mich selbst ihm offenbaren. Judas, nicht der Iskariot, spricht zu ihm: Herr, und was ist geschehen, dass du dich selbst uns offenbaren willst und nicht der Welt? Jesus antwortete und sprach zu ihm: Wenn jemand mich liebt, wird er mein Wort halten, und mein Vater wird ihn lieben, und wir werden zu ihm kommen und Wohnung bei ihm machen. Wer mich nicht liebt, hält meine Worte nicht; und das Wort, das ihr hört, ist nicht mein, sondern des Vaters, der mich gesandt hat. Johannes 14,15-24

Die Zeit war fortgeschritten. Die Jünger hatten in Christi Schule der Heiligung bereits Erstaunliches gehört. Es würde Jahre dauern, bis sie das verarbeiten und verstehen würden. Dennoch unterrichtet sie der Herr Jesus nun über noch etwas, was er für die Aufrechterhaltung und Weiterentwicklung ihrer Heiligkeit bereitstellen wird. Er wird sie nicht als Waisen zurücklassen. Er wird nicht nur eines Tages wiederkommen und sie zu sich nehmen, sondern er wird sich ihnen in der Zwischenzeit immer wieder offenbaren. Und zwar für die Welt unsichtbar.

An diesem Punkt merkt Judas (nicht Judas Iskariot, der hinausgegangen war), dass er überfordert ist. Er fragt sich, wie es möglich sein soll, dass der Herr sich ihnen offenbaren wird, ohne dass die Welt es sieht. Er kann es nicht verstehen und unterbricht den Herrn mit der Frage: *»Herr, und was ist geschehen, dass du dich selbst uns offenbaren willst und nicht der Welt?«* (V. 22).

Die erste Antwort auf seine Frage finden wir in den Worten des Herrn: *»Weil ich lebe, werdet auch ihr leben«* (V. 19). Der Herr hatte sie schon einiges gelehrt, und das würde er durch seinen Geist nach seiner Auferstehung und Himmelfahrt fortsetzen. Aber unser Herr ist nicht eine Reihe von Lehren. Er ist eine Person, eine reale, lebende Person. Und die Beziehung zwischen ihm und uns ist die Beziehung eines Lebens, das er mit uns teilt. Als Schöpfer, der alle Dinge durch das Wort seiner Macht aufrechterhält, erhält er uns physisch am Leben. Aber dieses physische Leben ist weder das Einzige im Leben, noch ist es der wichtigste Bestandteil des Lebens. Das intellektuelle, das ästhetische und das emotionale Leben sind ebenso Teile des Lebens. Und die geistliche ist die höchste Ebene des Lebens.

Christus sagt seinen Jüngern Folgendes: Obwohl er sie körperlich verlassen wird, wird er sie nicht wie Waisen zurücklassen, der Eltern beraubt, die ihnen das Leben gegeben haben. Er wird sie auf der geistlichen Ebene weiterhin unterstützen, indem er sein Leben mit ihnen teilt. Und von Zeit zu Zeit wird er sich ihnen offenbaren.

Aber genau an diesem Punkt taucht die Schwierigkeit bei Judas auf: Wie kann der Herr sich ihnen offenbaren, aber nicht der Welt?

Bescheidene Vergleiche

Wir hatten mehr Zeit als Judas, um darüber nachzudenken. Dadurch können wir uns Beispiele ausdenken, durch die wir verstehen können, wie das geschieht.

Nehmen Sie an, jemand zeigt Ihnen einen geheimen Brief von seinem Freund. Sie können die Worte verstehen. Aber wenn Sie nichts über die intimsten Geheimnisse und nichts über die gemeinsamen Interessen zwischen den beiden wissen, können Sie die volle Bedeutung des Briefes nicht erfassen.

Ein anderes Beispiel: Ihr Hund kann Sie ziemlich gut verstehen. Wenn er Sie Fleisch essen sieht, weiß er, was vor sich geht und dass Sie etwas Köstliches genießen. Denn er hat einen Magen wie wir, auch wenn er ein Hund ist. Er weiß, was Hunger ist, und kennt die Freude, diesen Hunger zu stillen. Aber wenn Sie Ihrem Hund ein wunderschönes Ölgemälde vor die Nase halten, wird er völlig verwirrt sein. Er wird sich keinen Reim auf dieses Ding machen können. Er wird vielleicht versuchen, an dem Bild zu riechen oder es abzulecken. Vielleicht versucht er auch, darauf herumzukauen, wenn Sie es zulassen. Das ist das Einzige, das er mit Dingen machen kann. Er besitzt keinen menschlichen Verstand wie Sie. Deshalb wird er Ihr Bild niemals verstehen. Der Bereich Ihres Lebens, den Sie mit Ihrem menschlichen Verstand erleben, liegt außerhalb der begrenzten Wahrnehmung des Hundes. Der Maler offenbart Ihnen in seinem Gemälde seine Gedanken und einen Sinn von Schönheit. Aber der Hund erfährt das nicht, obwohl er das Gemälde sehen kann.

Durch den Heiligen Geist hat Christus unsere Augen geöffnet für eine Welt voller Sinn, Bedeutung und Freude, für die die Nichtgeretteten völlig blind sind. Sie sind Gott gegenüber tot. Sie besitzen nicht die Art Leben, die dafür notwendig ist. Deshalb können wir Worte in der Heiligen Schrift lesen, die für uns lebendig sind und uns den Herzschlag Gottes vermitteln. Ein Ungeretteter hingegen kann dieselben Worte lesen und findet sie langweilig. Der Grund dafür ist, dass der Herr sich Ihnen durch sein Wort und das Leben, das er mit Ihnen teilt, offenbart. Es gibt diese praktische Gemeinschaft zwischen Ihnen und ihm. Sie lieben den Herrn und halten seine Gebote. Sie freuen sich darüber, dass er sich über Sie freut, und er freut sich über die Freude in Ihnen. Und weil Sie ihn lieben, wird der Vater Sie lieben und der Herr wird Sie lieben. Und diese gegenseitige

Liebe wird die Kommunikation zwischen Ihnen und ihm ausweiten und vertiefen (V. 21), bis sowohl der Vater als auch der Sohn kommen und in Ihrem Herzen Wohnung nehmen (V. 23).

Besondere Beispiele

Das ist nun der wunderbare Dienst, den der Herr von Zeit zu Zeit durch seinen Geist in uns wirkt: Er offenbart sich uns. Dieser Dienst ist so wichtig, dass er nach seiner Auferstehung und vor seiner Himmelfahrt seinen Jüngern einige anschauliche und sichtbare Beispiele davon gab. In Johannes 21,1 beispielsweise lesen wir: *»Danach offenbarte Jesus sich wieder den Jüngern am See von Tiberias.«* Johannes sagt »wieder«, weil sich der Herr vor diesem Ereignis bereits zu anderen Zeiten und auf andere Weise seinen Jüngern offenbart hatte. Dabei erschien er seinen Jüngern sichtbar, sodass sie ihn mit ihren Augen sehen und mit ihren Händen berühren konnten. Wir können nicht erwarten, dass Christus uns auf diese Weise sichtbar erscheint. Aber was er damals für seine Jünger auf physische Art getan hat, wird er von Zeit zu Zeit für uns im geistlichen Bereich tun.

Zwei Jüngern auf dem Weg nach Emmaus näherte sich jemand, der ein Fremder zu sein schien. Sogleich begann der Fremde, ihnen das Alte Testament auszulegen, und als sie gemeinsam gingen, fing das Alte Testament an zu leuchten mit Leben und Herrlichkeit, bis ihre Herzen vor Ehrfurcht und Erstaunen brannten. Es war der auferstandene Herr, der zu ihnen gekommen war und sich ihnen nun durch sein Wort offenbarte (Lukas 24). Wieder zu Hause luden sie ihn zum Abendessen ein. Am Tisch erkannten sie ihn als den Herrn Jesus.

Ein anderes Mal offenbarte er sich Maria. Sie stand mit gebrochenem Herzen am leeren Grab des Herrn, als ein Mann, den sie für den Gärtner hielt, zu ihr sprach. Es war natürlich der Herr. Aber er sprach nicht über die Bibel und legte ihr auch nicht die alttestamentlichen Propheten aus wie den beiden Jüngern auf dem Weg nach Emmaus, sondern sprach mit ihr über die neue Beziehung, die er geformt hatte: *»Ich fahre auf zu meinem Vater und eurem Vater und meinem Gott und eurem Gott«* (Johannes 20,17). Diese Beziehung wurde für Maria von diesem Augenblick an so real, so lebendig mit der Kraft des ewigen Lebens, dass sie das Grab für immer verließ. Sie hatte die Realität des lebendigen Herrn erkannt. Sie hatte die Wahrheit der Aussage des Herrn erkannt: *»Weil ich lebe, werdet auch ihr leben.«* Deshalb haben sie und die anderen Frauen jeden Gedanken daran aufgegeben, das Grab Christi in einen Schrein zu verwandeln, denn Menschen machen einem Lebenden keinen Schrein (Johannes 20).

Bei dem Ereignis in Johannes 21 waren Simon und andere Jünger die ganze Nacht beim Fischen und hatten nichts gefangen. Als der Tag anbrach, sahen sie einen Fremden am Ufer stehen. Der Fremde rief übers Wasser und fragte, ob sie etwas gefangen hätten. Als sie zurückriefen: »Überhaupt nichts!«, sagte er ihnen, sie sollten ihre Netze auf der rechten Seite des Bootes auswerfen. Als sie dies taten, machten sie einen riesigen Fang. Irgendwann erkannte Johannes den Fremden und sagte zu Petrus: *»Es ist der Herr.«* Und er war es wirklich. Der Herr war zu ihnen gekommen, nicht durch das Lesen der Bibel oder durch die Tränen des Kummers wie bei Maria am Grab, sondern während ihrer Arbeit. Und durch seine Führung und den Erfolg, der damit verbunden war, offenbarte er sich ihnen.

Er tut dasselbe auch noch für uns. Weder sehen wir ihn, noch geschieht es jeden Tag oder jedes Mal, wenn wir die Bibel lesen oder etwas für ihn tun. Aber von Zeit zu Zeit, inmitten des Lebens, des Kummers oder der Pflichten, kommt er, entsprechend seiner Verheißungen, zu uns und offenbart sich auf eine für unser Herz überwältigend reale Weise. Wir spüren das Brennen seiner Gegenwart, die Lebendigkeit seines Lebens. Wir hören mit den Ohren des Herzens das Rascheln des Hirtengewands neben uns und sagen mit tiefer Überzeugung: »Das ist der Herr!«

Eine bleibende Stätte für den Vater und den Sohn in unseren Herzen

Weil Christus das Leben ist und dieses göttliche Leben mit uns teilt, ist er für uns der Weg zum Vater. Aber er zeigt uns auch, wie und zu welchen Bedingungen der Vater und der Sohn bereit sind, zu kommen und Wohnung in unseren Herzen zu nehmen. Es ist verständlich, dass jemand mit der Hoffnung, beim Zweiten Kommen Christi ins Vaterhaus mitgenommen zu werden, unbedingt möchte, dass der Vater und der Sohn bereits jetzt hier auf der Erde in seinem Herzen wohnen.

Was sind die Bedingungen dafür? Christus sagt: *»Wenn jemand mich liebt, wird er mein Wort halten, und mein Vater wird ihn lieben, und wir werden zu ihm kommen und Wohnung bei ihm machen. Wer mich nicht liebt, hält meine Worte nicht; und das Wort, das ihr hört, ist nicht mein, sondern des Vaters, der mich gesandt hat«* (V. 23.24). Wenn wir Gäste erwarten, werden wir aus reiner Höflichkeit die Wünsche unserer Gäste herausfinden und so gut es geht erfüllen.

Wenn wir nun dem Vater und dem Sohn eine Wohnung in unseren Herzen bereiten möchten, ist die erste Bedingung, dass wir sie lieben und dann aus Liebe ihr Wort studieren, um zu erkennen, was ihnen gefällt und was nicht. Dann werden wir unsere Liebe zeigen durch freudiges und demütiges Streben danach, ihnen zu gefallen, indem wir das tun, was ihnen gefällt, und das unterlassen, was ihnen nicht gefällt. So werden wir eine tiefere Liebe und Gemeinschaft erleben. Natürlich gibt es eine Seite von Gottes Liebe, die absolut bedingungslos liebt. Er liebte uns, als wir noch Sünder und seine Feinde waren, und er wird die Seinen mit dieser bedingungslosen Liebe weiterhin lieben.

Aber hier geht es um eine beiderseitige Freude an der gegenseitigen Liebe, in einer vertrauten Gemeinschaft mit dem Vater und seinem Sohn. Und eine hingegebene Beachtung und Folgsamkeit gegenüber ihren Geboten sind der einzige Weg, ihre Liebe zu erfahren und sich über den Vater und den Sohn zu freuen.

Deshalb wäre es gut, wenn wir uns dem Gebet des Paulus für uns und alle anderen Gläubigen anschließen:

»Deshalb beuge ich meine Knie vor dem Vater unseres Herrn Jesus Christus, von dem jede Familie in den Himmeln und auf der Erde benannt wird, damit er euch gebe, nach dem Reichtum seiner Herrlichkeit mit Kraft gestärkt zu werden durch seinen Geist an dem inneren Menschen; dass der Christus durch den Glauben in euren Herzen wohne, indem ihr in Liebe gewurzelt und gegründet seid; damit ihr völlig zu erfassen vermögt mit allen Heiligen, welches die Breite und Länge und Höhe und Tiefe sei, und zu erkennen die die Erkenntnis übersteigende Liebe des Christus, damit ihr erfüllt sein mögt zu der ganzen Fülle Gottes. Dem aber, der über alles hinaus zu tun vermag, über die Maßen mehr, als was wir erbitten oder erdenken, nach der Kraft, die in uns wirkt, ihm sei die Herrlichkeit in der Versammlung in Christus Jesus auf alle Geschlechter des Zeitalters der Zeitalter hin! Amen« (Epheser 3,14-21).

Es gibt keine sicherere und schnellere Möglichkeit als diese, um in der praktischen Heiligkeit zu wachsen.

15. Christi Vermächtnis zum Abschied

Dies habe ich zu euch geredet, während ich bei euch bin. Der Sachwalter aber, der Heilige Geist, den der Vater senden wird in meinem Namen, der wird euch alles lehren und euch an alles erinnern, was ich euch gesagt habe. Frieden lasse ich euch, meinen Frieden gebe ich euch; nicht wie die Welt gibt, gebe ich euch. Euer Herz werde nicht bestürzt, sei auch nicht furchtsam. Ihr habt gehört, dass ich euch gesagt habe: Ich gehe hin, und ich komme zu euch. Wenn ihr mich liebtet, würdet ihr euch freuen, dass ich zum Vater gehe, denn der Vater ist größer als ich. Und jetzt habe ich es euch gesagt, ehe es geschieht, damit, wenn es geschieht, ihr glaubt. Ich werde nicht mehr vieles mit euch reden, denn der Fürst der Welt kommt und hat nichts in mir; aber damit die Welt erkenne, dass ich den Vater liebe und so tue, wie mir der Vater geboten hat. Steht auf, lasst uns von hier weggehen! Johannes 14,25-32

Der erste Teil von Christi Kurs über Heiligkeit ist nun fast zu Ende. Bevor seine Schüler das Gastzimmer verlassen, stärkt unser Herr weise und voll Erbarmen ihren Glauben und ihr Vertrauen.

Lernen kann beschwerlich und entmutigend sein. Und es wäre nicht überraschend, wenn die Jünger nun meinen würden, sich niemals an die gewaltigen Einzelheiten der Lektionen erinnern zu können, geschweige denn die schwierigen neuen Grundsätze verstehen und umsetzen zu können. Dieses Gefühl haben wir alle von Zeit zu Zeit. Wir können leicht den Eindruck gewinnen, dass das Lernen, das für die Weiterentwicklung der Heiligkeit notwendig ist, eine mühsame Schinderei ist, die über die Kraft gewöhnlicher Menschen hinausgeht. Aber natürlich stimmt das nicht. Es ist manchmal vielleicht harte Arbeit, die Zielstrebigkeit und Ausdauer erfordert. Aber unser Herr steht bereit, um uns weiterzugeben, was er den Aposteln ins Herz gepflanzt hat: Vertrauen, dass sie ihre Lektionen bewältigen werden, den zugrunde liegenden Frieden im Herzen inmitten der Kämpfe des Lebens, eine unerschöpfliche Quelle der Freude und die Zusicherung des Sieges durch das Umsetzen der Lektionen in einer feindlichen Welt.

Vertrauen ins Lernen

Zuerst kommt die Zusicherung, dass sie nicht allein zurückgelassen werden und sich nicht allein abmühen müssen, sich an alles Gehörte zu erinnern und es zu verstehen. Ihnen wird ein göttlicher Beistand gesandt werden. Und ihr Lernerfolg wird von der Fähigkeit des Beistands zu unterrichten abhängen – und nicht von ihrer Fähigkeit zu lernen. Christus sagt: *»Dies habe ich zu euch geredet, während ich bei euch bin. Der Sachwalter aber, der Heilige Geist, den der Vater senden wird in meinem Namen, der wird euch alles lehren und euch an alles erinnern, was ich euch gesagt habe«* (V. 25.26).

Diese gütige Verheißung galt natürlich in erster Linie den Aposteln. Diese Verheißung steht für die Richtigkeit unseres Neuen Testaments. Unser Herr lehrte die Apostel zahlreiche Dinge während seines irdischen Lebens. Wie können wir sicher wissen, dass wir beim Lesen der Evangelien von Matthäus, Markus, Lukas und Johannes einen stichhaltigen und fehlerfreien Bericht dessen vor uns haben, was unser Herr tat und lehrte? Selbst wenn sie es wollten und das beste Gedächtnis auf der Welt besaßen: Wie konnten sie sich an alles erinnern, was Christus sie gelehrt hatte? Die Antwort ist, dass unser Herr es nicht ihrer eigenen Kraft überließ, diese große Aufgabe zu erfüllen und den Bericht zu erstellen, der die Grundlage für unseren christlichen Glauben ist. Er sandte den Heiligen Geist, der auf seine göttliche und übermenschliche Weise den Aposteln die Dinge ins Gedächtnis rief, die sie von Christus gehört hatten. Deshalb können wir sicher sein, dass wir genau das im Neuen Testament lesen, was Christus beabsichtigte.

Außerdem half er ihnen, das zu verstehen, woran sie sich erinnerten. Offensichtlich ist das Neue Testament nicht nur ein schlichter, leicht verständlicher Bericht von Christi Worten und Taten. Es ist ein Bericht mit zusätzlicher Auslegung. In unserer heutigen modernen Zeit kritisieren viele Menschen aus diesen Gründen das Neue Testament. Sie sagen, dass wir nicht sicher sein können, ob die Evangelien richtig wiedergeben, was Christus gesagt oder gemeint hat, wenn die Evangelien nicht nur ein schlichter Bericht des Lebens und der Lehren Jesu sind, sondern ein Bericht mit Auslegung. Sie sagen, wir hätten nur die Auslegung der ersten Gemeinde von dem, was Christus sagte und meinte.

Aber das Argument ist falsch. Denn was wir hier als Verheißung unseres Herrn haben (V. 26), ist die Ankündigung, dass die Autorität des Heiligen Geistes hinter den Berichten und auch hinter den Auslegungen steht. Außerdem beinhaltet die Verheißung auch die Zusicherung, dass der Heilige Geist die Apostel alle Dinge lehren wird, die unser Herr ihnen nicht sagen konnte, während er bei ihnen war (Johannes 16,12.13). Vor seiner Auferstehung und Himmelfahrt und dem Kommen des Heiligen Geistes konnten sie viele Dinge noch nicht einmal ansatzweise verstehen. Diese Dinge verschwieg unser Herr deshalb noch, um sie den Aposteln nach seiner Auferstehung und Himmelfahrt mitzuteilen – durch den Heiligen Geist. Und diese Dinge lesen wir folglich in den inspirierten Briefen des Neuen Testaments (s. Apostelgeschichte 1,1-5; Epheser 3,2-21), die uns ein für alle Mal überliefert wurden (Judas 3).

In dieser ursprünglichen Bedeutung galt die Verheißung nicht den Hunderten von Jüngern, die unser Herr während seines irdischen Dienstes gemacht hat, auch nicht der nachapostolischen christlichen Gemeinde, deren Schriften nicht auf jene Weise wie die neutestamentlichen Briefe inspiriert waren, sondern den einzigartigen Gründungsgliedern der Gemeinde, den vom Herrn speziell erwählten Aposteln und Propheten (Epheser 3,5).

Abgesehen davon dürfen wir die Verheißung für uns auf eine zweite Weise in Anspruch nehmen. Der Heilige Geist wurde im Besonderen gesandt, damit wir die Lehre Christi verstehen. Für uns ist es auch schwierig zu verstehen, wie es gemeint ist, wenn es heißt, dass Christus in uns wohnt. Und die Realität dieser Tatsache geht manchmal in der Hektik unseres Lebens unter. Aber er bleibt bei uns, um uns an das Gelernte zu erinnern, dass Heiligkeit nicht nur eine Frage des Versuchs ist, uns mit eigener Kraft irgendwie durchzukämpfen: Der Herr ist bei uns! Und nicht nur bei uns, sondern in uns. Er wartet darauf, durch uns seine Gedanken und seine Reaktion auf die Umstände, die wir erleben, auszuführen. Ein Schwimmlehrer lehrt einen Anfänger, sich zu entspannen und zu vertrauen, dass das Wasser ihn tragen wird (wozu es durchaus in der Lage ist). Ebenso lehrt und schult uns der Heilige Geist, auf ihn zu vertrauen hinsichtlich all der Gnade, Kraft und Ausdauer, die wir sowohl fürs Lernen der Theorie als auch fürs Umsetzen in die Praxis benötigen.

Friede inmitten der Kämpfe und Stürme des Lebens

Das Nächste ist das Vermächtnis seines Friedens: *»Frieden lasse ich euch, meinen Frieden gebe ich euch; nicht wie die Welt gibt, gebe ich euch. Euer Herz werde nicht bestürzt, sei auch nicht furchtsam«* (V. 27). Wir dürfen nicht mehr in dieses Vermächtnis hineinlegen, als ursprünglich gemeint war, so wunderbar es auch ist. Manchmal hören wir, wie ein Christ diese Verse gegenüber einem anderen zitiert, als ob damit gemeint wäre, ein Christ dürfe zu keiner Zeit beunruhigt, bekümmert oder betrübt sein – als ob jeder Christ immer völlig gelassen sei. Christen, die von Kummer oder Enttäuschung überwältigt werden, meinen demzufolge, sie seien unwürdig. Und statt Trost durch die Verheißung unseres Herrn zu finden, vergrößert ihr (scheinbares) Versagen, dieser Wahrheit gemäß zu leben, ihren Kummer.

Deshalb müssen wir uns unbedingt bewusst machen, dass der Erretter, der diese Worte gesagt hat, den Jüngern erst vor wenigen Minuten im Geist erschüttert ankündigte, dass einer von ihnen ihn verraten werde (Johannes 13,21). Er spricht offen davon, dass er im Geist erschüttert war, und dennoch spricht er im nächsten Atemzug von seinem Frieden. Und offensichtlich sieht er darin keinen Widerspruch. Kurz bevor er das Gastzimmer verlässt und im Garten Gethsemane sehr bestürzt und beängstigt wird, sagt er: *»Meine Seele ist sehr betrübt, bis zum Tod«* (Markus 14,33.34). Dennoch dürfen wir nicht denken, dass der Friede, von dem er gesprochen hat, plötzlich durch seinen Kummer im Garten fortgespült wurde.

Nein, eigentlich hat er ihnen durch das Hinterlassen des Friedens nach orientalischer Sitte »Auf Wiedersehen« gesagt und gleichzeitig seine Liebe, seine Treue und sein ewiges Sorgen für sie zugesichert. So konnten sie sich nach seinem Weggang absolut sicher sein, dass er sie nicht verlassen hat, sondern treu zu ihnen stehen wird. Durch ihr Vertrauen in seine Liebe und Treue werden sie einen tiefen Frieden in ihrem Herzen haben. Und auch wenn die Oberfläche ihrer Emotionen durch Sturm und Wind aufgewühlt wird, wird dieser tiefer liegende Friede fest und sicher bleiben. Christus verweist darauf, dass er in diesem Sinn anders als die Welt ist. Die Welt ist bekannt für ihre Wankelmütigkeit und Untreue. Sie verspricht dir heute ihren Frieden, und morgen hat sie dich vergessen oder verraten – ebenso, wie Judas Christus verraten hat.

Die Welt hat in Wirklichkeit keine Grundsicherheit, denn die Welt ist per definitionem ein Gedankengebäude und eine Lebensweise, die jedes Gottvertrauen verloren hat. Obwohl Gott den Menschen alle wunderbaren Dinge des Lebens geschenkt hat, ist Gott für sie eine Bedrohung. Gott ist für sie nicht eine Quelle der Sicherheit, sondern der Unsicherheit. Sie sind wie das Kind, das aus dem Gefrierschrank die Eiscreme genommen hat, die die Mutter fürs Abendessen vorbereitet hat. Die Mutter beabsichtigte, dem Kind das Eis zur geeigneten Zeit zu geben. Sie ging weg und sagte zum Kind, es solle die Eiscreme nicht nehmen, bevor sie zurück sei. Aber als die Mutter fort war, konnte das Kind den Verlockungen nicht widerstehen und nahm das Eis. Statt sich nun auf die Rückkehr der Mutter zu freuen, empfindet es die Rückkehr als Bedrohung und mögliche Bestrafung. So sieht die Welt Gott. Seit Satan Eva versuchte, die Frucht entgegen Gottes Verbot zu nehmen, empfindet der gefallene Mensch Gott als Bedrohung und versucht deshalb, so viel Sicherheit wie möglich in sich selbst und in seiner kleinen Welt um sich her zu finden. Er versucht, sein Leben zu verbarrikadieren, um Gott vom Eindringen abzuhalten. Aber seine Welt ist sehr zerbrechlich. Sie ist umgeben von gewaltigen Naturkräften, die er nicht beeinflussen kann. Die leere Hülle seiner kleinen Welt kann durch Krankheit oder Unglück leicht einbrechen. Und der Tod steht immer vor der Tür, bereit einzutreten. Und da der Mensch Gott nicht vertrauen kann, ist er letztlich der Auffassung, dass er seinem Mitmenschen nicht vertrauen kann. Er schwebt ständig am Abgrund der Unsicherheit. Die Welt hat keinen Frieden und kann letztlich keinen geben. Nur in Gott dem Schöpfer ist Rettung und Sicherheit, und deshalb ist auch nur in Gott Frieden.

Eine niemals versiegende Quelle der Freude

Nun weist unser Herr die Jünger auf die Ursache unbegrenzter Freude hin. Sein Fortgehen wird sich ihnen als Quelle der Freude und nicht des Kummers erweisen, wenn sie ihn richtig verstehen. Christus sagt: *»Ihr habt gehört, dass ich euch gesagt habe: Ich gehe hin, und ich komme zu euch. Wenn ihr mich liebtet, würdet ihr euch freuen, dass ich zum Vater gehe, denn der Vater ist größer als ich«* (V. 28).

Natürlich müssen wir fragen, in welchem Sinn sein Fortgehen sich als Quelle der Freude erweisen kann. Und wie er die Worte *»der Vater ist größer als ich«* gemeint hat. Diese zwei Dinge sind miteinander verbunden. Seinem Wesen entsprechend war unser

Herr eins mit dem Vater. Aber während seines irdischen Lebens war unser Herr seinem Vater nicht gleichgestellt, wie Paulus in Philipper 2 darlegt. Er hat sich freiwillig den Begrenzungen des menschlichen Körpers unterworfen, der zu jedem Zeitpunkt nur an einem Ort sein kann. Der Vater ist nicht auf diese Weise eingeschränkt. Außerdem konnte Christus, wie wir bereits gesagt haben, nicht in seinen Jüngern sein, während er auf den Körper aus Fleisch und Blut beschränkt war. Der Vater war nicht auf diese Weise eingeschränkt. Die Herrlichkeit des neuen Zustands liegt in zwei Dingen. Erstens: Der Herr ging zum Vater mit allen Konsequenzen, die sich daraus bezüglich der Verherrlichung seines menschlichen Körpers und der Befreiung von den Einschränkungen des irdischen Lebens ergaben. Doch zweitens: Er ging nicht nur zum Vater – er würde wieder zu denen kommen, die an ihn glauben, und dann nicht länger darauf beschränkt sein, zu einem Zeitpunkt nur an einem Ort zu sein oder jeweils nur bei einem Menschen. Wie der Vater würde er bei allen Gläubigen an jedem Ort und zu jeder Zeit gegenwärtig sein können – bei allen Gläubigen, überall, in jedem Augenblick und in jeder erdenklichen Lage.

Manchmal meinen wir, es wäre besser für uns, wenn wir den Herrn körperlich bei uns hätten, wie er während seines irdischen Lebens bei den Aposteln war. Aber das ist falsch. Es soll keine Beleidigung gegenüber den Aposteln sein, wenn wir an ihr Verhalten denken, das manchmal sehr zu wünschen übrig ließ. Und zwar zu der Zeit, als der Herr körperlich unter ihnen anwesend war. Petrus' gröbstes Versagen beispielsweise ereignete sich nicht, nachdem der Herr die Apostel verlassen hatte und in den Himmel zurückgekehrt war, sondern während der Herr noch bei ihnen war. Wir sind nun eigentlich in einer unendlich besseren Situation als die Apostel damals. Der Herr ist uns nun näher, als er den Aposteln vor Golgatha je hätte sein können. Das ist möglich, indem er zum Vater ging und in seinem Geist zu uns gekommen ist. Und er ist beständig bei uns auf eine Weise, wie es für ihn nicht möglich war, als er physisch auf der Erde gegenwärtig war. Und das ist definitionsgemäß eine Quelle der Freude, die uns niemals genommen werden kann.

Aber das alles muss für die Apostel ebenfalls sehr schwer zu verstehen gewesen sein. So schwer, dass wir uns vielleicht fragen, warum der Herr ihnen genau dies zu diesem Zeitpunkt erzählt hat. Aber er tat dies mit weiser Absicht: *»Und jetzt habe ich es euch gesagt, ehe es geschieht, damit, wenn es geschieht, ihr glaubt«* (V. 29). An Pfingsten, wenn der Heilige Geist kommen und in ihnen Wohnung nehmen wird, werden sie sich daran erinnern, was der Herr ihnen im Gastzimmer gesagt hat. Und ihr Glaube an ihn wird gestärkt werden. Sie werden immer wieder sagen: »Er hatte recht. Er sagte die Wahrheit. Es ist genauso geschehen, wie er es verheißen hat.« Und wir für unseren Teil werden mit der Zuversicht erfüllt, dass sich die Gemeinde nach dem Tod Christi all das Wunderbare, das wir in diesen Kapiteln gehört haben, nicht ausgedacht hat. Christus lehrte diese Dinge, während er noch hier auf der Erde war.

Eine Zusicherung des Sieges

Die letzten Minuten der ersten Kurshälfte sind angebrochen, und bald wird unser Herr die Jünger bitten, aufzustehen, das Gastzimmer zu verlassen und ihm in die Straßen Jerusalems zu folgen. Unser Herr wusste um den bevorstehenden Widerspruch, aber er wollte seinen Jüngern zuvor versichern, dass er sich des Sieges völlig sicher war. Ganz am Anfang der Lektionen über Heiligkeit (Johannes 13,1-4) haben wir von seiner absolut festen Überzeugung gehört, trotz des Widerstands Satans die Heiligkeit derer, die ihm folgen, zu beginnen und zu vollenden. Nun, nach der Hälfte der Lektionen, spricht er erneut davon: *»Der Fürst der Welt kommt und hat nichts in mir«* (V. 30). Und der folgende wütende Konflikt würde ihm nur noch wenig Zeit für eine weitere Unterhaltung mit den Aposteln lassen. Aber sehen wir uns die Gründe für seine Siegessicherheit an. *»Der Fürst der Welt kommt und hat nichts in mir; aber damit die Welt erkenne, dass ich den Vater liebe und so tue, wie mir der Vater geboten hat. – Steht auf, lasst uns von hier weggehen!«* (V. 30.31)

Wir erkennen sofort, dass das Geheimnis seines Sieges die unbeirrbare und absolut feststehende Liebe des Vaters war. Nun reden wir gewöhnlichen Menschen oft und manchmal relativ leicht von unserer Liebe zu Gott, obwohl unser Verhalten unseren Liebesbeteuerungen oft widerspricht. Beim Erretter war es anders. Seine Liebe zum Vater war beständig, vollkommen und echt. Dennoch lesen wir im ganzen Evangelium nur ein einziges Mal davon, dass unser Herr gesagt hat: »Ich liebe den Vater.« Und dieses eine Mal ist hier. Das ist von Bedeutung. Denn nun war der Zeitpunkt gekommen, wo er der Welt und vor dem Himmel, der Erde und der Hölle zeigen musste, dass seine Liebe zum Vater vollkommen und unerschütterlich war.

Eva war im Garten Eden von all den Freuden umgeben, die Gott in seinem schöpferischen Einfallsreichtum und in seiner Liebe gegeben hat. Dort wurde sie zu dem Denken irregeführt, dass Gott gegen sie war. Sie wählte die verbotene Frucht statt Gott und sein Wort. Sie liebte sich und die Welt mehr als den Vater. Nun traf unser Herr auf Satan, den Fürsten dieser Welt, der seine gesamte boshafte Macht einsetzen wollte, um Christus alles zu nehmen, bis zum letzten Stofffetzen. Und er wollte ihm all das zufügen, das er niemals verdiente – die Schmerzen und Qualen auf Golgatha, die Christus hätte vermeiden können, wenn er nur die Liebe zum Vater aufgegeben hätte. Aber der Fürst dieser Welt hatte nichts in Christus – keine Sünde, keine Schwachheit war in Christus, die den Schmeicheleien oder Anfeindungen Satans nachgab. Christus würde dem gesamten Universum zeigen, was er über den Vater dachte. Als er vor der Wahl stand zwischen den Königreichen dieser Welt mit all ihrer Pracht in Verbindung mit Untreue zum Vater einerseits und der

Treue gegenüber dem Vater gemeinsam mit all den Qualen, die diese Welt zufügt, andererseits, wählte er das Zweite. Seine Liebe zum Vater war unerschütterlich und unerschüttert.

Das ist Heiligkeit, und uns wird mit einem Mal bewusst, dass unser Herr, der uns bisher durch Gegenstandslektionen und Veranschaulichungen Heiligkeit gelehrt hat, kein bloßer Theoretiker und auch nicht nur irgendein von Gott befähigter Lehrer war. Er war die wahre Heiligkeit in Person. Wir haben früher gesehen, als wir betrachteten, wie unser Herr den Bissen an Judas reichte, dass wahre Heiligkeit nicht einfach im Halten von Regeln und Bestimmungen liegt. Wahre Heiligkeit ist die Hingabe des Herzens an Gott. Hier wird diese Heiligkeit in ihrer höchsten Herrlichkeit und ihrer Ehrfurcht gebietenden Großartigkeit vor unseren Augen dargestellt. Unser Herr lehrte nicht das eine und tat etwas anderes. Er war das, was er lehrte. Er tat das, wozu er seine Jünger ermahnte. Eines Tages wird unsere immer noch so unvollkommene Liebe vollkommen sein. Aber in der Zwischenzeit wird unsere Hoffnung, jemals vollkommen heilig zu sein, in ihm gefunden, der uns liebte, wie der Vater ihn liebte. In ihm, der uns liebte, als wir, anders als er, noch fehlerhaft und nicht liebenswert waren. Er wird uns auch nicht gehen lassen, bis seine Liebe uns zu dem gemacht hat, wozu er uns bestimmt hat.

Vor der allerersten Schulstunde und bevor der Herr seine Lektionen über Heiligkeit begann, schilderte uns Johannes kurz den Hintergrund der Umstände und der Haltung unseres Herrn gegenüber seinen Jüngern und seinem Lehren: *»... da er die Seinen, die in der Welt waren, geliebt hatte, liebte er sie bis ans Ende«* (Johannes 13,1). Und wenn wir nun anfangen zu verstehen, was diese heilige Liebe für ihn beinhaltete, können wir anfangen, die Vollkommenheit seines treuen Abschieds besser zu verstehen: *»Frieden lasse ich euch, meinen Frieden gebe ich euch; nicht wie die Welt gibt, gebe ich euch. Euer Herz werde nicht bestürzt, sei auch nicht furchtsam«* (V. 27). Denn eines Tages wird sein Sieg vollständig der unsere sein.

16. Pause

Die Hälfte des Unterrichts liegt bereits hinter uns. Auf die Anweisung des Meisters *»Steht auf, lasst uns von hier weggehen!«* (V. 31) hin erhoben sich die Jünger und gingen auf die Tür zu. Es wird einige Zeit verstreichen, bis einer nach dem anderen den Raum verlässt, die Steinstufen in die Nacht hinuntersteigt, und sie sich unten wieder als Gruppe um den Herrn sammeln auf ihrem Weg nach Gethsemane, bereit für die Lektionen, aus denen die zweite Hälfte des Kurses bestehen wird. Wir wollen die Pause nutzen, um den bisherigen Stoff zu wiederholen und einen Blick auf den vor uns liegenden Stoff zu werfen.

Die erste Hälfte des Kurses besteht aus drei Hauptteilen:

1. das vorgelebte Gleichnis der Fußwaschung;
2. das Aufdecken des Verrats durch Judas;
3. die Ankündigung von Christi Fortgehen, dessen Ziel und Auswirkungen.

Wir werden sehen, dass der zweite Teil ebenfalls aus drei Teilen besteht:

1. das Gleichnis vom Weinstock und den Reben;
2. das Aufdecken des Hasses der Welt;
3. die Ankündigung von Christi Fortgehen, dessen Notwendigkeit und Auswirkungen.

Somit haben die beiden Kursteile dieselbe äußerliche Struktur:

Kapitel 13–14
I. Das vorgelebte Gleichnis der Fußwaschung (13,1-20)
II. Christus deckt den Verrat durch Judas auf (13,21-32)
III. Christi Fortgehen (13,33–14,31)

Kapitel 15–16
I. Das Gleichnis vom Weinstock und den Reben (15,1-17)
II. Christus deckt den Hass der Welt auf (15,18-27)
III. Christi Fortgehen (16,1-33)

Parallelen zwischen den beiden Abschnitten

Kapitel 13–14	**Kapitel 15–16**
I. Das Gleichnis der Fußwaschung	**I. Das Gleichnis vom Weinstock und den Reben**
A. *Die Waschung selbst* (13,1-11) Wer gebadet ist, hat nicht nötig, sich zu waschen, ausgenommen die Füße, sondern ist ganz rein; und ihr seid rein, aber nicht alle. Denn er kannte den, der ihn überliefern würde; darum sagte er: Ihr seid nicht alle rein.	A. *Ich bin der wahre Weinstock, und mein Vater ist der Weingärtner … bleibt in mir* (15,1-8) Jede [Rebe], die Frucht bringt, die reinigt er, damit sie mehr Frucht bringe. Ihr seid schon rein um des Wortes willen, das ich zu euch geredet habe. Bleibt in mir … Wenn jemand nicht in mir bleibt, wird er hinausgeworfen wie die Rebe und verdorrt; und man sammelt sie und wirft sie ins Feuer …
B. *Die Bedeutung der Fußwaschung* (13,12-20)	B. *Die Ermahnung zur Liebe* (15,9-17)
1. Denn ich habe euch ein Beispiel gegeben, damit, wie ich euch getan habe, auch ihr tut.	1. Dies ist mein Gebot, dass ihr einander liebet, wie ich euch geliebt habe.
2. Ich rede nicht von euch allen, ich weiß, welche ich auserwählt habe.	2. Ihr habt nicht mich auserwählt, sondern ich habe euch auserwählt und euch dazu bestimmt…
II. Christus deckt den Verrat durch Judas auf	**II. Christus deckt den Hass der Welt auf**
A. *Das Aufdecken* (13,21-30) Einer von euch wird mich überliefern … wer ist es? … Der ist es, dem ich den Bissen, wenn ich ihn eingetaucht habe, geben werde. Als er nun den Bissen eingetaucht hatte, gibt er ihn Judas … Als er nun den Bissen genommen hatte, ging er sogleich hinaus.	A. *Das Aufdecken* (15,18-25) Wenn ich nicht gekommen wäre und zu ihnen geredet hätte, so hätten sie keine Sünde; jetzt aber haben sie keinen Vorwand für ihre Sünde … Wenn ich nicht die Werke unter ihnen getan hätte, die kein anderer getan hat, so hätten sie keine Sünde; jetzt aber haben sie gesehen und doch gehasst sowohl mich als auch meinen Vater … Sie haben mich ohne Ursache gehasst.

B. *Die Antwort Gottes* (13,31-32) Jetzt ist der Sohn des Menschen verherrlicht, und Gott ist verherrlicht in ihm. Wenn Gott verherrlicht ist in ihm, wird auch Gott ihn verherrlichen in sich selbst, und sogleich wird er ihn verherrlichen.	B. *Die Antwort Gottes* (15,26-27) Wenn aber der Sachwalter gekommen ist, den ich euch von dem Vater senden werde, der Geist der Wahrheit, der von dem Vater ausgeht, so wird er von mir zeugen.
III. Christi Fortgehen	**III. Christi Fortgehen**
A. *Dessen Notwendigkeit und Ziel* (13,33–14,17)	A. *Dessen Notwendigkeit und Ziel* (16,1-15)
1. Noch eine kleine Zeit bin ich bei euch … Wohin ich gehe, dahin kannst du mir jetzt nicht folgen … Herr, warum kann ich dir jetzt nicht folgen? Mein Leben will ich für dich lassen. Jesus antwortet: … der Hahn wird nicht krähen, bis du mich dreimal verleugnet hast (13,36-38).	1. Dies habe ich zu euch geredet, damit ihr nicht Anstoß nehmt … Es kommt aber die Stunde, dass jeder, der euch tötet, meinen wird, Gott einen Dienst zu erweisen. Und dies werden sie tun, weil sie weder den Vater noch mich erkannt haben … Dies aber habe ich zu euch geredet, damit, wenn die Stunde gekommen ist, ihr euch daran erinnert, dass ich es euch gesagt habe (16,1-4).
2. Simon Petrus spricht zu ihm: Herr, wohin gehst du? Jesus antwortete ihm: Wohin ich gehe, dahin kannst du mir jetzt nicht folgen; du wirst mir aber später folgen … Euer Herz werde nicht bestürzt … In dem Haus meines Vaters sind viele Wohnungen … ich gehe hin, euch eine Stätte zu bereiten … so komme ich wieder und werde euch zu mir nehmen, damit, wo ich bin, auch ihr seiet (13,36–14,3).	2. Dies aber habe ich euch von Anfang an nicht gesagt, weil ich bei euch war. Jetzt aber gehe ich hin zu dem, der mich gesandt hat, und niemand von euch fragt mich: Wohin gehst du? Doch weil ich dies zu euch geredet habe, hat Traurigkeit euer Herz erfüllt (16,4-6).

3. Ich werde den Vater bitten, und er wird euch einen anderen Sachwalter geben, dass er bei euch sei in Ewigkeit, den Geist der Wahrheit, den die Welt nicht empfangen kann, weil sie ihn nicht sieht noch ihn kennt. Ihr kennt ihn, denn er bleibt bei euch und wird in euch sein (14,16.17).	3. Wenn ich nicht weggehe, wird der Sachwalter nicht zu euch kommen; wenn ich aber hingehe, werde ich ihn zu euch senden. Und wenn er gekommen ist, wird er die Welt überführen von Sünde und von Gerechtigkeit und von Gericht … Er wird mich verherrlichen (16,7-15).
B. *Das Problem wegen der »kleinen Zeit«* (14,18-24)	B. *Das Problem wegen der »kleinen Zeit«* (16,16-24)
1. Noch eine kleine Zeit, und die Welt sieht mich nicht mehr; ihr aber seht mich: Weil ich lebe, werdet auch ihr leben … wer aber mich liebt, wird von meinem Vater geliebt werden; und ich werde ihn lieben und mich selbst ihm offenbaren (14,19-21).	1. Eine kleine Zeit, und ihr schaut mich nicht mehr, und wieder eine kleine Zeit, und ihr werdet mich sehen (16,16).
2. Judas, nicht der Iskariot, spricht zu ihm: Herr, und was ist geschehen, dass du dich selbst uns offenbaren willst und nicht der Welt? (14,22).	2. Einige von seinen Jüngern sprachen … Was ist dies … Eine kleine Zeit, und ihr schaut mich nicht, und wieder eine kleine Zeit, und ihr werdet mich sehen …? Wir wissen nicht, was er sagt (16,17.18).
3. Jesus antwortete und sprach zu ihm: Wenn jemand mich liebt, wird er mein Wort halten, und mein Vater wird ihn lieben, und wir werden zu ihm kommen und Wohnung bei ihm machen (14,23).	3. Jesus … sprach …: … dass ihr weinen und wehklagen werdet, aber die Welt wird sich freuen … Auch ihr nun habt jetzt zwar Traurigkeit; aber ich werde euch wiedersehen, und euer Herz wird sich freuen, und eure Freude nimmt niemand von euch (16,19-22).

C. *Abschließende Zusammenfassung und Erläuterung* (14,25-31)	C. *Abschließende Zusammenfassung und Erläuterung* (16,25-33)
1. Dies habe ich zu euch geredet, während ich bei euch bin. Der Sachwalter aber … wird euch alles lehren und euch an alles erinnern, was ich euch gesagt habe (14,25.26).	1. Dies habe ich in Gleichnissen zu euch geredet; es kommt die Stunde, da ich nicht mehr in Gleichnissen zu euch reden, sondern euch offen von dem Vater verkündigen werde (16,25).
2. Ihr habt gehört, dass ich euch gesagt habe: Ich gehe hin, und ich komme zu euch. Wenn ihr mich liebtet, würdet ihr euch freuen, dass ich zum Vater gehe, denn der Vater ist größer als ich. Und jetzt habe ich es euch gesagt, ehe es geschieht, damit, wenn es geschieht, ihr glaubt (14,28.29).	2. Ich bin von dem Vater ausgegangen und bin in die Welt gekommen; wiederum verlasse ich die Welt und gehe zum Vater. Seine Jünger sprechen zu ihm: Siehe, jetzt redest du offen … Jesus antwortete ihnen: Glaubt ihr jetzt? (16,28-31).
3. Frieden lasse ich euch, meinen Frieden gebe ich euch; nicht wie die Welt gibt, gebe ich euch. Euer Herz werde nicht bestürzt, sei auch nicht furchtsam (14,27).	3. Dies habe ich zu euch geredet, damit ihr in mir Frieden habt. In der Welt habt ihr Bedrängnis; aber seid guten Mutes, ich habe die Welt überwunden (16,33).

Aber sie haben nicht nur dieselbe Struktur, sondern durchgängig eine detaillierte Ähnlichkeit der Themen, jedoch finden sich auch viele klare Gegensätze (siehe Tabelle Seite 134–137).

Die Bedeutung dieser Parallelen

Unsere erste Reaktion auf diese zahlreichen Ähnlichkeiten zwischen Kapitel 13 und 14 mit 15 und 16 soll sicherlich Erleichterung sein. Viele der Grundprinzipien, die wir in den ersten beiden Kapiteln gesehen haben, werden in den zweiten beiden wiederholt. Und da wir uns bereits damit auseinandergesetzt haben, werden wir es leichter verstehen, wenn wir ihnen nochmals begegnen.

Auf der einen Seite sind die Kapitel 15 und 16 den Kapiteln 13 und 14 sehr ähnlich, doch sind sie keine Wiederholung. Die linke Hand des menschlichen Körpers ist der rechten sehr ähnlich, aber sie ist nicht einfach eine zweite rechte Hand. Sie wurde erschaffen, um die rechte Hand zu ergänzen. Deshalb ist sie sowohl ihre Entsprechung als auch ihr Gegenstück. Und in wesentlicher Hinsicht ist sie völlig verschieden zur rechten Hand. Der Körper hat zwei Augen, zwei Arme, zwei Beine, um ausgeglichen und leistungsfähig zu sein. Außerdem gewährt uns die Tatsache, dass wir zwei statt nur ein Auge haben, einen wichtigen Vorteil: Wir können Tiefe und Entfernung besser einschätzen. Und durch zwei Ohren können wir genauer einschätzen, aus welcher Richtung ein Geräusch kommt.

Die Grundprinzipien der Heiligkeit sind durchgängig dieselben: Deshalb gibt es die Ähnlichkeiten zwischen den beiden Kursteilen. Auf der anderen Seite ist der zweite Teil nicht einfach eine Wiederholung des ersten. Er ist dessen Ergänzung. Es gibt zwei Seiten der Heiligkeit, in vielerlei Hinsicht gleich, in anderer Hinsicht ziemlich unterschiedlich. Und beide sind notwendig, wenn unsere Heiligkeit zufriedenstellend, ausgeglichen und vollständig sein soll. Deshalb hat der Kurs zwangsläufig zwei Teile. Und deshalb mussten die beiden Teile an unterschiedlichen Orten gelehrt werden: einer im Gastzimmer, der andere draußen.

Außerdem werden die Ähnlichkeiten und Unterschiede zwischen den beiden Kursteilen nützliche Fragen aufwerfen.

Warum wird beispielsweise die Reinigung des Gläubigen in Verbindung mit dem Gleichnis vom Weinstock und den Reben erneut aufgegriffen, wenn es bereits im vorgelebten Gleichnis der Fußwaschung behandelt wurde – und zwar vollständig und hinlänglich? Sind die beiden Reinigungen dasselbe? Fügt die Reinigung in Kapitel 15 der von Kapitel 13 etwas hinzu?

Oder: Der Grund in Kapitel 14, warum unser Herr gehen muss, ist relativ leicht zu verstehen: Er muss gehen, um einen Ort im Vaterhaus für uns zu bereiten. Aber der Grund in Kapitel 16 ist ein anderer: Er muss gehen, da sonst der Beistand nicht kommen wird. Aber warum ist das so?

Und um noch eine Frage zu stellen: Wie kann unser Herr in Johannes 16,5 sagen: *»Jetzt aber gehe ich hin zu dem, der mich gesandt hat, und niemand von euch fragt mich: Wohin gehst du?«*, wenn in Johannes 13,36 Petrus ausdrücklich gefragt hat: *»Herr, wohin gehst du?«*

Aber genug fürs Erste. Der Kurzüberblick über Kapitel 15 und 16 hat uns gezeigt, dass wir bei den Lektionen über diese beiden Kapitel beständig vergleichen und die Inhalte dem gegenüberstellen müssen, was wir in den Kapiteln 13 und 14 gelernt haben. Wenn wir das verstanden haben, sind wir bereit, uns dem Herrn und seinen Aposteln wieder anzuschließen, wenn die zweite Hälfte des Kurses über Heiligkeit beginnt.

Der Kurs: Teil II

A. Heiligkeit, über die sich Gott und Menschen von Herzen freuen

Vorschau

Im ersten Teil des Kurses haben wir gelernt, dass das innere Geheimnis wahrer Heiligkeit ein hingegebenes Herz gegenüber dem dreieinen Gott ist.

In diesem zweiten Teil werden wir sehen, dass wahre Heiligkeit erfordert, dass der Gläubige öffentlich Gott bekennt und das Evangelium verkündet in einer feindlichen Welt, die sowohl den Vater als auch den Sohn hasst.

Dieses Bekenntnis muss aus zwei Teilen bestehen. Zuerst ist es das Bekenntnis einer barmherzigen, christusähnlichen Handlungs- und Lebensweise, die der Welt zeigt, wie Gott ist, damit die Menschen *»eure guten Werke sehen und euren Vater, der in den Himmeln ist, verherrlichen«* (Matthäus 5,16).

Zweitens ist es das Bekenntnis des gesprochenen Wortes im persönlichen Gespräch, in der öffentlichen Verkündigung und im geschriebenen Wort, um mit allen zur Verfügung stehenden Möglichkeiten den Menschen jedes Alters, jeder Art, jeder Rasse und jeder Nationalität die wunderbare Botschaft Christi zu verkündigen.

Das ist eine enorme Verantwortung für die Gläubigen. Aber in diesen Kapiteln wird Christus seine Grundausstattung für seine Jünger erklären sowie die Mittel, die er ihnen beständig zugänglich macht, sodass sie dieser zweifachen Verantwortung auch wirklich und erfolgreich nachkommen können.

Diese Grundausstattung ist kurz zusammengefasst: Die Hauptverantwortung, die Initiative und die notwendigen Mittel für dieses weltweite Zeugnis liegen alle beim Vater, beim Sohn und beim Heiligen Geist. Christus ist der Weinstock, durch den Gottes Wesen, Kraft und Gnade gegenüber der Welt zum Ausdruck kommt. Die Gläubigen sind nur Reben am Weinstock, Kanäle der von Gott kommenden Segnungen. Diese Reben werden vom Vater gepflegt und vom Heiligen Geist geleitet.

17. Eine Metapher und ihr Hintergrund

Ich bin der wahre Weinstock … Johannes 15,1

Wir schließen uns nun für die zweite Hälfte des Kurses über Heiligkeit wieder Christus und seinen Jüngern an. Wie bereits früher festgestellt, gibt es zwei Seiten der Heiligkeit. Die eine Seite hörten die Jünger in der Vertrautheit des Gastzimmers mit dem sanften, gemütlichen Schein der Öllampen und der geheiligten Atmosphäre des Passahmahls. Dort lernten sie die wahre und absolut notwendige Grundlage der Heiligkeit: die unwiederholbare Waschung der Wiedergeburt und die darauf folgende beständige Reinigung der Füße. Dort wurde ihnen auch anschaulich gezeigt, worin wahre Heiligkeit besteht: Hingabe gegenüber dem dreieinen Gott. Sie hatten dann erkannt, dass der Vater im Erretter wohnte und somit bei ihnen am Tisch im Gastzimmer gegenwärtig war. Und sie hatten erkannt, dass der Vater bereit war, auch in ihre Herzen zu kommen und dort Wohnung zu nehmen. Diese Erkenntnis muss für sie so gewesen sein, als ob die Herrlichkeit des Himmels sie umgab, sie mit ihrem geliebten Herrn einschloss, sodass sie für den Augenblick abgeschieden waren von der finsteren und feindlichen Welt außerhalb. Sie wären gern für immer dort geblieben. War denn diese heilige Gemeinschaft mit dem Herrn nicht nur das Herzstück, sondern die Gesamtsumme aller wahren Heiligkeit?

Nein! Das ist nur die eine Hälfte. Es gibt eine zweite, völlig andere Seite der Heiligung. Sie mussten geistlich und körperlich in eine völlig andere Atmosphäre gebracht werden, um diese andere Seite zu lernen. Christus sagte: *»Steht auf, lasst uns von hier weggehen!«* (Johannes 14,31). Wir können nicht sicher sagen, ob sie genau in diesem Augenblick aufstanden, das Gastzimmer verließen und über die Steinstufen in die Straßen der Stadt hinunterstiegen. Es ist auch möglich, dass sie nach der Aufforderung *»Steht auf, lasst uns von hier weggehen«* weiter im Gastzimmer blieben, bis die restlichen Lektionen beendet waren, und sie dann das Gastzimmer verließen. Allerdings ist dies sehr viel unwahrscheinlicher. Aber wir können mit Sicherheit sagen: Die Aufforderung, aufzustehen und das Gastzimmer zu verlassen, hat ihre Aufmerksamkeit vom gemütlichen Gastzimmer hinaus in die Realität der Welt gezogen. Dort war die kühle Nachtluft angefüllt mit den mörderischen Absichten der Priester. Und irgendwo im Schatten lauerte der Verräter, getrieben von den satanischen Mächten der Hölle. Nun mussten sie erkennen, dass wahre Heiligkeit nicht nur Hingabe gegenüber dem dreieinen Gott bedeutet, sondern dazu auch gehört, den Vater und den Sohn zu bezeugen und zu verkündigen. Und sie mussten begreifen, dass dieses Zeugnis nicht einfach in der warmen und sicheren Abgeschiedenheit des Gastzimmers stattfinden konnte, wo alle Herzen einmütig in Treue gegenüber dem Erretter schlugen, sondern in der Welt, deren Straßen voller Feindschaft gegenüber dem Sohn Gottes waren.

Die zweite Hälfte des Kurses beginnt mit dieser einfachen, aber eindringlichen Lektion, auch für uns: Die Heiligkeit hat zwei Seiten, und beide Seiten sind notwendig. Eine ohne die andere ist kraftlos und unzureichend. Öffentliches Zeugnis für den Herrn, das nicht auf persönliche Hingabe ihm gegenüber gegründet ist, entbehrt der notwendigen Grundlage. Persönliche Hingabe dem Herrn gegenüber, die sich nicht im öffentlichen Zeugnis ausdrückt, ist entstellt und unausgewogen. Auch heute noch sollten wir neben unserer persönlichen Andacht und zwischen den Gemeindezusammenkünften von Zeit zu Zeit die Herausforderung unseres Herrn hören: *»Steht auf, lasst uns von hier weggehen!«* (Johannes 14,31).

Hören wir, wie unser Herr den zweiten Teil seines Kurses über Heiligkeit beginnt: *»Ich bin der wahre Weinstock«* (V. 1).

Um diese offensichtliche Metapher zu verstehen, müssen wir zuerst ein wenig im Alten Testament forschen. Die Metapher hat Gott selbst Jahrhunderte vorher verwendet, um seine Absichten zu erklären, die er mit der Erwählung des Volkes Israel als seine besonderen Repräsentanten auf der Erde hatte. Nachfolgend ein typischer alttestamentlicher Abschnitt:

»Nun will ich singen von meinem Geliebten, ein Lied meines Lieben von seinem Weinberg: Mein Geliebter hatte einen Weinberg auf einem fruchtbaren Hügel. Und er grub ihn um und säuberte ihn von Steinen und bepflanzte ihn mit Edelreben; und er baute einen Turm in seine Mitte und hieb auch eine Kelter darin aus; und er erwartete, dass er Trauben brächte, aber er brachte schlechte Beeren. Nun denn, Bewohner von Jerusalem und Männer von Juda, richtet doch zwischen mir und meinem Weinberg! Was war noch an meinem Weinberg zu tun, das ich nicht an ihm getan habe? Warum habe ich erwartet, dass er Trauben brächte, und er brachte schlechte Beeren? Nun, so will ich euch denn kundtun, was ich meinem Weinberg tun will: seinen Zaun wegnehmen, dass er abgeweidet wird, seine Mauer niederreißen, dass er zertreten wird. Und ich werde ihn zugrunde richten; er soll weder beschnitten noch behackt werden, und Dornen und Disteln sollen in ihm aufschießen; und ich will den Wolken gebieten, dass sie keinen Regen auf ihn fallen lassen. Denn der Weinberg des HERRN der Heerscharen ist das Haus Israel, und die Männer von Juda sind die Pflanzung seines Ergötzens; und er wartete auf Recht, und siehe da: Blutvergießen, auf Gerechtigkeit, und siehe da: Wehgeschrei« (Jesaja 5,1-7).

Dieser Abschnitt handelt von Gottes Pflege Israels, wie ein Landwirt einen Weinstock pflegt, um Trauben zu ernten. Die Ereignisse, auf die sich diese Verse beziehen, sind folgende: Gott hatte Israel von der Sklaverei in Ägypten befreit, indem er das

Volk seine befreiende Macht erleben ließ. Er hatte die Israeliten auf der Wüstenreise versorgt, indem er täglich Manna, die Speise der Engel, auf sie herabregnen ließ. In seiner Gnade hatte er sie aufgefordert, die Stiftshütte zu bauen. Diese sollte wunderschön und farbenprächtig sein, die goldene Ausstattung sollte leuchten, damit Gottes Herrlichkeit auf sie kam und unter ihnen wohnte. Er hatte ihnen sein heiliges Gesetz gegeben, das ihre Gedanken durchdringen und ihr Verhalten lenken sollte. Dadurch sollte die Schönheit ihrer Handlungsweise und die Fülle ihrer Erfahrung hell leuchten als Gegensatz zu den unreinen Unsittlichkeiten und dem völlig widersinnigen und schamlosen Götzendienst der Heiden. Dann pflanzte er Israel als Weinstock in das Land Kanaan ein, schützte es mit der Mauer seiner Gegenwart und Macht, ernährte sein Volk beständig mit seinen anhaltenden Segnungen. Für all diesen Einsatz in Israel erwartete Gott viele gute Trauben. Das bedeutet: Gott erwartete, dass die Israeliten einander in ihrem täglichen Umgang dieselbe Gerechtigkeit, Güte und Barmherzigkeit entgegenbrachten wie er ihnen gegenüber. Er hatte sie aus der Sklaverei befreit: Sie sollten deshalb ihren Arbeitern gegenüber barmherzig sein und ihnen einen freien Tag pro Woche zum Ausruhen geben. Im Allgemeinen sollten sie alle Menschen gerecht und barmherzig behandeln. Dadurch sollten Menschen, die mit Israel in geschäftlichen, sozialen und politischen Beziehungen standen, das Wesen des Gottes Israels erkennen. Sie sollten schmecken und erkennen, dass der Herr gnädig ist. Sie sollten erfrischt und erfreut werden wie ein durstiger Mann, der die köstlichen Trauben von einem Weinstock pflückt und schmeckt und dann Gott dankt, dessen Schöpfergeist sich den Weinstock und seine Trauben ausgedacht hat.

Zusätzlich ließ Gott besondere Propheten in Israel aufstehen, damit Menschen Gottes Wesen erkennen konnten. Und das nicht nur dadurch, dass sie das Verhalten der Israeliten sahen, sondern auch dadurch, dass sie Gottes offenbarende Worte von seinen inspirierten Botschaftern hörten oder sie im Alten Testament (wie wir es heute nennen) lasen.

Wie gut hat das funktioniert? Man muss sagen: Stellenweise war es erfolgreich. Auch heute noch können wir zu diesem alten Weinstock und den Trauben, die unter den hervorstehenden Zweigen wachsen, kommen und an ihnen die Herrlichkeit Gottes schmecken. Wir können das Verhalten von einer demütigen Frau wie Hanna beobachten (1. Samuel 1–2). Oder wir können König Davids Gedicht lesen: »*Glückselig der, dessen Übertretung vergeben, dessen Sünde zugedeckt ist! Glückselig der Mensch, dem der HERR die Ungerechtigkeit nicht zurechnet und in dessen Geist kein Trug ist!*« (Psalm 32,1.2). Diese herrlichen Trauben wuchsen aus Davids persönlicher Erfahrung von Gottes gnädiger Vergebung seiner eigenen schmerzlichen und schändlichen Sünde heraus. Diese Vergebung hat David nicht nur wieder zur Freude über Gottes Errettung verholfen, sondern zu unendlicher Erleichterung und tiefer Zufriedenheit geführt bei Millionen Menschen, die seinen Psalm später gelesen, in ihm die Worte des lebendigen Gottes gehört und Gottes Gnade persönlich erfahren haben.

Wie viele Tausende haben sich auf ähnliche Weise an der Traube erfreut, die Gott durch den Dienst seines Knechtes Jesaja am Weinstock Israels wachsen ließ. Schuldbeladene Herzen haben die Worte entdeckt: »*Wir alle irrten umher wie Schafe, wir wandten uns jeder auf seinen Weg; und der HERR hat ihn treffen lassen unser aller Ungerechtigkeit*« (Jesaja 53,6). Und durch diese Worte wurden sie auf den wahren Weinstock hingewiesen und konnten Wein und Milch ohne Geld und ohne Kaufpreis kaufen und zufrieden sein (s. Jesaja 55,1.2).

Müde Diener des Herrn kamen in ihrer Kraftlosigkeit zu einer anderen Traube an Jesajas Weinstock: »*… die auf den HERRN harren, gewinnen neue Kraft: Sie heben die Schwingen empor wie die Adler; sie laufen und ermatten nicht, sie gehen und ermüden nicht*« (Jesaja 40,31). Sie haben gemerkt, dass diese

Worte nicht von einem Theoretiker geschrieben wurden. Jesaja war berufen zu einem langen und mühsamen Dienst für Gott. Er sah nach einigen Jahren, wie ihm immer weniger Menschen zuhörten und immer mehr von Gott abfielen (Jesaja 6,9-13). Er hätte deshalb äußerst entmutigt sein können, und es wäre verständlich gewesen, wenn er seinen Dienst an den Nagel gehängt hätte. Aber er war eine Traube, deren Quelle der lebendige, unerschöpfliche und unermüdliche Gott war. Und trotz all dieser Entmutigungen wuchs er zu einer Traube heran, die in den nachfolgenden Jahrhunderten Tausende von Gottes Dienern erfrischt und neu belebt hat.

Es gibt viele solcher Trauben an diesem alten Weinstock, große und kleine, inspirierte Propheten und gewöhnliche Israeliten. Auch in den Tagen unseres Herrn gab es einige solcher Trauben. Einige davon waren sehr bekannt wie zum Beispiel Johannes der Täufer. Einige andere Trauben waren weniger bekannt, aber ebenso wertvoll wie zum Beispiel Maria und Martha, Hanna und Simeon, die beständig Frucht zu Gottes Freude und zum Segen der Menschen brachten.

Doch die traurige Tatsache ist, dass Israel als Ganzes sich als Enttäuschung erwies. Und diese Aussage ist nicht eine Form von Antisemitismus. Gott selbst musste in den Tagen Jesajas beklagen: *»Warum habe ich erwartet, dass er Trauben brächte, und er brachte schlechte Beeren? … Denn der Weinberg des HERRN der Heerscharen ist das Haus Israel, und die Männer von Juda sind die Pflanzung seines Ergötzens; und er wartete auf Recht, und siehe da: Blutvergießen, auf Gerechtigkeit, und siehe da: Wehgeschrei«* (Jesaja 5,4.7). Ihre religiösen rituellen Opfer und Tempelopfer sind zu einer heiligen Heuchelei geworden. Ihr Umgang war voller Lügen und Betrug, herzloser Ausbeutung und rücksichtsloser Unterdrückung der Armen. Ihr Familienleben und ihr soziales Leben war verdorben durch Unglauben, Unmoral und Tötung der Kinder. Eine solche Missdeutung von Gottes Wesen aufseiten der Israeliten in den Tagen Jesajas rief Gottes zornige

Reaktion hervor: »*Nun, so will ich euch denn kundtun, was ich meinem Weinberg tun will: seinen Zaun wegnehmen, dass er abgeweidet wird, seine Mauer niederreißen, dass er zertreten wird. Und ich werde ihn zugrunde richten; er soll weder beschnitten noch behackt werden, und Dornen und Disteln sollen in ihm aufschießen; und ich will den Wolken gebieten, dass sie keinen Regen auf ihn fallen lassen*« (Jesaja 5,5.6).

Der wahre Weinstock

Doch in der ganzen Geschichte Israels – und der Welt – standen die Dinge niemals so schlimm wie damals, als Jesus mit seinen Jüngern das Gastzimmer verließ, um nach Gethsemane und ans Kreuz zu gehen. Der Himmel sollte Zeuge der abscheulichsten Unterdrückung werden, die Israel jemals verübt hat, und den schrecklichsten Schrei hören, den Israel jemals aus einem Unschuldigen herausgepresst hat. Der Eigentümer des Weinbergs Israel hatte seinen einzigen Sohn gesandt, um die Früchte zu sammeln, die ihm zustanden. Und die Weingärtner des Weinbergs wollten genau diesen einzigen Sohn greifen, ihn aus dem Weinberg stoßen und umbringen (s. Lukas 20,9-18).

Wie wird der Eigentümer darauf reagieren? Das ganze Vorhaben mit den Trauben aufgeben? Nein, alles andere als das! Lieber den Anbau von mehr und noch süßeren Trauben angehen, nicht nur in Israel, sondern auf der ganzen Erde. Aber – und das ist das Geheimnis – durch einen völlig anderen Weinstock und eine völlig andere Art der Bepflanzung und Gewinnung.

Jetzt sagt vielleicht jemand: »Ja, das stimmt. Gott setzt nun Israel als seinen Weinstock beiseite, und die christliche Gemeinde nimmt dessen Platz ein als neuer und besserer Weinstock.«

Nein, keinesfalls! Wenn Israel trotz der vielen inspirierten Propheten und gottesfürchtigen Heiligen letztlich versagte, wie groß ist die Wahrscheinlichkeit, dass die christliche Gemeinde es besser macht? In Wirklichkeit wurde die unheilige Vermischung von Religion und Politik, die die Menschen oft »Christentum« nennen, oft schlimmer moralischer Verderbtheit, Grausamkeit und Unterdrückung schuldig, mehr als Israel. Nein, Christus sagte nicht: »Israel hat versagt, aber ihr, meine Jünger, müsst versuchen, es besser zu machen.« Wenn man meint, dass Christus dies getan hat, läuft man Gefahr, die Herrlichkeit des Evangeliums der Heiligkeit zu verpassen, das unser Herr in Kürze verkünden wird. Gottes Antwort auf das Versagen Israels war nicht die christliche Gemeinde, sondern Christus. Der Weinstock Israel hatte versagt, aber Christus sagt: *»Ich bin der wahre Weinstock«* (V. 1).

Die Herrlichkeit von Gottes Grundausstattung

Halten wir einen Augenblick inne, um über die Herrlichkeit dieser großartigen Grundausstattung für unsere Heiligkeit nachzudenken. Gott gab Israel ein Gesetz mit klaren Anweisungen, welches Verhalten und welches Zeugnis er von seinem Volk erwartete. Das Gesetz war an sich nicht falsch: Es war heilig, gerecht und gut. Der Grund, warum das Gesetz kaum bewirkte, dass gute Trauben wuchsen, war, wie Paulus es ausdrückt, dass *»es durch das Fleisch kraftlos war«* (Römer 8,3). Israel, gefallene und scheiternde Menschen wie wir alle, hatte nicht die moralische und geistliche Stärke, um das Gesetz von Gottes Maßstäben und Anforderungen auszuführen. Und Christen sind in sich und aus sich selbst heraus nicht besser oder stärker als die Israeliten. Hätte Gott auf dieselbe Art und Weise weitergemacht, wäre das Ergebnis ebenso unbefriedigend geblieben.

Nein, Gott hatte eine neue Methode im Blick. Und das schon vor Grundlegung der Welt. Sie beinhaltete eine völlig neue und andere Art von Weinstock: den Sohn Gottes selbst – gewurzelt (wenn wir eine solche Metapher verwenden dürfen) in der

Dreieinheit, denn er ist Gott und dennoch gleichzeitig wahrer Mensch. Er war und ist und wird für immer vollkommen in der Lage sein, das Wesen von Gott dem Vater sowohl in Taten als auch in Worten auszudrücken, zu Gottes unerschöpflicher Freude und des Menschen unvergänglicher Segnung. Er ist nach seiner eigenen Aussage der wahre Weinstock. Dies ist nicht so gemeint, als wäre Israel ein falscher Weinstock. Christus ist der wahre Weinstock in dem Sinn, dass er der vollkommene und beste Weinstock ist, von dem Israel im besten Fall ein unzureichender Prototyp war (vgl. die Verwendung der Adjektive »wahrhaftig« und »vollkommen« in Hebräer 8,2 und 9,11).

Und Christus, der wahre Weinstock, war auch in anderer Hinsicht völlig neu. Durch den Heiligen Geist wiedergeborene Erlöste konnten nun in ihn eingegliedert werden, wie Reben in einen Weinstock. So konnte sein Leben, seine Gnade und Güte und seine Kraft durch sie fließen und die Frucht des Heiligen Geistes in ihnen hervorbringen – Liebe, Freude, Friede, Langmut, Freundlichkeit, Gütigkeit, Treue, Sanftmut und Enthaltsamkeit.

Das war neu – wunderbar und belebend neu. Obwohl die Heiligen des Alten Testaments gewaltig und großartig waren, sprechen sie in keinem ihrer Berichte über ihre geistlichen Erfahrungen davon, in den Messias eingegliedert worden zu sein. Verständlicherweise. Aber nichts weniger als das ist Gottes Vorsorge für uns, die wir jetzt leben, nach der Fleischwerdung, dem Tod, der Grablegung, Auferstehung und Himmelfahrt des Herrn und dem Kommen des Heiligen Geistes an Pfingsten.

Und so wiederholt sich zu Beginn dieses zweiten Teils des Kurses das Schema des ersten Teils. In Kapitel 13 war die erste Lektion über Heiligkeit nicht die Ermahnung: »Versucht, heilig zu sein«, sondern die Ankündigung von Gottes Vorkehrungen, um uns zu heiligen: das einmalige Bad, die Waschung der Wiedergeburt, nach der der Gläubige nur noch seine Füße waschen muss. Konfrontiert mit unserer Aufgabe, Gott zu bezeugen, werden wir nicht einfach aufgefordert: Versuche, dich gut und rechtschaffen zu verhalten und gütig zu sein, um Gott zu erfreuen und ihn in der Welt wahrhaft darzustellen. Als Erstes beeindruckt uns vielmehr, dass Gott selbst eine großartige Methode verwendet, damit die Welt ihn erkennt. Gott bewirkt dies durch Christus, den wahren und niemals scheiternden Weinstock, in den Gott alle, die an ihn glauben, eingliedert. Durch sie kann Christus sein Leben, sein Wesen und seine Macht ausdrücken, wie ein Weinstock sein Leben und seine Kraft durch seine Reben ausdrückt. Aber dabei ist es offensichtlich, dass der Weinstock die wichtigste und wesentlichste Rolle spielt. Wenn die Reben erst einmal am Weinstock sind, müssen sie nur noch daran bleiben. Dann ist das Hervorbringen von Trauben garantiert – aber nicht aus ihrer eigenen Anstrengung heraus, sondern weil Christi Leben, Gnade und Kraft durch sie wirkt.

Noch einmal: Der hauptsächliche und wichtigste Bestandteil unseres Lebens in Heiligkeit ist nicht das, was wir für Gott tun, sondern das, was er durch Christus in und durch uns tut.

18. Der Weingärtner und die unfruchtbare Rebe

Ich bin der wahre Weinstock, und mein Vater ist der Weingärtner. Jede Rebe an mir, die nicht Frucht bringt, die nimmt er weg; und jede, die Frucht bringt, die reinigt er, damit sie mehr Frucht bringe. Ihr seid schon rein um des Wortes willen, das ich zu euch geredet habe. Bleibt in mir, und ich in euch. Wie die Rebe nicht von sich selbst aus Frucht bringen kann, wenn sie nicht am Weinstock bleibt, so auch ihr nicht, wenn ihr nicht in mir bleibt. Johannes 15,1-4

Beim Weinanbau ist das Geheimnis, wie man gute Trauben hervorbringen kann, mit dem besten Weinstock anzufangen, den man auftreiben kann. Der Weinstock bringt dann Reben hervor, die auf die Kraft und Ressourcen des Weinstocks zurückgreifen und denen so Trauben wachsen. Aber das ist nicht alles, was nötig ist. Man braucht zusätzlich einen erfahrenen und gewissenhaften Weingärtner. Dieser muss beständig ein Auge auf die Reben haben und dafür sorgen, dass sie ihren Teil in diesem Prozess richtig und ertragreich dazutun. Im Besonderen wird er gelegentlich die Reben säubern oder zurückschneiden. Anderenfalls vergeuden sie die Kraft und die Nährstoffe des Weinstocks und leiten sie in Unmengen nutzloser Blätter anstatt in die Trauben.

Dasselbe trifft auf die Vorkehrungen Gottes für seine Gemeinde zu, um die wunderbare Frucht des Geistes hervorzubringen. Es besteht überhaupt kein Zweifel an der makellosen Vortrefflichkeit und den unerschöpflichen Ressourcen Christi, des wahren Weinstocks. Ebenso wenig besteht Zweifel an seinem Vermögen und seiner Bereitschaft, den Gläubigen alle nötige Gnade, Beharrlichkeit und Kraft bereitzustellen, die sie benötigen, um in jedem guten Werk und Wort fruchtbar zu sein. Als Reben müssen sie einzig auf die Ressourcen des Weinstocks zurückgreifen. Das mag sich ziemlich einfach anhören. Aber genau darin liegt ein Problem. Wenn die Gläubigen alleingelassen würden und das Fruchtbringen allein von ihrer Fähigkeit abhinge, auf Christi Ressourcen zurückzugreifen, wäre das Ergebnis sicher enttäuschend. Sie brauchen Hilfe. Gläubige können aus sich heraus ebenso wenig die gute Frucht des Geistes hervorbringen, wie Reben an einem Weinstock gute Trauben hervorbringen können ohne die beständige Pflege durch den Weingärtner.

Aber Gott hat dieses Problem vorhergesehen. Mit großer Erleichterung hören wir nun den Herrn Jesus nicht nur sagen: *»Ich bin der wahre Weinstock«*, sondern auch: *»und mein Vater ist der Weingärtner«* (V. 1). Wir werden nicht alleingelassen, um so gut wie möglich auf die Ressourcen Christi zurückzugreifen. Wir haben natürlich unsere Aufgaben, und diese sind groß und weitreichend. Aber die Hauptverantwortung liegt bei Gott. Es war sein Entschluss, sich selbst, sein Wesen, seine Gnade, seine Errettung durch uns auszudrücken. Er hat uns in Christus gesetzt, *»der uns geworden ist Weisheit von Gott und Gerechtigkeit und Heiligkeit und Erlösung«* (1. Korinther 1,30). Und er ist es, der sich beständig um jede Rebe kümmert, damit sie gesund bleibt und ihre Möglichkeiten ausschöpft, zu wachsen, und vermehrt Frucht hervorbringt. Warum Gott sich dafür entschieden hat, sich in erster Linie durch uns auszudrücken, ist möglicherweise eine nicht zu beantwortende Frage. Doch als er sich dafür entschieden hatte, machte er es nicht zu unserer alleinigen und einer von unserer Kraft abhängigen Aufgabe, sein Ziel zu erreichen.

Ja, wir haben unsere Aufgaben. Und ja, wir können – und leider tun wir es oft – seine Gnade verhindern und die Verwirklichung seines Plans bewusst oder unbewusst behindern und verzögern. Aber er hätte sich niemals diesen Plan ausgedacht oder die Vorkehrungen für dessen Erfüllung entworfen, wenn nicht schon im Voraus klar gewesen wäre, was Paulus uns erklärt: *»... dass der, der ein gutes Werk in euch angefangen hat, es vollenden wird bis auf den Tag Jesu Christi«* (Philipper 1,6).

Die Tätigkeit des Weingärtners und die Verantwortung der Reben

Vier große Aussprüche folgen der Aussage: *»Ich bin der wahre Weinstock, und mein Vater ist der Weingärtner«* (V. 1). Nämlich:

1. 15,2 die unfruchtbaren Reben: *»Jede Rebe an mir, die nicht Frucht bringt, die nimmt er weg«*;
2. 15,2 die fruchtbringenden Reben: *»Jede [Rebe], die Frucht bringt, die reinigt er, damit sie mehr Frucht bringe«*;
3. 15,3 die Bedeutung der Reinigung: *»Ihr seid schon rein um des Wortes willen, das ich zu euch geredet habe«*;
4. 15,4 die Aufgabe der Reben: *»Bleibt in mir, und ich in euch. Wie die Rebe nicht von sich selbst aus Frucht bringen kann, wenn sie nicht am Weinstock bleibt, so auch ihr nicht, wenn ihr nicht in mir bleibt.«*

Wir sehen die Gewichtung: Drei der vier Aussprüche erklären, was der Vater und der Sohn für die Pflege der Reben tun, und nur einer erinnert die Reben an ihre Aufgabe.

Die unfruchtbare Rebe

Es ist sicherlich sehr auffällig, dass das erste Anliegen des Weingärtners in diesem Abschnitt sein Entschluss ist, alle unfruchtbaren Reben zu beseitigen. Aber nach kurzem Nachdenken ist es verständlich. Wenn man einen Weinstock hat, möchte man, dass die Reben Frucht bringen. Eine Weinrebe hat keinen anderen Zweck und keine andere Daseinsberechtigung, als Frucht zu bringen. Gott wies Hesekiel vor langer Zeit darauf hin, dass das Holz einer Weinrebe zu nichts anderem zu gebrauchen ist. Man kann nichts daraus herstellen, nicht einmal einen Pflock, um etwas daranzuhängen (Hesekiel 15,1-5). Gott ist entschlossen, dass jede Rebe an seinem Weinstock die vorgesehene Funktion erfüllen soll, ansonsten …

Aber genau an diesem Punkt müssen wir innehalten, denn die Bedeutung des verwendeten griechischen Wortes, um das Handeln des Weingärtners mit den unfruchtbaren Reben zu beschreiben, ist umstritten. Seine Hauptbedeutung ist »aufheben«, es hat aber je nach Kontext noch verschiedene andere Bedeutungen. Es kann einfach »emporheben« bedeuten, wie beispielsweise in Johannes 11,41: *»Jesus aber hob die Augen empor.«* Oder »nehmen« wie in Matthäus 20,14: *»Nimm das Deine.«* In einem anderen Zusammenhang kann es »aufnehmen und tragen« bedeuten, wie z. B. in Matthäus 11,29: *»Nehmt auf euch mein Joch.«* Oder in einem noch anderen Zusammenhang »aufheben, wegnehmen und vollständig entfernen«, wie z. B. in Lukas 6,29: *»der dir das Oberkleid nimmt«*, oder (im Passiv) in Markus 11,23: *»Werde aufgehoben und ins Meer geworfen.«*

Manche Ausleger haben aufgrund dieser unterschiedlichen Möglichkeiten behauptet, der Weingärtner würde die unfruchtbaren Reben nicht vom Weinstock entfernen, sondern sie anheben und stützen. Sie denken, unser Herr bezieht sich auf eine Methode des Weinanbaus, die heute noch in den Hügeln südlich von Jerusalem im Weinanbau angewandt wird. Um die Früchte der Weinstöcke davor zu schützen, dass sie mit Schlamm angespritzt werden, heben die Weingärtner die Hauptrebe an und legen einige Steine darunter, sodass die dadurch erhöhte Rebe mehr Sonne bekommt und durch den vermiedenen Schmutz die Luft besser zirkulieren kann und die Rebe so mehr und bessere Frucht bringt. Ihrer Meinung nach sagt unser Herr deshalb, dass der Weingärtner, wenn er ein Glied an Christi Leib sieht, das keine Frucht bringt, diese Rebe aufhebt, sie aus dem Schmutz und den schwierigen Umständen nimmt, in die sie sich gebracht hat, und stützt, bis sie erneut beginnt, Frucht hervorzubringen.

Aber es ist sehr unwahrscheinlich, dass sich unser Herr auf diesen Prozess bezieht. In erster Linie deshalb, weil das griechische Wort zwar »aufheben und tragen« bedeuten kann, aber man nicht einfach »aufheben und dann eine Stütze darunterlegen«

daraus machen kann. Zweitens heißt es, dass mit der unfruchtbaren Rebe so gehandelt wird. Es wird mit keiner Silbe erwähnt, dass dies auf eine fruchtbringende Rebe angewandt wird. Im Süden Judäas werden alle Reben in einem Weinberg durch einen Steinhaufen gestützt, nicht einfach nur die unfruchtbaren.

Deshalb kommen wir zurück zu der Interpretation: *»Jede Rebe an mir, die nicht Frucht bringt, die nimmt er* [Gott] *weg.«* Was bedeutet das praktisch?

Kann es den Ausschluss aus der Gemeinde bedeuten? In 1. Korinther 5,2.13 tadelt Paulus die Christen in Korinth, weil es ihnen egal war, dass einer von ihnen, der unbußfertig einer öffentlich bekannten Sünde schuldig war, *»aus eurer Mitte weggetan«* werden sollte (er verwendet dasselbe griechische Wort wie in Johannes 15,2). Bei näherer Betrachtung wird deutlich, dass nicht Gott, sondern die Korinther selbst den Schuldigen aus ihrer Mitte wegtun müssen. *»Tut den Bösen von euch selbst hinaus«* (1. Korinther 5,13; eine stärkere Form desselben griechischen Wortes). Unsere Verse hier scheinen sich nicht auf den Ausschluss aus der Gemeinde zu beziehen.

Kann mit diesem Prozess das gemeint sein, worauf sich der Apostel Paulus in 1. Korinther 11,29.30 bezieht, wo es heißt, dass Gott einen ungehorsamen und unbußfertigen Gläubigen durch körperliche Krankheit oder sogar durch Tod züchtigt? Erneut scheint die Antwort »Nein« zu sein. Denn ein solcher Gläubiger ist, auch wenn er durch den körperlichen Tod aus diesem Leben genommen wird, offensichtlich immer noch ein Gläubiger. Es heißt, dass dieser Mensch nicht mit der Welt verurteilt wird. Und der Gedanke bereitet uns Schwierigkeiten, dass ein Gläubiger, egal wie ungehorsam er wurde, als Rebe bezeichnet werden kann, die überhaupt keine Frucht bringt. Aber genau das sagt unser Herr von der unfruchtbaren Rebe. Seine Formulierung *»die nicht Frucht bringt«* scheint in einem absoluten Sinn gemeint zu sein, denn im nächsten Vers heißt es, dass jede Rebe, die überhaupt Frucht hervorbringt, vom Weingärtner gereinigt wird, sodass sie mehr Frucht bringt. Im Gegensatz dazu wird die Rebe entfernt, die überhaupt keine Frucht bringt. Mit dieser Formulierung wird jemand dargestellt, in dem niemals die Frucht des Geistes zu erkennen war.

Was für ein Mensch ist das? Jakobus, ein Schreiber im Neuen Testament, lässt keinen Zweifel. Wenn jemand behauptet, ein Gläubiger zu sein, und keine Werke als Beweise aufweist, dann ist sein Glaube tot. Das ist kein wahrer Glaube. Seine Behauptung, ein Gläubiger zu sein, ist falsch (s. Jakobus 2,14-26).

Unser Herr sagt an anderer Stelle dasselbe. In der Erklärung seines bekannten Gleichnisses vom Sämann (s. Lukas 8,13-15) weist er darauf hin, dass wahre Gläubige daran zu erkennen sind, dass sie beständig Frucht hervorbringen. Diejenigen, *»die für eine Zeit glauben und in der Zeit der Versuchung abfallen«*, haben keine Wurzeln. Sie hatten niemals welche, und deshalb konnten sie natürlich auch keine Frucht hervorbringen. Sie waren niemals wahre Gläubige.

Und in unserem betrachteten Textzusammenhang in Johannes gibt es einen weiteren Beleg dafür, dass unser Herr einen solchen Menschen meint, wenn er sagt: *»Jede Rebe an mir, die nicht Frucht bringt, die nimmt er [der Weingärtner] weg«* (V. 2). Blättern wir nochmals kurz zum ersten Abschnitt in Kapitel 13 zurück. Unser Herr sagte dort: *»Wer gebadet ist, hat nicht nötig, sich zu waschen, ausgenommen die Füße, sondern ist ganz rein; und ihr seid rein, aber nicht alle.«* Johannes nennt den Grund für diese Ausnahme: *»Denn er kannte den, der ihn überliefern würde; darum sagte er: Ihr seid nicht alle rein«* (Johannes 13,10.11). Wieder zurück zum ersten Abschnitt in Kapitel 15. Auf die Aussage *»jede [Rebe], die Frucht bringt, die reinigt er [der Weingärtner]«* folgt erneut die Bemerkung: *»Ihr seid schon rein«* (V. 2-5). Aber diesmal ohne die Einschränkung *»ihr seid rein, aber nicht alle«*. Und zwar aus dem offensichtlichen Grund: Mittlerweile war Judas Iskariot hinausgegangen. Deshalb konnte unser Herr von den übrigen Elf offen sagen: *»Ihr seid schon rein.«* Vielleicht fällt uns seine Aussage als außergewöhnlich wohlwollend auf: Christus hat bereits darauf hingewiesen, dass Petrus ihn in Kürze verleugnen wird. Und im nächsten Kapitel (Johannes 16,32) wird Christus darauf hinweisen, dass die anderen Zehn ihn in einem Augenblick der Panik im Stich lassen werden.

Aber da gab es einen absoluten Unterschied zwischen ihnen und Judas. So klein ihr Glaube auch war, so war er doch echt. Judas glaubte überhaupt nicht – zu keiner Zeit (Johannes 6,70.71). Die Elf, einschließlich Petrus, hatten Frucht hervorgebracht, wenn gelegentlich auch spärlich. Und der große Weingärtner, der niemals eine Traube verschmähen wird (s. Hebräer 6,10), hat ihre Frucht gesehen. Und er hat sie geduldig gereinigt und zurückgeschnitten, damit sie nun noch mehr Frucht hervorbringen können. Judas hat im Gegensatz dazu niemals Frucht hervorgebracht, denn er war kein Gläubiger, er war nicht wiedergeboren und kein Kind Gottes. Er wurde nicht gereinigt, sondern weggetan.

Jemand sagt nun vielleicht: »Im Gleichnis heißt es von der Rebe, die keine Frucht trägt, ausdrücklich, dass sie am Weinstock ist: *›jede Rebe an* ***mir****, die nicht Frucht bringt‹* (V. 2). Wie kann ein Ungläubiger jemals am Weinstock oder an Christus sein?« Die Antwort lautet: Genauso, wie wir in Johannes 8,30-44 von bestimmten Juden lesen, die an Christus glaubten. Aber als sie beweisen sollten, wahre Jünger Christi zu sein, versagten sie kläglich. Der einzige Beweis, den sie hervorbrachten, offenbarte schließlich, dass sie überhaupt keine Gläubigen waren, sondern Kinder des Teufels. Diese »Gläubigen« wurden aufgefordert, durch Folgendes zu zeigen, dass sie wahre Jünger waren: *»Wenn ihr in meinem Wort bleibt* (dasselbe griechische Wort, das im ganzen Kapitel 15 für das Bleiben am Weinstock verwendet wird), *seid ihr wahrhaft meine Jünger«* (Johannes 8,31). Die Heilige Schrift nimmt es erst einmal an aufgrund ihres Bekenntnisses: Sie sagten, dass sie glauben, deshalb wurden sie als Gläubige bezeichnet. Aber dann musste ihr Glaube sich bewähren und zeigen, ob ihr Bekenntnis echt war. Und es stellte sich heraus, dass sie nicht bereit waren, in Gottes Wort zu bleiben. Bei Judas war es ebenso. Christus selbst bezeichnete ihn als Apostel (Lukas 6,13). Er hatte eine Vertrauensposition unter den engen Gefährten Christi. Jeder hätte gesagt, dass er ebenso wie die anderen eine »Rebe an Christus« war. Aber es zeigte sich, dass er das nicht war.

Und diese Lektion soll uns eine Warnung sein. Errettung geschieht durch Glauben und nicht durch Werke. Durch die Errettung erhält der Gläubige neues geistliches Leben, und dieses wird sich unweigerlich äußern. Wie bereits gesagt: Ein Baby bekommt das Leben nicht durch Schreien. Aber ein Baby, das weder bei der Geburt noch danach schreit, ist wahrscheinlich eine Totgeburt. Jemand, der wirklich in Christus ist, wird manche Frucht des Geistes tragen, wenn auch klein. Was der Weingärtner aber keinesfalls hinnehmen wird, ist eine Rebe, die überhaupt keine Frucht bringt. Er hat keinen Platz für bloße Namenschristen.

19. Der Weingärtner und die fruchtbare Rebe

Jede Rebe an mir, die nicht Frucht bringt, die nimmt er weg; und jede, die Frucht bringt, die reinigt er, damit sie mehr Frucht bringe. Ihr seid schon rein um des Wortes willen, das ich zu euch geredet habe. Bleibt in mir, und ich in euch. Wie die Rebe nicht von sich selbst aus Frucht bringen kann, wenn sie nicht am Weinstock bleibt, so auch ihr nicht, wenn ihr nicht in mir bleibt. Johannes 15,2-4

Es ist einfach, dem himmlischen Weingärtner zu gefallen: Er wird wohlwollend jede noch so kleine wahre geistliche Frucht eines Gläubigen anerkennen. Aber er ist nicht so leicht zufriedenzustellen. Wenn eine Rebe am Weinstock Frucht bringt, wird der Weingärtner sie laut Christus weiter reinigen[1], damit die Rebe noch mehr Frucht hervorbringen kann.

Die Art der Reinigung

Doch was bedeutet dieser Prozess, der hier als »Reinigung der Rebe« bezeichnet wird, ganz praktisch, und auf welche Weise geschieht er?

Gewöhnlich lautet die Antwort, dass Gott hier die Seinen züchtigt. Wenn ein Weingärtner einen Weinstock reinigt oder beschneidet, schneidet er mit einem scharfen Messer oder einer Rebschere den gesamten überschüssigen Auswuchs ab. Er macht das so massiv, dass es für ein ungeübtes Auge scheint, als habe er den Weinstock verwüstet oder sogar völlig ruiniert. Aber weit davon entfernt, den Weinstock zu ruinieren, leitet das tief greifende Beschneiden die Kräfte in Wirklichkeit zurück, sodass er in der nächsten Saison statt auffallendes, aber fruchtleeres Blatt-

---

1 Eigentlich »beschneiden«. Aber aufgrund der beabsichtigten Parallele mit der Reinigung in Johannes 13,1-11 wird das griechische Wort besser wörtlich übersetzt.

werk und Holz größere, süßere und zahlreichere Trauben hervorbringt. Deshalb lässt unser himmlischer Vater Schmerzen, Kummer, Verfolgung, Leid und Versuchungen jeder Art zu, um uns zu erziehen, zu unterweisen und nötigenfalls zu züchtigen, damit wir Teilhaber seiner Heiligkeit werden. Gott selbst lässt es zu, dass es währenddessen alles andere als erfreulich ist, es kann unbeschreiblich schmerzhaft sein. Aber danach bringt es den darin Geübten friedvolle Frucht, nämlich die Frucht der Gerechtigkeit (Hebräer 12,4-13).

Die Reinigung durch das Wort

Obwohl das alles wahr ist, wird eine Rebe nicht nur durch Schmerzen und Leiden gereinigt, vielleicht nicht einmal in erster Linie. Christus sagt: *»Ihr seid schon rein um des Wortes willen, das ich zu euch geredet habe«* (V. 3). Betrachten wir nochmals die Hinweise unseres Herrn in Kapitel 13 bezüglich des einmaligen Bades. Wir dachten dabei natürlich über die Waschung der Wiedergeburt nach, von der Paulus in Titus 3,5 spricht. Aber wir dachten auch an Petrus' Beschreibung der Wiedergeburt und wie sie geschieht: *»... die ihr nicht wiedergeboren seid aus verweslichem Samen, sondern aus unverweslichem, durch das lebendige und bleibende Wort Gottes; ... das Wort des Herrn aber bleibt in Ewigkeit. Dies aber ist das Wort, das euch verkündigt worden ist«* (1. Petrus 1,23.25). Unser Herr beharrt auf der Notwendigkeit der beständigen Reinigung der Füße. Das führt uns auf ähnliche Weise zum Nachdenken über die Reinigung der Gemeinde durch die Waschung mit Wasser durch das Wort (Epheser 5,25.26). Hier in Kapitel 15 haben wir einen anderen Kontext: Wir denken über die Notwendigkeit nach, durch unser Verhalten und unser Zeugnis mit Worten Gott in der Welt richtig darzustellen. Aber die erforderliche Vorbereitung ist dieselbe: Wir brauchen beständige Reinigung. Und diese Reinigung erfolgt auf dieselbe Art und Weise: durch das Wort, das Christus geredet hat und immer noch zu uns redet.

Zweifellos haben die elf Apostel von Beginn an wirklich geglaubt, dass Jesus der Christus ist. Aber anfangs – und sogar noch viele Monate später – hatten sie eine sehr unvollkommene und verdrehte Sicht, was seine Absichten und Handlungsweisen als Messias betrifft, ganz davon zu schweigen, was genau die Aufgabe des Messias beinhaltete. Johannes und Jakobus wollten beispielsweise Feuer aus dem Himmel auf Samariter herabrufen, die ihre Häuser Christus nicht als Nachtlager zur Verfügung stellen wollten (Lukas 9,51-55). Die Jünger waren beunruhigt, als unser Herr die Speisegesetze aufhob (Matthäus 15,12). Ohne darüber nachzudenken, setzte Petrus voraus, dass unser Herr wie jeder andere für seine Seele Lösegeld in Form der Tempelsteuer bezahlen muss (Matthäus 17,24-27). Oft widersprach er dem Herrn oder wies ihn zurecht, wenn er meinte, der Herr läge falsch. Keiner der Apostel konnte anfangs verstehen oder zustimmen, wenn der Herr darauf beharrte, er müsse von den Nationen verworfen und gekreuzigt werden. Es dauerte tatsächlich lange, bis sie sich damit abfanden.

Aber sie mussten sich damit abfinden, wenn sie jemals Gott in der Welt richtig darstellen wollten. Deshalb hat unser Herr sie geduldig und beständig unterwiesen und ihre falschen Vorstellungen, ihre Unwissenheit und ihr von der Welt geprägtes Denken weggewaschen. Dank seiner barmherzigen Beharrlichkeit konnte er auf den wenigen Metern zwischen Gethsemane und Golgatha sagen: *»Ihr seid schon rein um des Wortes willen, das ich zu euch geredet habe«* (V. 3).

Auch wir heute müssen dem Herrn beständig erlauben, uns durch sein Wort zu reinigen, die falschen Vorstellungen abzuschneiden und eine biblische Sicht zu fördern, wenn wir Gott mit unserem Verhalten gefallen und ihn in der Welt richtig darstellen möchten. Auf welch tragische Weise hat die Christenheit in den vergangenen Jahrhunderten Gott falsch dargestellt, als sie sogenannte Ketzer folterte und auf dem Scheiterhaufen verbrannte und Kreuzzüge gegen die Türken begann, um heilige Stätten und abergläubische Reliquien zurückzuerobern. Aber was wirklich zu beklagen ist: Sie taten das alles im Namen Jesu, während das geringste Wissen von Gottes Wort und Gehorsam ihm gegenüber jegliches Verhalten dieser Art verhindert hätte. Diese sauren Trauben haben seitdem im Mund der Welt einen unangenehmen Geschmack hinterlassen.

Unsere Gefahr heute liegt vielleicht im anderen Extrem. Nicht eine Menge an Liebe, Freude, Friede, Sanftmut und Freundlichkeit kann die Gemeinde vor einer schwerwiegenden Falschdarstellung Gottes und Christi in der Welt bewahren, wenn sie unter dem Druck der gegenwärtigen Vorstellungen der Welt das Wort Christi vernachlässigt oder aufgibt – wenn sie die Jungfrauengeburt und die Wunder abstreitet, Christi Göttlichkeit und seinen ausschließlichen Anspruch, der Retter der Welt zu sein, über Bord wirft, sich von der Verkündigung des Kreuzes, des Sühnetods Christi, seiner körperlichen Auferstehung und seines zweiten Kommens abwendet und sich für die Welt annehmbar machen möchte, indem sie versucht, das in den wahren Weinstock einzupflanzen, was in der Welt gerade angesagt ist, egal um welche soziale, politische oder religiöse Philosophie es sich dabei handelt.

Die notwendige Voraussetzung für Fruchtbarkeit

Christus sagt: *»Bleibt in mir, und ich in euch. Wie die Rebe nicht von sich selbst aus Frucht bringen kann, wenn sie nicht am Weinstock bleibt, so auch ihr nicht, wenn ihr nicht in mir bleibt«* (V. 4). Natürlich ist der Vater der Weingärtner. Aber wenn wir von seiner Fürsorge und Reinigung profitieren und mehr Frucht bringen möchten, müssen wir in Christus bleiben.

Das scheint einfach zu sein. Und auf der einen Seite ist es das auch. Im Grunde müssen Gläubige nicht selbst dafür sorgen, in Christus zu bleiben. Gott tut das für sie. Und zusätzlich hegt und beschneidet Gott die Reben, und Christus reinigt uns durch sein Wort.

Aber tatsächlich empfinden Christen es oft als außergewöhnlich schwierig, in Christus zu bleiben. Die Verführung durch den Gedanken, dass Christus und sein Wort für die Apostel und Christen im ersten Jahrhundert ausreichten, aber womöglich nicht mehr in unserer Zeit, ist übermächtig geworden. Und ebenso der Gedanke, dass Christus und sein Wort zwar ausreichen, um jeden individuell zu bekehren und zu Gott zu bringen, aber dass sie nicht ausreichen für unsere weitere geistliche Entwicklung oder als das Zentrum und die Grundlage unseres Zeugnisses in der Welt.

Die Verführung ist in Wirklichkeit schon sehr alt: Betrachten wir einmal die Erfahrung der Gemeinde in Kolossä im ersten Jahrhundert. Das Wort der Wahrheit des Evangeliums kam zu ihnen (Kolosser 1,5.6). Und wie überall, wo es hinkam, brachte es Frucht und wuchs, seit sie die Gnade Gottes in Wahrheit erkannt hatten. Doch trotzdem waren sie in ernster geistlicher Gefahr. Denn nach Kolossä waren auch Menschen gekommen, die diese Neubekehrten lehrten, dass Christus und das Evangelium zwar dazu ausreichten, dass geistliches Leben in ihnen begann, sie aber für wesentlichen geistlichen Fortschritt andere weitergehende Gedanken und Praktiken bräuchten. Man riet ihnen, verschiedene von Menschen gemachte Philosophien zu übernehmen, die sich nicht auf Gottes offenbarte Wahrheit gründeten, sondern auf rein menschliche Schlussfolgerungen und Vermutungen über die geistliche Welt (Kolosser 2,8). Ihnen wurde außerdem empfohlen, sich sorgfältig mit den Speisevorschriften, den religiösen Festen, besonderen Mondphasen und dem Sabbat zu befassen (Kolosser 2,16). Andere plädierten für verschiedene Techniken, die zu Visionen und Erfahrungen außerhalb des Körpers führen sollten. Sie versprachen, dass es dadurch möglich sei, mit Engeln Kontakt aufzunehmen oder sogar eine unmittelbare Vision Gottes zu bekommen (Kolosser 2,18.19). Eine weitere gängige Empfehlung, um das geistliche Leben voranzubringen, war Askese, der Versuch, schlechte Begierden zu unterdrücken und Frömmigkeit voranzutreiben durch schmerzhafte körperliche Disziplin und Selbstbestrafung (Kolosser 2,20-23).

Alles erlogen, sagt Paulus, und absolut gefährlich, und es führt höchstwahrscheinlich zu geistlicher Not, wenn nicht sogar zu geistlichen Katastrophen. Und das Traurigste daran ist, dass solche Praktiken völlig unnötig sind, denn: *»in [Christus sind] verborgen alle Schätze der Weisheit und der Erkenntnis. … in ihm wohnt die ganze Fülle der Gottheit leibhaftig; und ihr seid vollendet in ihm«* (Kolosser 2,3.9.10). Es besteht keine Notwendigkeit, aus Christus hinauszugehen. *»Wie ihr nun den Christus Jesus, den Herrn, empfangen habt [das heißt bei der Bekehrung], so wandelt* ***in ihm****, gewurzelt und auferbaut* ***in ihm****«* (Kolosser 2,6.7). Mit anderen Worten: Bleiben Sie in Christus! Bleiben Sie am Weinstock! Aber das ist noch nicht alles. Christi Anweisung lautet: *»Bleibt in mir, und ich in euch«* (V. 4). Es liegt in der Verantwortung des Gläubigen, dafür zu sorgen, dass Christus auf diese Weise in ihm bleibt. Die Anweisung besagt nicht, dass Christus einen wahren Gläubigen jemals verlassen wird. Aber Christus erwartet nicht ein bloßes Bleiben in den Lehren, sondern eine beständige, persönliche und lebendige Gemeinschaft in unseren Herzen – wir mit ihm und er mit uns. Hierzu ist es gut, wenn wir dem Rat von Paulus an die Kolosser folgen: *»Lasst das Wort des Christus reichlich in euch wohnen, indem ihr in aller Weisheit euch gegenseitig lehrt und ermahnt mit Psalmen, Lobliedern und geistlichen Liedern, Gott singend in euren Herzen in Gnade«* (Kolosser 3,16).

20. Die Beziehung der Reben zum Weinstock und zum Weingärtner

Ich bin der Weinstock, ihr seid die Reben. Wer in mir bleibt und ich in ihm, dieser bringt viel Frucht, denn außer mir könnt ihr nichts tun. Wenn jemand nicht in mir bleibt, wird er hinausgeworfen wie die Rebe und verdorrt; und man sammelt sie und wirft sie ins Feuer, und sie verbrennen. Wenn ihr in mir bleibt und meine Worte in euch bleiben, so werdet ihr bitten, um was ihr wollt, und es wird euch geschehen. Hierin wird mein Vater verherrlicht, dass ihr viel Frucht bringt, und ihr werdet meine Jünger werden. Johannes 15,5-8

Christus begann diesen zweiten Kursteil über Heiligkeit mit der Aussage: »*Ich bin der wahre Weinstock*« (V. 1). Hier in V. 5 wiederholt er seine Aussage: »*Ich bin der Weinstock.*« Aber das ist keine bloße Wiederholung, wie wir gleich feststellen werden, wenn wir miteinander vergleichen, was auf diese Aussage jeweils folgte. In V. 1 sagte Christus: »*Ich bin der wahre Weinstock, und mein Vater ist der Weingärtner.*« Dabei liegt die Betonung auf der Beziehung des Vaters zu den Reben und auf seiner Fürsorge für sie. Aber hier sagt er: »*Ich bin der Weinstock, ihr seid die Reben*« (V. 5). Hier legt er die Betonung auf die Stellung der Reben in Bezug auf den Weinstock. Gläubige sind nicht der Weinstock selbst, wie Israel es einmal war, und sie müssen, Gott sei Dank, auch nicht versuchen, es zu sein. Christus, der großartige *Ich bin*, ist der Weinstock. Gläubige sind durch Gottes Gnade Reben am Weinstock, mit all den damit verbundenen Möglichkeiten. Ein erneuter Grund, Gott zu danken! Aber Gläubige sind nur Reben, sie können es sich nicht erlauben, unabhängig vom Weinstock zu leben, zu denken oder zu handeln.

Deshalb folgen dem Eingangsvers »*Ich bin der Weinstock, ihr seid die Reben*« vier großartige Aussagen:

1. eine Zusicherung, dass das Bleiben in Christus belohnt

wird: »*Wer in mir bleibt und ich in ihm, dieser bringt viel Frucht*« (V. 5);

2. eine Warnung vor den Folgen, wenn man nicht in Christus bleibt: »*Wenn jemand nicht in mir bleibt, wird er hinausgeworfen wie die Rebe und … verbrennen*« (V. 6);
3. eine Aufforderung, mit dem Weingärtner zusammenzuwirken, indem man um dessen Zuwendung bittet: »*Wenn ihr in mir bleibt und meine Worte in euch bleiben, so werdet ihr bitten, um was ihr wollt, und es wird euch geschehen*« (V. 7);
4. eine Erinnerung daran, dass der Vater verherrlicht wird, wenn die Reben mehr Frucht bringen: »*Hierin wird mein Vater verherrlicht, dass ihr viel Frucht bringt, und ihr werdet meine Jünger werden*« (V. 8).

Die bleibende Rebe und die nicht bleibende Rebe

Die Zusage, dass wir mehr Frucht bringen, wenn wir in Christus bleiben und er in uns, steht außer Frage. Nur müssen wir hier bedenken, dass der Weinstock kein Geringerer als der allmächtige *Ich bin* selbst ist (Johannes 8,24). Allerdings fügt Christus dieser Zusicherung eine warnende Erklärung hinzu: Er ist nicht nur ein völlig ausreichender Weinstock, sondern der einzige. Er sagt: »*… denn außer mir (oder: getrennt von mir) könnt ihr nichts tun*« (V. 5). Christus ist nicht einfach ein Retter unter vielen, eine Quelle geistlicher Kraft unter einer Vielzahl von Quellen. Der dreieine Gott hat nur einen Weinstock. Deshalb können wir per definitionem getrennt von diesem nichts tun. Wir werden auch niemals den Punkt erreichen, an dem wir ausreichend Wissen, Gnade, Gottesfurcht und Kraft erhalten haben, um für eine Zeit getrennt von ihm wirksam handeln zu können. Auch wenn wir manchmal so leben, als könnten wir es.

Als Nächstes lesen wir eine noch ernstere Warnung: »*Wenn jemand nicht in mir bleibt, wird er hinausgeworfen wie die Rebe und verdorrt; und man sammelt sie und wirft sie ins Feuer, und sie verbrennen«* (V. 6).

Zuerst sehen wir bei der Betrachtung des traurigen Zustands, dass die betreffende Person den ersten Schritt gemacht hat: Sie ist nicht in Christus geblieben. Dabei stellen wir fest, dass Christus für diesen Augenblick die Metapher fallen lässt und es wörtlich meint: »*Wenn jemand nicht **in mir** bleibt* …«. Er wiederholt nicht Vers 2. Dort ging es um eine Rebe in Christus, die keinerlei Frucht hervorbrachte und vom Weingärtner entfernt wurde. Doch hier hat der Betreffende selbst die Initiative ergriffen, er blieb nicht in Christus und entfernte sich selbst. Um was für einen Menschen handelt es sich dabei?

Für eine erste Antwort rufen wir uns erneut in Erinnerung, was wir in Johannes 13 über Judas lesen: *»Als er nun den Bissen genommen hatte, ging er sogleich hinaus. Es war aber Nacht«* (Johannes 13,30). Judas' Hinausgehen ist wörtlich zu sehen: Er öffnete die Tür des Gastzimmers und ging hinaus. Und weil es Nacht war, war die Dunkelheit real. Aber sie war noch weit mehr als das. Indem Judas hinausging, verließ er Christus und die anderen Apostel, und zwar nicht nur körperlich und für eine gewisse Zeit. Er verließ sie körperlich, aber auf geistlicher Ebene hatte er sie bereits lange verlassen. Die Initiative ging von ihm aus: Er hatte sich dazu entschlossen, Christus zu verraten. Und obwohl Christus alles über ihn wusste, hat er Judas nicht hinausgeworfen, sondern ihm den Bissen seiner Freundschaft angeboten. Hätte Judas Buße getan, seine Sünde bekannt und um Vergebung gebeten, hätte er bleiben können. Aber er hat nicht Buße getan. Stattdessen ging er hinaus. Und die Finsternis, in die er ging, war nicht nur die Dunkelheit der Nachtstunden, sondern eine geistliche Finsternis, die keine Morgendämmerung kennt.

Was widerfuhr Judas, der einst als Apostel das Vorrecht hatte, Christus in der Welt darzustellen, ihn jetzt aber verlassen hatte und hinausgegangen war? Warum hatten schließlich nicht einmal mehr die Priester, seine Zahlmeister, Zeit für ihn (Matthäus 27,3-10)? Er tötete sich selbst, und das Einzige, was er von seinem Verräterlohn gekauft hatte, wurde zu seinem Friedhof (Apostelgeschichte 1,15-26).

Wenden wir uns mit diesem Wissen wieder Christi Beschreibung dessen zu, was demjenigen widerfährt, der nicht in ihm bleibt (Johannes 15,6). Nachdem er das Abwenden deutlich dargestellt hat – *»wenn jemand nicht in mir bleibt«* –, kehrt er zur Metapher des Weinstocks und seiner Reben zurück, um die Folgen des Abwendens zu beschreiben. Wir stellen uns vielleicht die Frage, was mit einer Rebe geschieht, die nicht mehr mit dem Weinstock verbunden ist, sondern sich selbst entfernt. Der Landwirt wird sie aufheben und aus dem Weinberg werfen, wo sie verdorren wird, weil sie nicht mehr mit dem Weinstock verbunden ist. Wenn sie völlig getrocknet ist, wird sie wie die anderen trockenen Reben für ein Feuer aufgesammelt und verbrannt werden. Denn Reben, die sich vom Weinstock getrennt haben, sind wertlos und für nichts mehr zu gebrauchen. Und unser Herr beschreibt mit diesem natürlichen Prozess metaphorisch den völligen geistlichen Ruin, der folgt, wenn jemand nicht in Christus bleibt.

Johannes nennt ein Beispiel

Der Apostel Johannes hat diese ernste Warnung unseres Herrn gehört und viele Jahre später mit ähnlichen Worten die falschen Lehrer jener Tage beschrieben (1. Johannes 2,18-22). Als Erstes nennt er sie Antichristen: *»Kinder, es ist die letzte Stunde, und wie ihr gehört habt, dass der Antichrist (eines Tages) kommt, so sind auch jetzt viele Antichristen geworden.«* Danach stellt er die Schwere ihrer falschen Lehren dar: *»Wer ist der Lügner, wenn nicht der, der leugnet, dass Jesus der Christus ist? Dieser ist der Antichrist, der den Vater und den Sohn leugnet.«* Man kann sich keine fundamentalere Irrlehre vorstellen. Das Erschreckende ist, dass diese Menschen, wer auch immer sie waren, einmal Glieder einer christlichen Gemeinde waren, vielleicht sogar Lehrer. Denn Johannes sagt von ihnen: *»Sie sind von uns ausgegangen.«* Das hätten sie logischerweise nicht tun können, wären sie vorher nicht Glieder einer christlichen Gemeinde gewesen.

Bedeutet das, dass sie einst wahre Gläubige waren, aus Gott geboren, wirkliche Kinder des Vaters, und anschließend irgendwie aufgehört haben, wahre Gläubige zu sein, und ihr Heil verloren haben? Nein, denn Johannes sagt uns mit seiner apostolischen Autorität: *»Sie sind von uns ausgegangen, aber sie waren nicht von uns; denn wenn sie von uns gewesen wären, so würden sie wohl bei uns geblieben*[2] *sein; aber damit sie offenbar würden, dass sie alle nicht von uns sind.«* Sie waren keine Gläubigen, und zwar zu keiner Zeit – auch wenn sie sich lange Zeit als Gläubige bekannt und die anderen Glieder der Gemeinde sie zweifellos als Gläubige betrachtet und als Lehrer anerkannt haben. Es schien, als seien sie in Christus. Sie haben sich vielleicht weiterhin als Christen bezeichnet, selbst als sie sowohl die Lehre als auch die Gemeinschaft der Apostel bereits verlassen hatten. Aber das Urteil des Johannes ist deutlich: Sie waren niemals von uns, sie waren keine wahren Gläubigen. Wären sie wahre Gläubige gewesen, wären sie bei uns geblieben. Ihr Hinausgehen zeigte, was von Anfang an auf sie zutraf: *»… sie waren nicht von uns.«*

Aus all diesem schließen wir auf der einen Seite, dass wahre Gläubige sich niemals selbst von Christus oder vom Weinstock trennen. Auf der anderen Seite ist das einzig sichtbare Anzeichen dafür, dass jemand ein wahrer Gläubiger ist, dass er in Christus bleibt. Da falsche Lehrer jedoch sehr überzeugend sein können, ist es für wahre Gläubige leicht möglich, zeitweilig in falschen Lehren gefangen zu sein und den Anschein zu geben, kein wahrer Gläubiger zu sein. Deshalb müssen wir Johannes gut zuhören, der folgende Lektion daraus ableitete und seinen

---

2 Johannes verwendet dasselbe griechische Wort wie unser Herr für das Bleiben am Weinstock und das Bleiben in ihm.

Lesern mitgab: »*Ihr, was ihr von Anfang an (d. h. von den Aposteln) gehört habt, bleibe in euch. Wenn in euch bleibt, was ihr von Anfang an gehört habt, so werdet auch ihr in dem Sohn und in dem Vater bleiben. … Kinder, bleibt in ihm, damit wir, wenn er offenbart werden wird, Freimütigkeit haben und nicht vor ihm beschämt werden bei seiner Ankunft*« (1. Johannes 2,24-28).

Die Aufforderung an die Reben, bei der Reinigung mitzuwirken

Die dritte großartige Aussage in dieser Reihe ist: »*Wenn ihr in mir bleibt und meine Worte in euch bleiben, so werdet ihr bitten, um was ihr wollt, und es wird euch geschehen*« (V. 7). Um diese herrliche Aufforderung so gut wie möglich zu verstehen, muss man sie auf jeden Fall in erster Linie im Zusammenhang mit der vierten großartigen Aussage betrachten, die unmittelbar auf die dritte folgt: »*Hierin wird mein Vater verherrlicht, dass ihr viel Frucht bringt, und ihr werdet meine Jünger werden*« (V. 8).

Die vierte Aussage ist leicht zu verstehen. Zuerst ist das Kennzeichen eines wahren Jüngers Christi, wie wir bereits in Johannes 8,31 gelesen haben, dass er in Christi Wort bleibt und deshalb viel Frucht bringt. Zweitens kann man leicht verstehen, warum der Vater verherrlicht wird, wenn Christi Jünger viel Frucht bringen. Schließlich hören wir gleich am Anfang, dass der Vater der Weingärtner ist, der die Reben beständig pflegt und zuschneidet. Beim wahren Weinstock ist es wie bei einem echten Weinstock: Wenn die Reben reiche Frucht bringen, verdienen nicht sie die Anerkennung, sondern der Weingärtner. Im Übrigen sollten wir, soweit es in unserer Macht liegt, dafür sorgen, dass der Vater und nicht wir selbst die Ehre für die Frucht bekommt, die wir bringen: Wir sollen unser Licht vor den Menschen leuchten lassen, damit sie unsere guten Werke sehen und unseren Vater verherrlichen, der in den Himmeln ist (Matthäus 5,16).

Doch wenn die vierte Aussage im Textzusammenhang offensichtlich und in ausgezeichneter Weise Sinn ergibt, ist es am sichersten, wenn man die dritte Aussage erst einmal genauso in ihrem Textzusammenhang versteht.

Die Aufforderung, zu bitten, um was immer wir wollen, und die Verheißung, dass uns dies alles geschehen wird, ist natürlich keine Aufforderung, um alles zu bitten, was wir uns wünschen – ein neues Auto, ein größeres Haus usw. Diese Aufforderung ist an zwei Bedingungen gekoppelt: erstens, *»wenn ihr in mir bleibt«* (V. 7), d.h. in einer engen und innigen Beziehung und Gemeinschaft mit dem Herrn zu bleiben; zweitens, *»wenn … meine Worte in euch bleiben«* (V. 7). Beide Bedingungen müssen zutreffen. Wenn wir in unserer persönlichen Andacht eine innige Gemeinschaft mit dem Herrn pflegen, wird uns mehr und mehr seine Liebe zu uns bewusst werden. Und seine Liebe wird unser Vertrauen stärken, ihm unsere Anliegen zu bringen. Aber worum sollen wir bitten? Hier werden wir eine Orientierungshilfe benötigen. Hingabe allein und die Einstellung, das Beste anzustreben, reichen nicht aus. Johannes und Jakobus kamen einmal zum Heiland und baten ihn darum, dass in der Herrlichkeit einer zur Rechten und der andere zur Linken sitzen dürfe. Sie versicherten Christus ihre Bereitschaft, so viel zu leiden wie er, wenn er ihnen nur diese Bitte erfülle. Doch Christus musste ihnen sagen, dass sie nicht wussten, worum sie baten, es ihm nicht zustand, dies zu erfüllen, und dass es nicht zwangsläufig in Gottes Absicht für sie lag (Markus 10,35-40).

Daher muss für die rechten Bitten Gottes Wort in uns bleiben. Es wird unsere falschen Wünsche beseitigen und uns Gottes Absichten und Ziele für uns und andere erschließen, damit wir unsere Anliegen entsprechend formulieren können.

Zusätzlich ist es großartig, dass wir aufgefordert sind, an der Verwirklichung der Ziele des Weingärtners mitzuwirken. Schließlich sind wir, wenn wir auch bildlich gesprochen Reben sind, nicht wirklich untätige Holzstücke. Wir sind erlöste Persönlichkeiten. Genauso, wie wir in Christus bleiben und sein Wort in uns bleibt und unsere Gedanken erneuert, werden uns zuerst die Macken in unserer Persönlichkeit auffallen, sozusagen die harten Verwachsungen im Holz, die unsere Fruchtbarkeit einschränken und unser Wachstum erschweren. Wenn das der Fall ist, sind wir aufgefordert, mit dem Weingärtner zusammenzuarbeiten und ihn zu bitten, diese Dinge zu entfernen, damit mehr Frucht zu seiner Ehre hervorgeht. Wir dürfen ihm nicht vorschreiben, wie er das machen soll: Wir werden durchaus erkennen, dass er unerwartete und manchmal schmerzvolle Wege wählt. Auch dürfen wir ihm nicht vorschreiben, wie lange er dafür brauchen soll. Wir dürfen nicht voraussetzen, dass Gewohnheiten, die sich über viele Jahre eingeschliffen haben, zwangsläufig unverzüglich weggenommen werden. Aber wir sollen bitten und nicht aufhören zu bitten, mit der Zusicherung von Gott, dass unsere Bitten nicht vergeblich sind. Er wird tun, worum wir ihn bitten. Und wenn die daraus resultierende Frucht ihm Ehre bringt, können wir uns darüber freuen, dass wir auf diese Weise mit ihm zu seiner Ehre zusammengearbeitet haben. Und zusätzlich können wir uns über die Erkenntnis freuen, dass unsere Frucht zeigt, dass wir wahre Junger Christi sind.

Wenn Christi Worte in uns bleiben, werden wir sicherlich nicht um etwas für uns selbst bitten, sondern um Wohlergehen und Segnung anderer, vielleicht mehr als für uns selbst. Aber das ist ein Thema für ein anderes Kapitel.

21. Das Wirken des Weinstocks: Ein Vorbild für die Reben in Bezug auf die Art der Liebe Christi

Wie der Vater mich geliebt hat, habe auch ich euch geliebt; bleibt in meiner Liebe. Wenn ihr meine Gebote haltet, so werdet ihr in meiner Liebe bleiben, wie ich die Gebote meines Vaters gehalten habe und in seiner Liebe bleibe. Dies habe ich zu euch geredet, damit meine Freude in euch sei und eure Freude völlig werde. Dies ist mein Gebot, dass ihr einander liebet, wie ich euch geliebt habe. Johannes 15,9-12

Bisher hat sich unser Herr in seinem Gleichnis vom Weinstock und den Reben mit der Pflege der Reben vonseiten des Weingärtners und mit dem Zustand der Reben in Bezug auf den Weinstock befasst. In der nun folgenden zweiten Hälfte des Gleichnisses beschreibt er das Wirken des Weinstocks. Dann zeigt er auf, dass diese Art des Wirkens ein Muster für die Art des Wirkens der Reben festlegt.

Die Funktionsweise eines echten Weinstocks ist leicht zu beschreiben. Anders als die Reben ist der Weinstock im Boden verwurzelt. Er holt sich alle notwendigen Nährstoffe, um Frucht zu bringen, und gibt sie dann an die Reben weiter. Diese wiederum geben die Nährstoffe in Form von Trauben an die Allgemeinheit. Weder der Weinstock noch die Reben können als Sackgasse handeln, indem sie die erhaltenen Nährstoffe nicht weitergeben. Wenn dies an irgendeinem Punkt geschehen würde, würde es am Ende gar keine Frucht geben.

Sehen wir uns unseren Herrn als den vollkommenen Weinstock an. Er empfängt von Gott die Liebe und gibt sie unvermindert an seine Jünger weiter: *»Wie der Vater mich geliebt hat, habe auch ich euch geliebt«* (V. 9). Und betrachten wir erneut, wie unser Herr als der vollkommene Weinstock alles vom Vater Gehörte vorbehaltlos an seine Jünger weitergibt: *»… weil ich alles, was ich von meinem Vater gehört habe, euch kundgetan habe«* (V. 15). Gottes Herz und Gedanken, seine Liebe und sein Wort sind vollständig und in Treue weitergegeben: Die Wirkungsweise und das Handeln des Weinstocks stellen das Vorbild dar, dem die Reben folgen müssen, um Frucht zu bringen.

Es war kein bloßes theoretisches Gerede über den Weinstock. Blättern wir nochmals zurück zu Johannes 13. Christus liebte die Seinen, die in der Welt waren, bis ans Ende. Deshalb legte er die Oberkleider ab und wusch ihnen demütig die Füße, bevor er sich wieder setzte und sagte: »*Wenn nun ich, der Herr und der Lehrer, euch die Füße gewaschen habe, so seid auch ihr schuldig, einander die Füße zu waschen. Denn ich habe euch ein Beispiel gegeben, damit, wie ich euch getan habe, auch ihr tut*« (Johannes 13,14.15).

Doch die praktischen Handlungen, durch die sich Christi Liebe zu uns äußert, sollen nicht bei uns enden. Anderenfalls besteht die Gefahr, dass sie uns verderben. Wir sind alle schon einmal verzogenen Kindern begegnet. Ihre Eltern überschütten sie mit allen möglichen Geschenken. Ihr Schenken ist für die Kinder ein klares, praktisches Beispiel aufopfernder Liebe. Obwohl die Geschenke zu den Kindern kommen, erreicht die aufopfernde Liebe der Eltern weder die Kinder noch durch die Kinder die Nachbarn, ja, noch nicht einmal die eigenen Geschwister. In Wirklichkeit scheinen diese verzogenen Kinder noch unnachgiebiger und egoistischer zu werden, je mehr Geschenke sie erhalten.

Uns kann Ähnliches auf der geistlichen Ebene passieren. Deshalb hat unser Herr Maßnahmen dagegen ergriffen. Die erste ist unsere Eingliederung in Christus wie Reben in einen Weinstock. Dadurch kann das Leben und die Liebe Gottes von seinem Herzen in unseres fließen. Wie Paulus es wunderbar ausgedrückt hat: »*… die Liebe Gottes ist ausgegossen in unsere Herzen durch den Heiligen Geist, der uns gegeben worden ist*« (Römer 5,5). Mit anderen Worten: Wir haben nicht nur die Handlungen, durch die sich Gottes Liebe zu uns praktisch und äußerlich zeigt und denen wir nacheifern sollen. Wir haben auch die tägliche

Versorgung mit dem Leben und der Liebe Christi, die in unsere Herzen geleitet werden und uns als Motivation und Kraft bei der Nachahmung seines Vorbilds dienen.

Die zweite Maßnahme ist die Art, wie der Weinstock in Bezug auf die Reben wirkt. Doch um das zu sehen, müssen wir festhalten, dass die zweite Hälfte des Gleichnisses ebenso wie die erste zweigeteilt ist. Jede Hälfte beginnt mit einer Überschrift oder Grundaussage:

Teil 1: V. 9 – die Art und Weise der Liebe Christi für seine Jünger: *»Wie der Vater mich geliebt hat, habe auch ich euch geliebt …«*;

Teil 2: V. 13 – das Ausmaß von Christi Liebe für seine Freunde: *»Größere Liebe hat niemand als diese, dass jemand sein Leben lässt für seine Freunde.«*

Und jeder Überschrift oder Grundaussage folgen vier großartige Aussagen, die die Auswirkungen zum Vorschein bringen:

Überschrift: *»Wie der Vater mich geliebt hat, habe auch ich euch geliebt.«*

Aussagen:

1. wie man in den Genuss von Christi Liebe kommt: *»bleibt in meiner Liebe«* (V. 9);
2. die notwendige Bedingung, um in seiner Liebe zu bleiben: *»Wenn ihr meine Gebote haltet, so werdet ihr in meiner Liebe bleiben«* (V. 10);
3. das Ziel dieser Ermahnung: *»damit meine Freude in euch sei und eure Freude völlig werde«* (V. 11);
4. das größte Gebot, das erfüllt werden muss, um in Christi Liebe zu bleiben: *»dass ihr einander liebet, wie ich euch geliebt habe«* (V. 12).

Wie sieht es praktisch aus, in den Genuss der Liebe Christi zu kommen?

Die Betrachtung dieser Verse muss an derselben Stelle ansetzen, an der Christus ansetzt, sonst besteht die Gefahr, die darin enthaltenen Ermahnungen falsch auszulegen. Christus beginnt nicht mit einer an eine Bedingung geknüpften Verheißung: »Ich liebe dich, wenn …«, sondern mit der großartigen bedingungslosen Tatsache: »Ich habe euch geliebt, ich habe meine Liebe auf euch gelegt«, und zwar »auf völlig identische Weise, wie der Vater mich geliebt hat.«

Das ist keine Übertreibung. Christus ruft sich nicht auf romantische Weise die letzten drei Jahre in Erinnerung und stellt sie schöner dar, als es der Realität entspricht. Ja, Jakobus und Johannes hatten selbstsüchtig die zwei obersten Plätze in Christi Reich begehrt. Und die anderen Apostel waren ihnen gegenüber ungehalten, weil sie versucht hatten, den Platz zu ergattern, von dem jeder insgeheim dachte, er würde ihm zustehen (Markus 10,35-41). Ja, selbst die geheiligte Atmosphäre des Gastzimmers wurde zeitweise verunreinigt, als die Elf sich mit scheinbar unverbesserlicher Selbstsucht untereinander zankten, wer von ihnen der Größte sei (Lukas 22,24). Doch Christi Liebe, mit der er sie einst geliebt hatte, bestand unvermindert weiter, wie Johannes 13,1 uns erneut erinnert: »*… da er die Seinen, die in der Welt waren, geliebt hatte, liebte er sie bis ans Ende*«, vollkommen in jeder Hinsicht. Weder in den noch vor uns liegenden Jahren noch in der unermesslichen Ewigkeit werden wir jemals eine Verringerung dieser Liebe erleben.

Doch während Christi Liebe für seine Apostel und eigentlich für seine ganze Gemeinde beständig gleich bleibt, steht es auf einem anderen Blatt, wie sie sich und wie wir uns darüber freuen. Stellen wir uns Eltern vor, die in ihrer Liebe zu ihren Kindern einem von ihnen einen großen Schokoladenriegel geben und es anweisen, diesen mit seinen Geschwistern zu teilen. Dieses Kind weigert sich, ihn mit den anderen zu teilen. Als seine Eltern ihm deswegen Vorhaltungen machen, bekommt das Kind einen Wutanfall und läuft davon. Die Eltern werden ihr selbstsüchtiges Kind weiterhin lieben, aber das Kind wird nicht in den Genuss der Elternliebe kommen, solange es davonläuft und sich weigert, die Schokolade zu teilen.

So ist es auch bei uns. Christus hat seine Liebe auf uns gerichtet. Diese wird niemals aufhören oder sich verringern. Aber Christus sagt uns hier, dass wir in dieser Liebe bleiben müssen, d. h. dafür sorgen müssen, dass wir auch wirklich beständig in den Genuss dieser Liebe kommen.

Aber wie geht das? Ein weiteres Mal liefert Christus uns das Vorbild für unsere Handlungsweise. Die Liebe Seines Vaters für ihn war zweifellos gleichbleibend. Doch darüber hinaus gab es auch nicht einen einzigen Augenblick – vielleicht mit Ausnahme von Golgatha, als er von Gott aufgrund unserer Sünden verlassen war –, in dem er die Liebe des Vaters nicht praktisch erfuhr. Der Grund dafür war, dass er die Gebote seines Vaters vollkommen hielt und deshalb niemals etwas von der Erfahrung der Liebe seines Vaters einbüßte. Wenn wir also Christi Liebe praktisch erleben möchten, müssen wir seine Gebote halten.

Warum tun wir das dann nicht immer? Sehr oft aus demselben Grund, aus dem das kleine Kind mit der Schokolade davonlief. Das Gebot seiner Eltern, die Schokolade mit den anderen zu teilen, schien ihm eine Bedrohung für seinen Genuss zu sein. Er musste »seine eigenen Interessen wahren«, wie wir Erwachsenen sagen. Es ging um so viel Schokolade. Das Kind meinte, nicht so großzügig sein zu können, wie seine Eltern ihm nahelegten. Und wir können es bei dem Kind verstehen, das noch nicht wie seine Eltern erfahren hat, dass Geben – sogar von Schokolade – seliger ist als Nehmen. Tatsächlich verbirgt die unmittelbar bevorstehende bedauernswerte Aussicht, seine Geschwister den Großteil der Schokolade verschlingen zu sehen, dem Kind die Tatsache, dass es dort, woher diese eine Tafel kam, noch mehr Schokolade gibt – und dass Gehorsam bestimmt belohnt wird, sowohl mit mehr Schokolade als auch mit der anhaltenderen Freude eines tieferen Verständnisses der Liebe seiner Eltern, und ebenso mit der Erfahrung, dass Geben Freude schenkt.

So ist das auch oft bei uns. Wenn wir gebeten werden, einem sündigen, aber bußfertigen Bruder zu vergeben, meinen wir, dies nicht zu können. Wenn wir von Christus gebeten werden, um der anderen willen unsere gegenwärtigen Freuden, unsere Zeit, unsere Energie, unser Geld, unsere Bequemlichkeit aufzugeben, meinen wir, diese Forderung sei in unangemessener Weise zu kostspielig. Und wir nehmen wie Jona ein Schiff, um in die entgegengesetzte Richtung zu fahren und unsere eigenen Genüsse und Freuden zu wahren (Jona 1).

Die besondere Befähigung der Reben zur Freude

Und genau aus diesem Grund, weil Christus die Herzen der Apostel und auch unsere Herzen kennt, hat er an dieser Stelle die Erklärung eingefügt: *»Dies habe ich zu euch geredet, damit meine Freude in euch sei und eure Freude völlig werde«* (V. 11). Mit anderen Worten: Er versichert ihnen, dass seine Gebote ihre Freude nicht schmälern, sondern vergrößern werden. Im Grunde ist es der Stolz und die Freude eines Weinstocks, Trauben hervorzubringen, die sowohl als Früchte als auch als Wein anderen Freude bereiten. Könnten die Pflanzen sprechen, würde sich der Weinstock niemals beklagen, seine reichhaltigen Nährstoffe an die Reben weitergeben zu müssen, um Trauben hervorzubringen, die von anderen Leuten verzehrt werden. Wenn Weinstöcke Gefühle hätten, würden sie sich über ihre von Gott gegebene Aufgabe freuen, anderen eine Freude zu bereiten. Das hat bereits Jotham vor langer Zeit festgestellt (Richter 9,12.13).

Christus, der wahre Weinstock, hat zweifellos genau das getan – und tut es immer noch. Nach einer langen, staubigen und anstrengenden Reise, um einer einsamen Frau geistliche Erfüllung zu bringen, erklärte er seinen Jüngern, dass es seine Speise war, Gottes Willen auf diese Weise zu tun und so Gottes Werk zu vollenden (Johannes 4,31-34). Er frohlockte im Geist, so lesen wir in Lukas 10,21, und dankte seinem Vater, dem Herrn des Himmels und der Erde, dass er ihn gebraucht hatte, um Unmündigen seine Geheimnisse zu offenbaren. Und er sang ein Loblied, als er das Gastzimmer verließ, um auf Golgatha geopfert zu werden (Matthäus 26,30).

Wir können nur in seiner Liebe bleiben, wenn wir seine Gebote halten. Christus gab uns diese Anweisung, damit seine Freude, die Freude des gebenden Weinstocks, ungehindert in uns und durch uns zu anderen fließt. Außerdem sollen wir im Gegenzug Freude im höchsten Maß erfahren und so unsere von Gott gegebene Aufgabe als Reben am Weinstock erfüllen.

Deshalb ist das oberste Gebot am Ende dieses kurzen Abschnitts, dass wir einander nach seinem Vorbild lieben sollen (V. 12).

22. Das Wirken des Weinstocks: Ein Vorbild für die Reben in Bezug auf das Ausmaß der Liebe Christi

In der vorangegangenen Lektion lehrte uns Christus, dass wir einander lieben müssen, wie er uns geliebt hat, um ein so lieblicher und anmutiger Mensch wie er selbst zu werden und zur Freude anderer die liebliche Frucht des Geistes hervorzubringen. Aber wie weit müssen wir darin gehen? Diese Lektion wird die Frage beantworten, und zwar erneut durch ein Grundprinzip als Überschrift und vier große Aussagen, die dessen Bedeutung verdeutlichen:

Überschrift: *»Größere Liebe hat niemand als diese, dass jemand sein Leben lässt für seine Freunde«* (V. 13).

Aussagen:

1. wie man ein Freund Christi wird: *»Ihr seid meine Freunde, wenn …«* (V. 14);
2. was es bedeutet, wenn Christus uns als seine Freunde behandelt: *»Ich nenne euch nicht mehr Knechte, denn der Knecht weiß nicht …«* (V. 15);
3. die Auswirkung dessen, dass Christus uns erwählt hat, nicht wir ihn: *»Ihr habt nicht mich auserwählt, sondern ich habe euch auserwählt und euch dazu bestimmt, dass ihr hingehet und Frucht bringet«* (V. 16);
4. das Ziel der vorhergehenden Gebote: *»dass ihr einander liebet«* (V. 17).

Als Erstes müssen wir unbedingt sicherstellen, dass wir den zentralen Gedanken, das Grundprinzip in diesem Abschnitt verstanden haben. Manche sind der Ansicht, unser Herr habe auf die Erhabenheit seiner Liebe im Vergleich zur besten Liebe, zu der der Mensch imstande ist, hingewiesen: Größere Liebe hat *niemand* (kein Mensch) als diese, dass jemand sein Leben lässt für seine *Freunde*. *Christus* hingegen hat seine *Feinde* geliebt und sein Leben für sie gegeben. Es ist wahr, dass Christus für uns gestorben ist, als wir noch seine Feinde waren (Römer 5,6-10). Aber das war nicht das Wesentliche in dieser Aussage des Herrn. Denn Christus sprach zu Menschen, die bereits seine Freunde waren, wie der nächste Vers deutlich macht. Und offensichtlich sagte er ihnen nicht, dass er sie bis zu einem bestimmten Maß liebt, seine Feinde aber noch mehr.

Nein, unser Herr hat seinen Jüngern gerade geboten, einander zu lieben, wie er sie geliebt hat (V. 12). Deshalb muss er ihnen nun erklären, welches Ausmaß ihre Liebe für den anderen haben muss, wenn sie einander nach seinem Vorbild lieben sollen. Die größte Liebe ist, sein Leben für andere zu lassen. Und ihre Liebe muss genau dazu bereit sein.

Aus diesem Grund müssen wir die Bedeutung der Worte *»dass jemand sein Leben lässt für seine Freunde«* (V. 13) unbedingt verstehen. Sicherlich kann es wörtlich gemeint sein: »Jemand stirbt für seine Freunde.« Christus hat am Kreuz tatsächlich sein Leben für uns gelassen. Und es können Zeiten kommen, wo auch wir aufgefordert sein werden, für unsere Mitgläubigen unser Leben zu lassen – oder zumindest dazu bereit sein sollten. *»Grüßt Priska und Aquila«*, schreibt Paulus (Römer 16,3). Dadurch sehen wir, dass Priska und Aquila noch lebten, als Paulus dies schrieb. Aber er fügt hinzu, dass sie zu einer nicht näher bestimmten Zeit in der Vergangenheit *»für mein Leben ihren eigenen Hals preisgegeben haben, denen nicht allein ich danke, sondern auch alle Versammlungen der Nationen«* (Römer 16,4).

In der Regel werden wir nicht zu solch heldenhaften Handlungen berufen, sondern zu etwas, was in Wirklichkeit noch viel schwieriger sein kann: etwas von unserem Leben zu lassen, das heißt unsere Zeit und Kraft zu opfern, Langmut und Fürsorge an den Tag zu legen, Rücksicht zu nehmen auf die Interessen anderer und sich um die alltäglichen Angelegenheiten zu Hause, im Beruf und in der Gemeinde zu kümmern. Das ist vielleicht viel unromantischer, aber das steht auf der Tagesordnung eines gewöhnlichen Christenlebens.

Johannes weist in seinem ersten Brief darauf hin, dass wir unser Leben für die Brüder lassen sollen, da Christus sein Leben für uns gelassen hat. Aber er fährt mit einer ziemlich praktischen Beobachtung fort. Was würde die Erklärung unserer Bereitschaft nützen, unser Leben wirklich für unsere Mitgläubigen zu lassen, wenn wir nicht gleichzeitig bereit sind, von Tag zu Tag die Mittel des täglichen Lebens mit ihnen zu teilen? *»Wer aber irgend irdischen Besitz hat und sieht seinen Bruder Mangel leiden und verschließt sein Herz vor ihm, wie bleibt die Liebe Gottes in ihm?«* (1. Johannes 3,17). Die Ausdrucksweise von Johannes ist sehr lebensnah. In jedem wahren Gläubigen wird beim Anblick der Not des anderen automatisch Mitgefühl aufkeimen, nicht aus bloßer Gutherzigkeit, sondern durch den innewohnenden Erretter. Doch es ist für einen Gläubigen nur allzu leicht möglich, dass er von Selbstsucht oder den Maßstäben der Welt verdorben wurde und dieses Mitgefühl verdrängt, bis es nur noch einen geringen Hinweis dafür gibt, dass Gott trotz alledem in ihm wohnt.

Eine wechselseitige Freundschaft

Wir sollen nun unser Leben für unsere Freunde lassen. Aber Freundschaft ist keine Einbahnstraße. Wenn wir als Glieder von Gottes Familie unseren Glaubensgeschwistern gegenüber als Freunde handeln, sind sie ebenso verantwortlich, uns gegenüber ebenfalls als Freunde zu handeln. Wenn diejenigen, die wir als Freunde behandeln, uns niemals als Freunde behandeln, wie können sie es dann wert sein, als Freunde bezeichnet zu werden?

Wenn wir anfangen, so zu denken, wird die nächste Aussage des Herrn uns scharf zurechtbringen: *»Ihr seid meine Freunde, wenn ihr tut, was ich euch gebiete«* (V. 14). Um die konditionale Konjunktion »wenn« kommen wir nicht herum: *»… **wenn** ihr tut, was ich euch gebiete«*.

An dieser Stelle möchte vielleicht jemand einwenden: »Wie kann man sagen, dass die Liebe Christi zu uns an die Bedingung geknüpft ist, dass wir seine Gebote halten? Hat er uns nicht geliebt, als wir noch Sünder waren? Und bleibt er nicht unser Freund, auch wenn wir in unserer Schwachheit versagen, seine Gebote zu halten?«

Natürlich bleibt er das. Er wurde von seinen Kritikern bösartig, aber zutreffend als Freund der verhassten Zöllner und Huren bezeichnet. Er wird niemals aufhören, ein treuer Freund für diejenigen zu sein, die ihm vertrauen, selbst wenn sie wie Petrus versagen und fallen.

Doch dieser Einwand beruht auf einem Missverständnis. Christus sagt nicht: »Ich bin euer Freund, wenn, und nur dann, wenn ihr das tut, was ich euch gebiete.« Er sagt vielmehr: »Ihr seid meine Freunde, wenn ihr das tut, was ich euch gebiete.« Wir dürfen nicht vergessen, dass wahre Freundschaft wechselseitig ist – selbst zwischen dem Herrn und uns. Es wäre empörend, wenn wir uns darauf verlassen würden, dass unser Herr uns gegenüber immer als Freund handelt, wir selbst aber nur geringe Anstrengungen unternehmen, um durch das Halten der Gebote als Freunde unseres Herrn zu handeln.

Die Stellung der Knechte Christi

Beachten Sie, wie hervorragend Christus uns behandelt. Er hätte durchaus das Recht, uns als Sklaven zu behandeln, uns zu befehlen, gewisse Dinge zu tun – ohne jegliche Begründung oder ohne dass er uns in Vertrauen zieht. Aber so handelt Christus nicht. Obwohl es für uns eine Ehre ist, uns neben den Aposteln *»Knechte Christi Jesu«* (vgl. Philipper 1,1) nennen zu dürfen, nennt Christus uns nicht so, auch behandelt er uns nicht so: *»Ich nenne euch nicht mehr Knechte, denn der Knecht weiß nicht, was sein Herr tut; euch aber habe ich Freunde* *genannt, weil ich alles, was ich von meinem Vater gehört habe, euch kundgetan habe«* (V. 15).

Christus möchte seine Ziele nicht als Sklaventreiber erreichen, indem wir seine Gebote in blindem Gehorsam ohne Information und ohne eigenes Denken ausführen. Er ist der Weinstock, und ohne ihn können wir Reben nichts tun, wie wir bereits gehört haben. Dennoch sind wir Reben durch Gottes Gnade ein wesentlicher und – mit angehaltenem Atem gesagt – notwendiger Teil in dem großen Werk, Gott bekannt zu machen. Und Christus erkennt das an und behandelt uns so. Mit der vollkommenen Selbsthingabe des wahren Weinstocks hat Christus uns Reben all das anvertraut, was der Vater ihm gesagt hat.

Es wäre beschämend, wenn wir nicht voller Freude seine Freundschaft erwidern würden, indem wir in Wort und Tat als seine Freunde handeln und unser Leben für ihn lassen, wie er es geboten hat. Wenn wir wirklich ein Gespür für die Beziehung haben, die Christus zwischen sich selbst und uns aufgerichtet hat, oder eine realistische Vorstellung von dem Potenzial dieser Beziehung haben, dann sollten wir unentwegt die Initiative ergreifen und Christus sozusagen die Tür einrennen, damit er uns für diese oder jene Aufgabe auswählt. Aber er selbst hat vor langer Zeit unaufgefordert die Initiative ergriffen und uns auserwählt sowohl zur Errettung (2. Thessalonicher 2,13) als auch zum Dienst für ihn (1. Petrus 2,9). Wir müssen ihn lediglich fragen, für welche konkrete Aufgabe er uns ausgewählt hat.

Die Bedeutung von Christi Initiative

Christus sagte: *»Ihr habt nicht mich auserwählt, sondern ich habe euch auserwählt und euch dazu bestimmt, dass ihr hingehet und Frucht bringet und eure Frucht bleibe, damit, um was irgend ihr den Vater bitten werdet in meinem Namen, er euch gebe«* (V. 16).

Es gibt sicherlich mehr als eine Lektion hinter diesen Worten – je nachdem, wie wir den Gedankengang in den vorhergehenden Versen verstehen. Egal, wie wir sie auslegen: Wir müssen daran denken, dass Christus die Worte in erster Linie an die Elf richtete, die Christus als seine offiziellen Apostel erwählt hatte. Blättern wir erneut zurück zu Johannes 13, denn Christus hatte bereits früher an diesem Abend von ihrer Auserwählung durch ihn gesprochen (Johannes 13,18-20). Dort wurde es für ihn unumgänglich, sie darüber zu informieren, dass er von dem Verräter unter den Auserwählten wusste und ihn nicht unwissend oder fälschlicherweise erwählt hatte. Er wusste zu jeder Zeit, was die Heilige Schrift über Judas vorhergesagt hatte. Von Anfang an wusste er, wer Judas war und was dieser Mensch tun würde. Christus hatte von Judas nie erwartet, dass »er Frucht bringe und seine Frucht bleibe«. Und Christus hatte Judas sicherlich nicht erlaubt, in Seinem Namen zu Gott zu beten (wenn Judas überhaupt jemals gebetet hat). Nun würde die Ankündigung, dass er die Elf erwählt und berufen hat, Frucht zu bringen, ihre Herzen mit Vertrauen erfüllen.

Weder in einem Augenblick voller Enthusiasmus noch in der vorübergehenden Begeisterung nach einem Wunder hatten sie Jesus nahegelegt, sie als seine Vertreter anzunehmen. Und Christus hatte nicht unter dem Druck ihrer beharrlichen Bitten eingewilligt. Das wäre kein gutes Rezept für das Hervorbringen bleibender Frucht. Nein, Christus hatte die Initiative ergriffen und sie auserwählt, mit der vollen Kenntnis ihres Wesens, ihres Temperaments, ihrer Stärken und Schwächen, ja, sogar ihrer zukünftigen Fehler und Unzulänglichkeiten. Und dennoch hatte er sie für diese großartige und herrliche Absicht erwählt, funktionsfähige verlängerte Arme von ihm zu sein, wie es Reben für den Weinstock sind. Und deshalb hatte er sich ihnen uneingeschränkt gegeben und sich mit ihnen identifiziert, sodass sie alle Vorzüge und alle Autorität seines Namens verwenden durften, wenn sie sich an den Vater wandten, um im Interesse der Aufgabe zu handeln, die Christus ihnen gegeben hatte. Die

Selbsthingabe des Weinstocks an die Reben war vollkommen vorbehaltlos: Die Reben sollen sich dem Weinstock auf ähnlich selbstlose Weise hingeben.

Das durch diese Aussage der Auserwählung Christi in den Herzen der Apostel erzeugte Vertrauen wird einen Großteil zum eifrigen Hervorbringen von Frucht beigetragen haben. Ebenso auch Christi Erlaubnis, ja, Christi Ermutigung, in seinem Namen und in seiner Autorität die Anliegen vor den Vater zu bringen. Aber nicht nur das: Während des künftigen Widerstands, der Enttäuschung und des Versagens würde seine Initiative und Auserwählung ihren Geist erfrischen und das Ausharren bewirken, ohne das ein Hervorbringen bleibender Frucht nicht möglich ist. Der Apostel Paulus hat es gut ausgedrückt: *»Ich danke Christus Jesus, unserem Herrn, der mir Kraft verliehen hat, dass er mich für treu erachtet hat, indem er den in den Dienst stellte, der zuvor ein Lästerer und Verfolger und Gewalttäter war; aber mir ist Barmherzigkeit zuteilgeworden, weil ich es unwissend im Unglauben tat. Über die Maßen aber ist die Gnade unseres Herrn überströmend geworden mit Glauben und Liebe, die in Christus Jesus sind. … Aber darum ist mir Barmherzigkeit zuteilgeworden, damit an mir, dem Ersten, Jesus Christus die ganze Langmut erzeige, zum Vorbild für die, die an ihn glauben werden zum ewigen Leben«* (1. Timotheus 1,12-16).

Die Aussage unseres Herrn, dass er seine Apostel erwählt hat und nicht sie ihn, ist ermutigend. Dennoch kann sie auch als Ermahnung gesehen werden, besonders wenn wir an die vorherige Ermahnung denken, dass von ihnen – als Reben an dem Weinstock – erwartet wird, ihr Leben für ihre Freunde zu lassen. Ein unabhängiger Händler kann sich einen Landwirt aussuchen, der ihm die Trauben liefert. Wenn er die Trauben erhalten hat, kann er sie entweder an jeden Interessenten verkaufen oder nur an eine kleine Gruppe Auserwählter. Er kann sie profitorientiert verkaufen oder verschenken. Oder er behält sie einfach zu seinem eigenen Genuss. Aber wenn ein Weinbauer jemanden als seinen Knecht erwählt und ihm aufträgt, seine Trauben kostenlos an diejenigen zu verteilen, die der Weinbauer vorher bestimmt hat, kann der Knecht mit den Trauben nicht einfach machen, was er will, schon gar nicht sie für sich selbst behalten. Er muss die Anweisung des Landwirts erfüllen, der ihn erwählt und berufen hat. Paulus sagt: *»Denn wenn ich das Evangelium verkündige, so habe ich keinen Ruhm, denn ein Zwang liegt auf mir. Denn wehe mir, wenn ich das Evangelium nicht verkündigte! … [ich bin] nur mit einer Verwaltung betraut«* (1. Korinther 9,16.17; revidierte Elberfelder Übersetzung).

Die Apostel werden sicherlich ermutigt durch die Tatsache, vom Herrn erwählt zu sein. Aber gleichzeitig werden sie keine andere Wahl haben, als ihre von Gott gegebene Aufgabe als Reben am Weinstock zu erfüllen: ihr Leben zu lassen, um den Mitmenschen die Liebe und Güte Gottes zu bringen. Und dieser Punkt wird durch die letzte bedeutende Aussage in dieser Reihe verdeutlicht: *»Dies gebiete ich euch, dass ihr einander liebet«* (V. 17).

Verglichen mit den Aposteln empfinden wir uns kaum würdig, als wichtige Reben am Weinstock betrachtet zu werden. Aber was ursprünglich zu diesen Reben gesagt wurde, trifft gleichermaßen auf jeden Zweig und jede Ranke am Weinstock zu. Jeder Gläubige kann sagen: »Christus hat für mich persönlich sein Leben gelassen.« Jeder Gläubige ist dazu berufen, ein Freund Christi zu sein, indem er seine Gebote hält. Und Christus behandelt jeden Gläubigen als Freund, indem er ihm all das anvertraut, was er vom Vater gehört hat. Jeder Gläubige wurde willentlich und persönlich von Christus auserwählt, um bleibende Frucht zu bringen. Jede Traube christlicher Tugend und Anmut, die sich im Wesen eines Gläubigen entwickelt hat, jeder Mensch, der aufgrund des Zeugnisses über den Wert des Lebens zum Glauben an Christus gebracht wurde, jede einzelne Frucht wird ewig bleiben. Die Freude darüber wird niemals schwinden.

Und beachten wir, wie freigebig der Herr sich ausdrückt: *»Ich habe euch auserwählt …, dass ihr hingehet und Frucht brin-*

get und eure Frucht bleibe« (V. 16). *Eure* Frucht! Bringen *wir* sie denn hervor? Einerseits nein. Ohne Christus können wir nichts tun. Er muss alles Nötige zur Verfügung stellen. Er muss uns erhalten. Der Vater ist der Weingärtner. Trotzdem bezeichnet er das Ergebnis tatsächlich als *unsere* Frucht, denn dieser Prozess übergeht unsere Persönlichkeit nicht. Wir sind keine unpersönlichen Reben, Rohre, Kanäle, durch die ein allmächtiges Wesen seine Segnungen ausgießt. Wir behalten unsere Persönlichkeit, auch wenn wir mit Christus verbunden sind. Gerade durch die Verbindung mit Christus entwickelt sich unsere Persönlichkeit. Gott, der uns geschaffen hat und unsere Fähigkeiten kennt, entfaltet uns vollständig. Obwohl Christus die Quelle ist, wird die entstehende Frucht als *unsere* Frucht bezeichnet. Wir sollen sie sehen und uns an ihrem Anblick auf ewig erfreuen.

Und jeder Gläubige darf – und wird sogar dazu ermutigt – die Anliegen in Christi Namen und Autorität vor den Vater bringen. Stellen Sie sich einmal vor, was das bedeutet! Es ist, als ob ein wohlhabender Mann seinem armen Freund ein Geschäft eröffnet. Er weiß, dass sein Freund niemals selbst genügend Mittel haben wird, damit sich das Geschäft gut entwickelt und später einmal Gewinn abwirft. Er erlaubt seinem armen Freund, auf der Bank in seinem Namen zu handeln. Die Bank wird ihm deshalb alle nötigen Mittel geben, wenn er den Namen seines reichen Freundes nennt. Stellen Sie sich das einmal vor! Wir, die wir einst Widerspenstige waren, die wir immer noch oft sündigen, obwohl wir nun erlöst sind, dürfen auf die himmlische Bank gehen und im Namen des Sohnes Gottes den Vater um die nötigen Mittel bitten! Und der Vater wird uns geben, um was wir bitten, weil er den Namen seines Sohnes anerkennt. Wie könnte Christus wohl noch mehr als Freund an uns handeln? Schande über uns, wenn wir uns nicht ebenso als Freunde ihm gegenüber verhalten! Zum Schluss fasst er nochmals das Hauptgebot zusammen, das wir halten müssen, wenn wir ihm gegenüber als Freunde handeln möchten: *»Dies gebiete ich euch, dass ihr einander liebet«* (V. 17).

B. Die Feindschaft der Welt wird aufgedeckt

Vorschau

Im vorangegangenen Abschnitt haben wir gesehen, dass wahre Heiligkeit im Wesentlichen darin besteht, der Welt Gott zu bezeugen und das Evangelium zu verkünden. Dies geschieht in erster Linie durch ein Leben, das die attraktive Frucht des Geistes hervorbringt, damit die Menschen um uns herum schmecken und erkennen können, dass der Herr, dessen Botschafter wir sind, gut ist. Und zweitens geschieht es durch das Wort des gesprochenen Zeugnisses, sowohl unter vier Augen als auch öffentlich.

In dem nun folgenden Abschnitt wird unser Herr uns für diese Aufgabe zubereiten, indem er uns darauf hinweist, dass die Welt, in der und für die wir Zeugnis sein sollen, gekennzeichnet ist von der Feindschaft gegenüber Gott und Christus.

Diese Feindschaft brachte Christus ans Kreuz. Doch Gott wendet sich als Reaktion darauf nicht ab und zerstört auch nicht die Welt, sondern er sendet uns in die Welt, damit wir Zeugnis ablegen von dem, wie Gott wirklich ist. Das soll einigen schließlich die Augen öffnen und sie mit Gott versöhnen.

Wir können nicht erwarten, besser als Jesus behandelt zu werden. Aber dieser Abschnitt endet mit der Ankündigung von Christi großartiger Vorsorge für uns. Wir müssen die schwere Last der Hauptverantwortung für das Bezeugen von Christus in der Welt nicht tragen. Diese Hauptverantwortung trägt der Heilige Geist, den Jesus vom Vater gesandt hat. Unsere in hohem Maß ehrenvolle, aber untergeordnete Rolle ist es einfach, seine Helfer und Werkzeuge bei seinem göttlichen Zeugnis für Christus zu sein.

23. Den Hass der Welt verstehen

Wenn die Welt euch hasst, so wisst, dass sie mich vor euch gehasst hat. Wenn ihr von der Welt wäret, würde die Welt das Ihre lieb haben; weil ihr aber nicht von der Welt seid, sondern ich euch aus der Welt auserwählt habe, darum hasst euch die Welt. Erinnert euch an das Wort, das ich euch gesagt habe: Ein Knecht ist nicht größer als sein Herr. Wenn sie mich verfolgt haben, werden sie auch euch verfolgen; wenn sie mein Wort gehalten haben, werden sie auch das eure halten. Aber dies alles werden sie euch tun um meines Namens willen, weil sie den nicht kennen, der mich gesandt hat.[3] Johannes 15,18-21

Warum sollte jemand Christus hassen? Der Fürst des Lebens, der König der Gerechtigkeit und des Friedens, der Freund der Sünder, der Bote von Gottes Vergebung, der Urheber der Bergpredigt – warum sollte ihn jemand so sehr hassen und kreuzigen? Wenn Menschen Tyrannen wie Hitler hassen, ist das verständlich. Aber Jesus Christus?

Als Petrus und die anderen Jünger das erste Mal von Christus hörten, dass die verantwortlichen Führer des Landes ihn kreuzigen werden, scheint es ihnen ein grotesker Irrtum zu sein. Petrus sagte: *»Gott behüte dich, Herr! Dies wird dir nicht widerfahren«* (Matthäus 16,22).

Aber natürlich geschah es. Und die Welt, die Jesus gekreuzigt hat, wird seine Jünger nicht unbedingt besser behandeln, wenn er nicht mehr hier ist. Wenn sie nun in die Welt hinausgehen und Christus bezeugen und das Evangelium verkünden sollen, müssen sie auf die Feindschaft der Welt vorbereitet werden. Dazu ist es erforderlich, dass sie die wahre Ursache dieser Feindschaft verstehen. Denn durch das Verstehen wird das Mitgefühl kommen, wie bei ihrem Meister, der für diejenigen betete, die ihm die Nägel durch seine Hände und Füße schlugen: *»Vater,*

---

3 Für eine einleitende Definition des Ausdrucks »Welt« s. S. 66-67; ferner s. S. 242-243.

vergib ihnen, denn sie wissen nicht, was sie tun« (Lukas 23,34). Und mit dem Mitgefühl wird das dringende Bedürfnis kommen, die Wahrheit über Gott und seinen Sohn zu bezeugen, um nach Möglichkeit der fatalen Unwissenheit ein Ende zu bereiten. Und eine Bereitschaft, dabei die Feindschaft der Welt zu ertragen.

Zu Beginn möchten wir vier Dinge über die Feindschaft der Welt sagen, die die Jünger im Auge behalten müssen, wenn sie ihr begegnen:

1. Dieser Feindschaft geht bereits etwas voraus: *»die Welt … [hat] mich vor euch gehasst«* (V. 18).
2. Wodurch werden die Nachfolger Christi diese Feindschaft der Welt hervorrufen? *»… weil ihr aber nicht von der Welt seid, sondern ich euch aus der Welt auserwählt habe, darum hasst euch die Welt«* (V. 19).
3. Christen dürfen keine bessere Behandlung als Christus erwarten: *»Wenn sie mich verfolgt haben, werden sie auch euch verfolgen; wenn sie mein Wort gehalten haben, werden sie auch das eure halten«* (V. 20).
4. Was ist die tiefere grundlegende Ursache der Feindschaft der Welt? *»Aber dies alles werden sie euch tun um meines Namens willen, weil sie den nicht kennen, der mich gesandt hat«* (V. 21).

Was ging dieser Feindschaft voraus?

Das Evangelium unseres Herrn Jesus Christus ist so wunderbar. Es bietet uns vollständige und vollkommene Vergebung an, das Geschenk des ewigen Lebens, Friede mit Gott, die tägliche Gemeinschaft mit Christus, die Gewissheit des Himmels und noch viele weitere Freuden und Segnungen. Deshalb erzählt ein Junggläubiger seinen Freunden schnell davon. Er denkt, dass sie bisher nur deshalb noch nicht an Jesus geglaubt haben, weil sie nicht genau wussten, was und wie Errettung ist. Er meint, dass er seinen vernünftigen Freunden nur vom Evangelium erzählen muss und sie es dann freudig annehmen werden. Wenn er dann, was oft der Fall ist, in Wirklichkeit auf gefühllose Gleichgültigkeit, Spott oder sogar Feindseligkeit trifft, ist er ziemlich verwirrt. Er kann nicht verstehen, warum er nicht akzeptiert wird. Vielleicht fängt er sogar an, sich zu fragen, ob das alles stimmt. Hätte Jesus seine Apostel nicht vorgewarnt, wäre es für sie ebenfalls beunruhigend gewesen, wenn sie erkannt hätten, dass die geistlichen Führer des Landes, die Hohenpriester und der Hohe Rat einmütig in harter Feindseligkeit gegen sie und ihr Evangelium waren.

In solchen Umständen ist es nur normal, wenn sich ein Jung-gläubiger fragt: Stimmt mit mir etwas nicht? Das kann natürlich zutreffen. Ein Junggläubiger ist manchmal aufgrund seines Enthusiasmus ziemlich taktlos oder sogar unhöflich und respektlos bei seinem Zeugnis gegenüber anderen. Und manchmal untergräbt das schlechte Verhalten von Menschen, die bereits länger gläubig sind, die Glaubwürdigkeit des von ihnen verkündigten Evangeliums auf gravierende Weise. Der Unmut der Ungläubigen gegenüber den Christen ist manchmal die Schuld der Christen. Und die unheilige Mischung aus Politik und Religion, von den Menschen »Christentum« genannt, ist oft solch unchristlicher Grausamkeit und Bösartigkeit schuldig geworden, dass die Menschen es verständlicherweise und zu Recht gehasst haben.

Aber trotz alledem bleibt eine Feindseligkeit bestehen, die eine völlig andere Ursache hat. Das sehen wir, wenn wir daran denken, dass die Welt Jesus Christus in größerem Ausmaß gehasst hat, lange bevor sie Christen gehasst hat. Und an Jesus gab es nichts auszusetzen: kein unausgewogener Fanatismus, keine lieblose Religiosität, keine Gleichgültigkeit gegenüber den Gefühlen der Menschen. Dennoch hassten sie ihn erbittert. Wenn wir nicht durch die alles durchdringende Boshaftigkeit der Welt abgestumpft wären, würden wir es als äußerst eigenartig betrachten, dass der gerechteste Mensch, der jemals gelebt hat, von seinen Mitmenschen gekreuzigt wurde. Demnach ist es nicht zwangsläufig die Schuld seiner Nachfolger, wenn die Welt sich auch an ihnen stößt.

Wodurch rufen die Nachfolger Christi die Feindseligkeit der Welt hervor?

Die Feindschaft der Welt gegenüber den Nachfolgern Christi ist auf den tiefer liegenden Konflikt zurückzuführen, der mit der Frage verbunden ist, wem man letztendlich treu ergeben ist. Christus sagt: *»Wenn ihr von der Welt wäret, würde die Welt das Ihre lieb haben; weil ihr aber nicht von der Welt seid …«* (V. 19). Die Welt merkt das und stößt sich daran. Zu allem Übel waren Christi Nachfolger ursprünglich wie alle anderen »von der Welt«: Sie teilten die wesentlichen Einstellungen, Annahmen, Werte, Wünsche und Ziele der Welt. Aber das hat sich verändert. Christus hat sie aus der Welt erwählt. Sie haben ihre grundsätzliche Loyalität einem anderen Herrn geschworen, gegen dessen Existenz sich die Welt grundsätzlich auflehnt. Deshalb fühlt sich die Welt durch die Nachfolger Christi beunruhigt. Manchmal merkt die Welt schwach und unbewusst, zu anderen Zeiten völlig bewusst, dass ein wahrer Christ eine Art Überläufer ist, der die Seiten gewechselt hat – übergelaufen zu dem Einen, von dem die Welt in ihrem Herzen weiß, dass er ihre größte Bedrohung ist.

Einige notwendige Erklärungen und Definitionen

An dieser Stelle unterbrechen wir und fragen uns, was genau Christus mit der »Welt« meint. Zweifellos verwendet er den

Ausdruck in einem besonderen Sinn. Denn wenn er sagt: »die Welt liebt das Ihre«, bedeutet das nicht, dass sich alle Nichtchristen und alle nichtchristlichen Nationen untereinander lieben! Das tun sie offensichtlich nicht! Schauen Sie sich einmal all die Kriege an, die in vielen Teilen der Welt wüten!

Und die Aussage »weil ich euch aus der Welt auserwählt habe, hasst euch die Welt« heißt nicht, dass jeder Nichtchrist jeden Christen hasst. Das stimmt nicht, und Christus wusste das: Er litt nicht unter Verfolgungswahn, er sah nicht Hass, wo keiner war. Mütter haben ihm so sehr vertraut, dass sie ihre Kinder zu ihm brachten und er sie in die Arme nahm und sie segnete (Markus 10,13-16). Er hatte Mitgefühl mit den Menschenmengen: Er hatte Mitleid mit ihnen wie mit Schafen, die keinen Hirten haben, er speiste sie, heilte ihre Krankheiten, damit sie Gott um seinetwillen verherrlichten (Matthäus 9,35.36; 15,30-32). Voller Barmherzigkeit gegenüber Sündern nahm er ihre Einladungen zum Essen an und empfing sie an seinem Tisch. Und zwar so sehr, dass die religiösen Zeitgenossen ihn anklagten, ein Freund der Zöllner und Sünder zu sein (Lukas 15,1; 19,7). Wir lesen, dass in der Woche vor seiner Kreuzigung die Volksmenge in Jerusalem (im Unterschied zu ihren Führern) ihn gern hörte. Und auch wenn sie letzten Endes von den Führern beeinflusst seine Kreuzigung forderten, gaben ihm an Pfingsten und danach Tausende ihre Loyalität, ihr Vertrauen und ihre Liebe und folgten ihm nach (Markus 12,37; 15,11; Apostelgeschichte 2,41; 4,4). Deshalb hat Christus, als er zu seinen Aposteln im Grunde sagte: »Seid nicht überrascht, wenn die Welt euch hasst«, sicherlich nicht gemeint, dass jeder Nichtchrist jeden Christen hasst.

Deshalb müssen wir die Welt als Ganzes sehen, um zu erkennen, dass die Welt vom Bösen völlig durchdrungen ist. Und die Bibel schreibt es der ursprünglichen Entfremdung des Menschen von Gott zu. Es ist deshalb hilfreich, wenn wir uns hier noch einmal in Erinnerung rufen, was das Aufdecken von Judas' Verrat durch den Herrn mit der Entfremdung der Welt von

Gott zu tun hat. Es begann im Garten Eden, wo Satan, der Fürst dieser Welt geworden ist (Johannes 12,31; 14,30; 16,11), Adam und Eva einredete, dass Gott gegen sie war und sie das Leben nur genießen konnten, indem sie sich gegen Gott und sein Wort auflehnten und sich unabhängig von Gott der guten Dinge des Lebens erfreuten. Sie fielen auf die Lüge Satans herein. Es folgten Schuldgefühle und ein schlechtes Gewissen. Dadurch merkten sie, dass Gott nun gewiss gegen sie sein musste. Sie liefen davon und versuchten, sich vor Gott zu verstecken, der für sie nun zur großen Bedrohung geworden war (s. 1. Mose 3).

Immer noch versuchen Menschen, vor Gott davonzulaufen und sich zu verstecken, wenn auch auf viel ausgeklügeltere Weise. Viele suchen Zuflucht in der Wissenschaft, von der sie gern glauben, sie habe bewiesen, dass es außerhalb unseres Universums keinen Gott gibt. Oder wenn doch, dass dieser Gott unser Universum nicht betreten und in die Dinge innerhalb des Universums nicht eingreifen kann. Die Wissenschaft hat natürlich nichts davon bewiesen.

Viele scheinen zu denken, dass Gott irgendwie weggehe, wenn sie ihn ignorieren. Eine Selbsttäuschung des menschlichen Herzens ist das Annehmen einer Religion in der Hoffnung, dadurch Gott zu besänftigen, sich von seinem Missfallen zu befreien und sich vielleicht einen Platz im Himmel zu verdienen. Aber genau dadurch wird auf subtile Weise die völlig falsche Haltung der Unabhängigkeit von Gott weitergeführt.

Stellen wir uns einen Nachbarn vor, der einen Schrebergarten besitzt und eine Menge Kartoffeln angebaut hat. Nehmen wir an, dass ich mich heftig mit ihm gestritten habe. Er verkauft mir vielleicht trotzdem Kartoffeln, wenn ich ihm genügend zahle. Wenn ich aber bankrott bin und hilflos davon abhängig bin, dass er mir die dringend benötigten Kartoffeln gibt, kann ich meine Unabhängigkeit nicht aufrechterhalten. Ich muss mich auf sein Erbarmen werfen und mit ihm versöhnt werden, bevor ich erwarten kann, dass er mir etwas gibt.

Genauso ist es zwischen dem Menschen und Gott. Gott appelliert an die Menschen, ihre falsche, unabhängige Haltung aufzugeben, ihren moralischen und geistlichen Bankrott anzuerkennen, sich auf seine Gnade zu werfen, mit ihm versöhnt zu werden und von ihm Vergebung und ewiges Leben als Geschenk zu erhalten. Aber solange die Menschen aus Stolz oder Unwissenheit ihre Unabhängigkeit von Gott aufrechtzuerhalten versuchen, dauert die Entfremdung an und Gott erscheint ihnen als Bedrohung. Sie mögen ihn nicht, geschweige denn dass sie ihn lieben. Und wenn sie dann einen Christen treffen, der über Jesus reden möchte, Gott und Christus offensichtlich liebt und auf deren Anspruch auf die Welt drängt, mögen sie ihn genauso wenig, denn er beunruhigt sie. Diese Abneigung wird im Extremfall zu einer Regierung führen, die den bloßen Gedanken an Gott aus der Gesellschaft per Gesetz auszulöschen sucht.

Christen dürfen dieselbe Behandlung wie Christus erwarten

»Erinnert euch an das Wort, das ich euch gesagt habe: Ein Knecht ist nicht größer als sein Herr. Wenn sie mich verfolgt haben, werden sie auch euch verfolgen« (V. 20), sagt Christus. Er ist völlig ehrlich zu seinen Jüngern. Niemals täuschte er vor, Nachfolge würde nichts kosten. Er beruft zu einer Treue, die im Notfall das Leben kosten wird. Und Tausende Gläubige haben diesen Preis um seinetwillen bereits bezahlt.

Auf der anderen Seite – und hier sehen wir seine Ausgewogenheit der Gedanken – fügt Christus hinzu: *»… wenn sie mein Wort gehalten haben, werden sie auch das eure halten«* (V. 20). Es gab viele, die während des irdischen Dienstes unseres Herrn seinem Wort glaubten, deren Glaube sie errettet hat und die in Frieden weggingen. Seit Pfingsten gibt es eine immer größer werdende Menge, die das Wort der Jünger Christi glaubt, und zwar deshalb, weil es in Wirklichkeit das Wort Christi ist.

Wahre Heiligkeit erfordert deshalb, dass wir nüchtern und realistisch die Feindseligkeit der Welt einkalkulieren. Aber wir müssen keine paranoiden Pessimisten sein. Unzählige werden dennoch dem Evangelium glauben.

Die tiefere grundlegende Ursache der Feindschaft der Welt

Zum Schluss weist Christus auf die tiefere grundlegende Ursache der Feindschaft der Welt hin. Und wenn wir darüber nachdenken, wird es unser Mitleid erregen.

»Die Welt wird euch hassen und verfolgen um meines Namens willen«, erklärt Christus hier. Unmittelbar nach Pfingsten wurde vieles klar. Der Hohe Rat hat den Aposteln kurz danach befohlen, *»sich durchaus nicht in dem Namen Jesu zu äußern noch zu lehren«* (Apostelgeschichte 4,18). Als sie es nicht unterließen, ermahnte sie der Hohe Rat: *»Wir haben euch streng geboten, in diesem Namen nicht zu lehren«* (Apostelgeschichte 5,28). Sie untermauerten ihre Ermahnung mit Schlägen.

Der Apostel Paulus erklärt vor König Agrippa, warum er vor seiner Bekehrung die Christen so hart verfolgt hat: *»Ich meinte freilich bei mir selbst, gegen den Namen Jesu, des Nazaräers, viel Feindseliges tun zu müssen«* (Apostelgeschichte 26,9). Auch heute noch rufen die alleinigen Ansprüche Christi nicht nur bei Atheisten, sondern auch bei Religiösen Missfallen hervor, wenn Christen den Anspruch Christi wiederholen: *»Ich bin der Weg, die Wahrheit und das Leben; niemand kommt zum Vater als nur durch mich«* (Johannes 14,6), oder wenn sie wie die Apostel darauf bestehen, dass *»in keinem anderen das Heil [ist], denn es ist auch kein anderer Name unter dem Himmel, der unter den Menschen gegeben ist, in dem wir errettet werden müssen«* (Apostelgeschichte 4,12).

Aber Christi Befund geht noch tiefer: *»Aber dies alles werden sie euch tun um meines Namens willen,* ***weil sie den nicht***

kennen, der mich gesandt hat« (V. 21). Das trifft, wie wir gesehen haben, nicht nur auf Heiden oder Atheisten zu, sondern auch auf viele religiöse Menschen. Saulus von Tarsus, der spätere Apostel Paulus, ist ein typisches Beispiel dafür. Er war, wie viele seiner jüdischen Zeitgenossen, außerordentlich religiös und meinte, besser als die Heiden um ihn herum zu wissen, wie Gott wirklich ist. Aber als Gott in der Person Jesu auf die Erde kam, erkannte Saulus ihn nicht. Aber das war nicht das Einzige: Paulus verfolgte ihn sogar. Später gestand er ein, dass er dies aus reiner Unwissenheit tat (1. Timotheus 1,13).

Gibt es etwas Schmerzlicheres? Es bewegte den Sohn Gottes zu Tränen. Als er sich Jerusalem näherte und die Stadt sah, weinte er über sie und sagte: *»Wenn du doch erkannt hättest – und wenigstens an diesem deinem Tag –, was zu deinem Frieden dient! Jetzt aber ist es vor deinen Augen verborgen. … du [hast] die Zeit deiner Heimsuchung nicht erkannt«* (Lukas 19,42.44).

Es sollte auch unsere Augen heute mit Tränen des Mitleids füllen, wenn wir als Christi Jünger in die Welt hinausgehen und ihr unseren wunderbaren Erretter vorstellen – und dieselbe Feindschaft aus Unwissenheit erfahren.

24. Gottes wunderbare Erwiderung auf die Feindschaft der Welt

Wenn ich nicht gekommen wäre und zu ihnen geredet hätte, so hätten sie keine Sünde; jetzt aber haben sie keinen Vorwand für ihre Sünde. Wer mich hasst, hasst auch meinen Vater. Wenn ich nicht die Werke unter ihnen getan hätte, die kein anderer getan hat, so hätten sie keine Sünde; jetzt aber haben sie gesehen und doch gehasst sowohl mich als auch meinen Vater. Aber damit das Wort erfüllt würde, das in ihrem Gesetz geschrieben steht: »Sie haben mich ohne Ursache gehasst.« – Wenn aber der Sachwalter gekommen ist, den ich euch von dem Vater senden werde, der Geist der Wahrheit, der von dem Vater ausgeht, so wird er von mir zeugen. Aber auch ihr zeugt, weil ihr von Anfang an bei mir seid.

Johannes 15,22-27

Wir werden nun die Reaktion Gottes auf die Feindschaft der Welt gegenüber seinem Sohn sowie auf dessen Verwerfung und Kreuzigung sehen. Aber um Gottes Erwiderung in all ihrer Herrlichkeit zu erkennen, sollten wir zuerst betrachten, wie der Herr Jesus die Schuld seiner Zeitgenossen beurteilt.

In der vorangegangenen Lektion lernten wir, dass die Verwerfung Jesu durch die Welt ihrer Unwissenheit über Gott, der Jesus gesandt hatte, entsprang. Aber es gibt zwei Arten von Unwissenheit: Eine ist schuldhaft, die andere nicht. Im Mittelalter wussten die Menschen in Europa und Asien beispielsweise überhaupt nichts von der Existenz Australiens. Sie konnten nichts dafür, dass sie unwissend waren. Niemand hatte es bisher gesehen. Niemand von Australien war gekommen, um ihnen davon zu erzählen. Sie konnten nicht dafür getadelt werden, dass sie nichts darüber wussten oder nicht an die Existenz Australiens glaubten. Es ist allerdings etwas ganz anderes, wenn sich ein Bewohner von Sankt Petersburg im 19. Jahrhundert weigerte, an die Existenz Frankreichs zu glauben. Unwissenheit trotz verfügbarer Belege ist vorsätzlich und schuldhaft.

Was ist dann mit den Zeitgenossen Christi in Israel? Laut Christus entsprang ihre Verwerfung seiner Person der Tatsache, dass sie den Vater nicht kannten, der ihn gesandt hatte. Aber die Frage ist: Konnten sie den Vater kennen, wenn sie es gewollt hätten? Die Antwort ist: Ja, auf jeden Fall. Sie hätten nicht unwissend bleiben müssen, deshalb war diese Unwissenheit schuldhaft.

Nun macht unser Herr drei ernste Aussagen über die Schuldigkeit seiner Zeitgenossen bezüglich ihres Hasses sowohl ihm als auch dem Vater gegenüber. In einer vierten Aussage kündigt er Gottes großartige Erwiderung auf diese schuldhafte Unwissenheit und Feindschaft an: Er wird sie nicht vom Erdboden hinwegfegen. Er wird ihnen eine weitere Person der Dreieinheit senden, den Heiligen Geist Gottes, der ihnen Christus bezeugen und sogar sie, soweit möglich, zu Buße, Glauben, Versöhnung mit Gott und Vergebung führen wird. Die vier Aussagen betreffen:

1. die Verwerfung der Worte Christi durch die Welt: »*Wenn ich nicht gekommen wäre und zu ihnen geredet hätte, so hätten sie keine Sünde; jetzt aber haben sie keinen Vorwand für ihre Sünde. Wer mich hasst, hasst auch meinen Vater*« (V. 22.23);
2. die Verwerfung der Werke Christi durch die Welt: »*Wenn ich nicht die Werke unter ihnen getan hätte, die kein anderer getan hat, so hätten sie keine Sünde; jetzt aber haben sie gesehen und doch gehasst sowohl mich als auch meinen Vater*« (V. 24);
3. die vorhergehende Warnung im Alten Testament: »*Aber damit das Wort erfüllt würde, das in ihrem Gesetz geschrieben steht: Sie haben mich ohne Ursache gehasst*« (V. 25);
4. Gottes Reaktion auf die Feindschaft der Welt: das Senden des Geistes der Wahrheit, um von Christus zu zeugen (V. 26.27).

Da die Aussagen 1 und 2 eng miteinander verbunden sind, werden wir sie gemeinsam betrachten.

Zunächst eine Formalie: In den Versen 22 und 24 verwendet Christus zwei Mal den (griechischen) Ausdruck *»so hätten sie keine Sünde«*. Damit meint er sicherlich nicht, dass seine Zeitgenossen völlig rechtschaffen und sündlos gewesen wären, wenn er nicht gekommen, gepredigt und Wunder vollbracht hätte. In diesem Sinn waren sie wie jeder andere auch sündig. Der Ausdruck »Sünde haben« bedeutet, schuldig zu sein. Wenn jemand ohne Geruchssinn einen Raum voller Gasgeruch betritt, ohne es wahrzunehmen, ein Zündholz anzündet und der Raum explodiert, kann man ihm keine Schuld vorwerfen: Er »hat keine Sünde«. Wenn er aber andererseits das Gas riecht und bewusst ein brennendes Zündholz in den Raum wirft, »hat er Sünde«.

Als Zweites betrachten wir ein Grundprinzip von immenser Wichtigkeit. In diesen Versen sagt Jesus uns, dass Menschen beim letzten Gericht (Jesus wird der Richter sein – Johannes 5,22.23) dafür verantwortlich gemacht werden, was sie aus all den Hinweisen und den Informationen über Gott und Christus gemacht haben, die sie hatten – oder hätten haben können, wenn sie gewollt hätten. Sie werden nicht verantwortlich gemacht werden für die Erleuchtung, die sie nicht hatten oder nicht haben konnten. Jeder Mensch hat ein wenig Erleuchtung, denn Gott hat sein Universum und unsere Erde mit Hinweisen auf ihn ausgestattet. Diesen Hinweisen sollen Menschen folgen und ihn suchen. Manche tun das, aber viele machen sich nicht die Mühe oder ignorieren diese Hinweise bewusst (Apostelgeschichte 14,13-17; 17,26-28; Römer 1,18-32; 2,14-16). Sie werden dafür zur Rechenschaft gezogen werden.

Aber denjenigen, die niemals von Jesus gehört haben, kann und wird dafür nicht die Schuld zugewiesen werden, dass sie nicht an Jesus geglaubt haben (jedoch für viele andere Dinge). Andererseits haben die Zeitgenossen Christi in Israel seine offensichtlich von Gott gegebenen Worte über das Herz, die Gerechtigkeit und die Liebe Gottes gehört. Sie haben seine einzigartigen Wunder gesehen, die unbestreitbar Zeichen seiner göttlichen Macht waren und gleichzeitig eine konkrete Verdeutlichung waren, dass er den Bedürfnissen des Menschen auf der höchsten geistlichen Ebene begegnen kann.

Sie haben Christus gesehen, und dadurch, dass sie ihn gesehen haben, haben sie auch den Vater gesehen. Aber sehenden Auges haben sie sich an beiden gestoßen und sie abgelehnt. Viele von ihnen haben behauptet, sie hätten nur Jesus abgelehnt und glaubten weiter an Gott. Aber das ist unmöglich. Jesus ist menschgewordener Gott. Jesus sagt: *»Wer mich hasst, hasst auch den Vater«* (V. 23).

Eine Warnung aus dem Alten Testament

Aufgrund des Kommens, Predigens und Wunderwirkens Christi hatten die Israeliten keine Entschuldigung für ihre Unwissenheit in Bezug auf Gott und für ihre Ablehnung Christi. Und es gibt einen weiteren Grund, warum sie ohne Entschuldigung sind: Ihr erster und größter König, David, war nicht nur Dichter, sondern auch Prophet. Er warnte in vielen Psalmen die nachfolgenden Generationen Israels, dass das Volk seinen großartigen Sohn, den Messias, bei seinem Kommen hassen wird. Und zwar nicht aufgrund des eigenen Verschuldens des Messias (s. Psalm 35,19; 69,5; 109,5). Als nun Jesu Zeitgenossen erkannten, dass sie ihn hassten und seinen Anspruch, der Messias zu sein, ablehnten, hätten sie sich nochmals Gedanken machen sollen, um auf die richtige Spur zu kommen. Trotz ihrer ausgezeichneten Kenntnis des Alten Testaments waren die Führer so feindselig gegenüber Jesus und wild entschlossen, zu beweisen, dass er nicht der Messias war. Deshalb dachten sie nicht an diese alttestamentlichen Voraussagen und kreuzigten ihn (und bewiesen übrigens dadurch, dass er der Messias war; s. Apostelgeschichte 13,27-30). Dadurch vergrößerten sie die Schuld ihrer Verwerfung Jesu.

Gottes Reaktion auf die Feindschaft der Welt

Wie wird nun Gott auf all diese vorsätzliche, schuldhafte Feindschaft gegen ihn und seinen Sohn reagieren? Wird Gott sie unverzüglich den schrecklichen Konsequenzen ihrer unentschuldbaren Feindschaft überlassen?

Nein! Durchaus nicht! So ist Gott nicht! Gott will, dass alle Menschen gerettet werden und zur Erkenntnis der Wahrheit kommen (s. 1. Timotheus 2,4). Deshalb unternimmt er eine weitere Anstrengung, um seine Feinde zu erretten, die sich nun öffentlich gegen ihn gestellt hatten. Er sendet den Geist der Wahrheit, um ihnen Jesus als seinen Sohn und als ihren von ihm bestimmten Retter zu bezeugen. Er tut das immer noch mit der Absicht, sie zu erretten, wenn sie nur Buße tun.

Im nächsten Abschnitt erfahren wir, was der Heilige Geist über das, was Jesus bis zu diesem Zeitpunkt getan hat, hinaus noch tun kann, um ihre Herzen zu gewinnen. Aber vorher müssen wir zwei äußerst bedeutende Dinge beachten.

Erstens, Christus hat gesagt: *»Wenn aber der Sachwalter gekommen ist …, so wird er von mir zeugen. Aber auch ihr zeugt, weil ihr von Anfang an bei mir seid«* (V. 26.27). Diese Verheißung bezieht sich in erster Linie auf die Apostel. Das sehen wir an der Tatsache, dass ihre offizielle Autorität darin liegt, dass sie *»von Anfang an bei mir«* sind. Gemäß Apostelgeschichte 1,21.22 zeigten die Apostel später, dass sie sich ihrer Autorität deutlich bewusst waren. Denn als sie einen anderen Apostel als Ersatz für Judas Iskariot auswählen wollten, legten sie fest, dass es unbedingt einer der Männer sein musste, *»die mit uns gegangen sind in all der Zeit, in der der Herr Jesus bei uns ein- und ausging, angefangen von der Taufe des Johannes bis zu dem Tag, an dem er von* *uns weg aufgenommen wurde – … ein Zeuge seiner Auferstehung«.* In all den Jahrhunderten nach den Aposteln gab es weder eine Einzelperson noch ein Kollegium, die jemals dieselbe grundlegende und verbindliche Autorität hatten wie die eigentlichen Apostel.

Doch zusätzlich gilt diese Verheißung allen Jüngern Christi seitdem. Alle haben die erstaunliche Ehre, Zeugen für Christus zu sein.

Zweitens sollten wir an dieser Stelle beachten, dass sich hier erneut das herrliche Muster wiederholt, das wir bisher in jeder Lektion über Heiligung gesehen haben, die unser Herr gelehrt hat.

In Johannes 13 beginnt unser Herr nicht mit: »Diese Welt ist total verdreckt. Versucht euer Bestes, um euch selbst zu reinigen.« Sondern er kündigt die herrlichen Vorkehrungen für ihre Reinigung durch das Bad der Wiedergeburt und durch die beständige Waschung der Füße an.

Gleichermaßen sagt er am Anfang von Johannes 14 nicht: »Versucht, mir ganz genau nachzufolgen, damit ihr seid, wo immer ich bin« – obwohl die Jünger natürlich die Verantwortung haben, dem Herrn so nah wie möglich nachzufolgen. Vielmehr beginnt der Herr mit der Ankündigung seiner Vorsorge für die Jünger: *»… ich gehe hin, euch eine Stätte zu bereiten. Und wenn ich weggehe, werde ich wiederkommen und euch mit mir nehmen, damit, wo ich bin, auch ihr seid«* (Johannes 14,2.3).

Und wie wir in Johannes 15 bereits festgestellt haben, beginnt Christus nicht mit der Aussage: »Israel als Ganzes hat versagt als Weinstock, den Gott auf der Erde gepflanzt hat. Versucht ihr, es nun besser zu machen.« Nein, zuallererst kündigt er die herrliche Vorsorge Gottes für uns an, damit wir mehr Frucht bringen zu seiner Freude: *»Ich bin der wahre Weinstock, und mein Vater ist der Weingärtner«* (V. 1).

Ebenso sagt er auch hier zu Beginn der nächsten Lektion nicht: »Die Welt ist zwar Gott gegenüber feindselig, aber ihr müsst hinausgehen und versuchen, mich und meinen Vater zu bezeugen.« Nein, sondern als Erstes kündigt er seine großartige Vorkehrung an, um ihn in dieser Welt zu bezeugen. Diese Vorsorge ist nichts Geringeres als das Kommen des Heiligen Geistes. *»Wenn aber der Sachwalter gekommen ist, … wird er von mir zeugen«* (V. 26), sagt Christus. Selbstverständlich hat jeder Gläubige die Aufgabe, entsprechend seiner Gaben den Herrn zu bezeugen, wie es die Apostel taten: *»auch ihr zeugt«* (V. 27). Aber wir liegen völlig falsch, wenn wir die Hauptverantwortung dafür bei uns sehen. Die Hauptverantwortung für das Bezeugen Christi liegt nicht bei einzelnen Menschen oder der Gemeinde als Ganzes, sondern beim Heiligen Geist. Er trägt die schwere Last. Auch die Apostel waren nur untergeordnete Diener. Wie viel weiter untergeordnet sind wir? Wenn wir diese herrliche Tatsache begreifen, werden wir von der unnötigen Belastung im Dienst für den Herrn befreit. Unsere Kraft wird beständig erneuert, wenn wir lernen, uns auf den allmächtigen Geist Gottes zu stützen.

Es ist durchaus ermutigend und erfrischend, von Zeit zu Zeit zurückzublicken und zu sehen, wie wirksam der Heilige Geist in seinem Zeugnis gegenüber der Welt war. Trotz gewaltigen Widerstands in all den Jahrhunderten wird das Evangelium heute weltweit mehr gepredigt als in den vergangenen 2000 Jahren. Heute hören mehr Menschen das Evangelium, als man vor 100 Jahren zu träumen gewagt hätte. Feindselige Regierungen haben Mauern um ihre Länder aufgebaut, um von ihren Bürgern den christlichen Glauben fernzuhalten und das Evangelium zu unterdrücken. Diese Mauern sind eingestürzt. Wir können der Macht und Weisheit, der Vorgehensweise und der Wirksamkeit vertrauen, wie der Heilige Geist das Bezeugen Christi in der Welt ausführt. Und in diesem Vertrauen können wir unserer Aufgabe nachgehen, den Herrn zu bezeugen.

C. Das Geheimnis des wirksamen Zeugnisses, der nicht zu raubenden Freude, des unerschütterlichen Mutes und des endgültigen Sieges der Heiligkeit

Vorschau

Im vorangegangenen Abschnitt haben wir gesehen, dass der Heilige Geist die Hauptverantwortung für das Zeugnis Christi in der Welt trägt. Doch jeder Gläubige hat seinen Anteil an diesem Zeugnis, denn der Heilige Geist wird zu allen Gläubigen gesandt und durch sie wird er sein Zeugnis ausführen.

In diesem Abschnitt werden wir lernen, dass der Schlüssel für die Wirksamkeit dieses Zeugnisses Christi »Fortgehen« ist – sein Tod, seine Auferstehung und seine Himmelfahrt. Der Herr führt die Bedeutung seines »Gehens« aus, zuerst für die Welt und dann für die Gemeinde.

Dann werden wir die Erscheinungen unseres Herrn nach seiner Auferstehung betrachten, die für seine Jünger – und durch sie für uns – zu einer Quelle nicht zu raubender Freude wurden.

Gegen Ende der Schule werden wir betrachten, wie Christus seine Schüler prüft, um zu sehen, ob sie die all seinen Lehren zugrunde liegende Tatsache wirklich verstanden haben. Danach wird er ihnen schließlich den endgültigen Triumph zusichern, wenn er sie trotz all ihrer Schwachheit an seinem Sieg teilhaben lässt.

25. Das Zeugnis des Heiligen Geistes: Die Welt überführen

Dies habe ich zu euch geredet, damit ihr nicht Anstoß nehmt. Sie werden euch aus der Synagoge ausschließen. Es kommt aber die Stunde, dass jeder, der euch tötet, meinen wird, Gott einen Dienst zu erweisen. Und dies werden sie tun, weil sie weder den Vater noch mich erkannt haben. Dies aber habe ich zu euch geredet, damit, wenn die Stunde gekommen ist, ihr euch daran erinnert, dass ich es euch gesagt habe. Dies aber habe ich euch von Anfang an nicht gesagt, weil ich bei euch war. Jetzt aber gehe ich hin zu dem, der mich gesandt hat, und niemand von euch fragt mich: Wohin gehst du? Doch weil ich dies zu euch geredet habe, hat Traurigkeit euer Herz erfüllt. Doch ich sage euch die Wahrheit: Es ist euch nützlich, dass ich weggehe, denn wenn ich nicht weggehe, wird der Sachwalter nicht zu euch kommen; wenn ich aber hingehe, werde ich ihn zu euch senden. Und wenn er gekommen ist, wird er die Welt überführen von Sünde und von Gerechtigkeit und von Gericht. Von Sünde, weil sie nicht an mich glauben; von Gerechtigkeit aber, weil ich zum Vater hingehe und ihr mich nicht mehr seht; von Gericht aber, weil der Fürst dieser Welt gerichtet ist. Johannes 16,1-11

Falsche Religion

Der letzte Abschnitt begann finster genug, als unser Herr seine Apostel auf die Feindseligkeit der Welt aufmerksam machte, die ihnen begegnen wird, wenn sie ihn bezeugen. Was aber in Finsternis beginnt, endet in herrlichem Sonnenschein: in der Verheißung, dass Christus ihnen den Geist der Wahrheit vom Vater senden wird, der die Hauptlast und Hauptverantwortung für die Ausführung des weltweiten Zeugnisses für Christus tragen wird.

Zu Beginn dieses Abschnitts folgt noch einmal eine traurige Anmerkung, da Christus erneut auf die Feindseligkeit der Welt zurückkommt. Dieses Mal konzentriert er sich auf eine bestimmte Richtung, aus der die Feindseligkeit kommen wird:

die eigene jüdische Religion der Apostel. Das wird durch die Formulierung deutlich, mit der die Verfolgung beschrieben wird: »*Sie werden euch aus der Synagoge ausschließen. … jeder, der euch tötet, [wird] meinen, Gott einen Dienst zu erweisen*« (V. 2). Als Beispiel dafür können wir erneut Saulus von Tarsus anführen (Apostelgeschichte 7,51–8,1; 9,1-9). Wir können seine Aufrichtigkeit nicht anzweifeln: Er dachte wirklich, Gott durch die Christenverfolgung zu gefallen. Wie schlimm und böse Religion werden kann! Und zwar nicht nur primitive Naturreligionen mit ihrem Aberglauben und grausamen Handlungen, sondern auch die klassischen monotheistischen Religionen! Es war eine herzzerreißende Tragik, dass die Führer Israels zur Zeit Jesu in ihrer persönlichen Unkenntnis Gottes die von Gott gegebene Religion so verdreht hatten, um mit ihr den Mord des Sohnes Gottes zu rechtfertigen. Die Geschichte des Christentums, um es gleich zu sagen, ist jedoch überhaupt nicht besser. Das Christentum hat behauptet, Christus nachzufolgen, und sich oft über das Verbot, Gewalt anzuwenden, hinweggesetzt. Viele Tausend mehr als von Israel wurden vom Christentum verfolgt, hingerichtet und niedergemetzelt. Nicht nur im Bordell, in der Bude des Trinkers, in der atheistischen Schule oder an ähnlichen Orten zeigt sich die Entfremdung der Menschen von ihrem Schöpfer. Religion selbst kann eine subtile Art der Rebellion gegen Gott sein. Religion an sich kann nicht erretten. Sie steht als Teil der Welt unter Gottes Gericht. Nur der lebendige Gott und sein Sohn Jesus Christus können erretten.

Aber warum sollte Christus genau zu diesem Zeitpunkt auf dieses bedrückende Thema zurückkommen? Lassen wir es ihn erklären (V. 4). Erstens, um die Apostel vorzuwarnen. Sie sollten sich daran erinnern, wenn die Verfolgung auftritt, dass er es ihnen gesagt hat. Ihr Vertrauen in ihn sollte dadurch gestärkt und nicht erschüttert werden. Zweitens gab es zu einem früheren Zeitpunkt keine Notwendigkeit, weil er bei ihnen war und jede auftretende Feindseligkeit mit ihnen teilte. Nun aber ging er weg, und ohne ihnen von der nach seinem Weggehen aufkommenden Verfolgung im Voraus erzählt zu haben, könnten sie denken, er sei gegangen und hätte sie alleingelassen. Und zwar genau dann, wenn sie ihn am meisten brauchten. Und sie könnten denken, dass er die Schwierigkeiten nicht vorhergesehen hatte.

Warum bestand er darauf zu gehen, obwohl er wusste, dass danach die Verfolgung beginnen wird? Es muss sich für die Apostel alles so seltsam und nervenaufreibend angehört haben, als sie diese Worte hörten auf ihrem Weg durch die Nacht in Richtung des Gartens Gethsemane, wo ihnen auf den Wegen und Straßen Jerusalems die Feindseligkeit entgegenschlug.

Warum Christus gehen musste

Warum musste Christus dann gehen? Wenn das Zeugnis die bevorstehende Hauptaufgabe war, wäre es nicht viel besser für ihn gewesen, zu bleiben und das selbst zu übernehmen? Welchen Sinn konnte es denn für ihn haben, seinen Jüngern zu sagen: *»Es ist euch nützlich, dass ich weggehe«*, und dann hinzuzufügen: *»denn wenn ich nicht weggehe, wird der Sachwalter nicht zu euch kommen«* (V. 7)?

Wir haben diese Punkte bereits in anderem Zusammenhang erörtert, da sie bereits im Teil I C des Kurses auftauchten (s. Kapitel 9, S. 81). Aber wir müssen sichergehen, dass wir verstehen, was unser Herr mit »weggehen« meinte. Wir dürfen nicht wie die Jünger sein. Sie sind bei der Ankündigung so bekümmert, dass ihn keiner näher fragt, wohin er geht (V. 5.6). Richtig, Petrus hat ihn einmal gefragt (Johannes 13,36). Aber seine folgende Bemerkung, *»Herr, warum kann ich dir jetzt nicht folgen? Mein Leben will ich für dich lassen«* (Johannes 13,37), lässt darauf schließen, dass für ihn »gehen« einfach »in den Tod gehen« bedeutete. Natürlich stand unser Herr davor zu sterben, aber das ist nicht das Ziel seines Weggehens. Er »ging zum Vater« (V. 10), und das beinhaltet nicht nur sein Sterben, sondern auch seine körperliche Auferstehung, Himmelfahrt und Erhöhung.

Vielleicht beginnen wir, die Bedeutung von Christi Weggehen in Bezug auf die im Text erwähnten Schwierigkeiten zu erkennen: die Feindschaft gegenüber Jesus und seinen Jüngern vonseiten ihrer jüdischen Zeitgenossen. Wie würde der Heilige Geist Menschen wie ihnen Zeugnis geben? Was würde er sagen? Jesus hat hier auf der Erde viel gepredigt und außergewöhnliche Wunder vollbracht. Trotzdem glaubten sie nicht. Wenn man sie gefragt hätte, hätten sie gesagt, dass sie an Gott glaubten – sie glaubten nur nicht an Jesus. In gewissem Sinne stimmt es natürlich, dass sie an Gott glaubten: Sie glaubten, dass Gott existiert, allheilig und allmächtig ist. Sie waren stolz zu wissen, dass es nur einen wahren Gott gibt – heidnischer Polytheismus war für sie absurd und abscheulich. Sie glaubten auch, dass Gott das Volk Israel für eine bestimmte Rolle in der Geschichte erwählt hatte und sich ihnen durch die alttestamentlichen Propheten offenbart hatte.

Aber in anderem Sinn, im wichtigsten Sinn überhaupt, glaubten sie nicht an Gott! In Wirklichkeit waren sie vollkommen ungläubig. Denn Jesus Christus war Gott in Menschengestalt – der Gott, der sich ihnen als ICH BIN offenbart hatte (2. Mose 3; s. auch Kapitel 28 und 30). Indem sie ihn nicht erkannten, erkannten sie Gott nicht: *»weil sie weder den Vater noch mich erkannt haben«* (V. 3). Indem sie nicht an Jesus glaubten, erwiesen sie sich als an Gott Ungläubige.

Ein gottgegebenes Beispiel

Wir können erneut den Apostel Paulus als Beispiel nehmen. Seine Bekehrung geschah *»zum Vorbild für die, die an ihn [Jesus Christus] glauben werden zum ewigen Leben«* (1. Timotheus 1,16). Vor seiner Bekehrung hat Saulus von Tarsus an Gott geglaubt, eifrig Gottes Gesetz gehalten und die Regeln peinlich genau eingehalten. Er tat das alles in der Hoffnung, dadurch von Gott angenommen zu werden. Aber im entscheidendsten Sinn war er kein Gläubiger. Seine Verfolgung des menschgewordenen Gottes in Jesus bewies das. Nach seiner Bekehrung bekannte er es: *»… mir ist Barmherzigkeit zuteilgeworden, weil ich es* [Jesus und seine Nachfolger zu verfolgen] *unwissend im Unglauben tat«* (1. Timotheus 1,13). In späteren Jahren erörtert er Gottes Vorgehen bezüglich der Umkehr von ganz Israel. Dabei weist er darauf hin, dass Gott sie an den Punkt bringen muss, wo sie erkennen und bekennen, dass sie bisher Ungläubige waren. Erst dann kann Gott mit ihnen Erbarmen haben und sie erretten (Römer 11,30-32).[4] Auch wir Heiden sollten uns diese Lektion zu Herzen nehmen. Es ist möglich, in gewisser Weise aufrichtig an Gott zu glauben – und dennoch überhaupt kein Gläubiger im Sinn von »gerechtfertigt aus Glauben« zu sein.

Aber zurück zu unserem Kontext. Wir können uns selbst zwei Fragen stellen:

1. Jesus konnte die Juden, obwohl er sein ganzes Leben lang gepredigt und Wunder vollbracht hatte, nicht davon überzeugen, dass er Gottes Sohn ist. Was konnte der Heilige Geist dann darüber hinaus sagen oder tun, um sie doch davon zu überzeugen?

2. Als Voraussetzung für ihre Errettung müssen sie erkennen und bekennen, dass ihr Unglaube an Jesus gleichbedeutend ist mit Unglauben an Gott und dies abscheulich und sündig ist. Außerdem müssen sie auch anerkennen, dass sie deshalb Sünder sind, ebenso schlecht wie jeder Heide. Und sie müssen erkennen, dass es keine Hoffnung gibt, durch eigene Anstrengung Gottes Gesetz zu halten und so das Heil zu verdienen, sondern

4 Das in diesen Versen verwendete griechische Verb wird oft mit »ungehorsam sein« übersetzt. Im Neuen Testament bedeutet es ohne Ausnahme »dem Evangelium nicht gehorchen«, d. h. »sich bewusst weigern, an Gott, Christus und das Evangelium« zu glauben. S. z. B. Apostelgeschichte 14,2.

dass sie allein durch Glauben an Gott und durch seine Barmherzigkeit gerettet werden müssen. Wie kann der Heilige Geist sie zu solch grundlegender Umkehr und zum Glauben bringen?

Die Antwort auf diese Fragen ist: Der Heilige Geist kann verkünden – und durch seine Gegenwart und Macht beweisen –, dass Gott diesen Jesus, den sie gekreuzigt haben, aus den Toten auferweckt hat und dass Jesus in den Himmel aufgefahren ist zum Vater, von woher er gekommen war.

Das ist einer der Hauptgründe, warum der Heilige Geist nicht kommen kann, bis Jesus weggegangen ist. Wenn Jesus nicht »weggeht«, also gekreuzigt, begraben und auferweckt wird und zum Vater zurückkehrt und verherrlicht wird, fehlt dem Heiligen Geist die entscheidende Botschaft für seine Verkündigung!

Uns muss klar sein: Der Heilige Geist hat die Bekehrung von Tausenden von Juden seit Pfingsten nicht dadurch bewirkt, dass er ihnen Jesu Bergpredigt ins Gedächtnis gerufen und sie ermahnt hat, darüber nachzudenken und sie in die Praxis umzusetzen. Auch die Welt heute wird nicht dadurch bekehrt, dass christliche Ethik verkündet wird, so wichtig diese auch ist. Die Botschaft des Heiligen Geistes ist Christus selbst: seine Person, sein Erlösungswerk, sein Tod, seine Auferstehung und letztlich seine Wiederkunft! Paulus schreibt: *»das Evangelium, … durch das ihr auch errettet werdet …, … dass Christus für unsere Sünden gestorben ist nach den Schriften; und dass er begraben wurde und dass er auferweckt worden ist am dritten Tag nach den Schriften«*, und davon, dass Christus wiederkommen wird (1. Korinther 15,1-4.50-58).

Wovon der Heilige Geist die Welt überführen wird

Christus sagt, der Heilige Geist wird die Welt von drei Dingen überführen: von Sünde, von Gerechtigkeit und von Gericht. Er erklärt sorgfältig, was er mit diesen drei Ausdrücken meint.

Betrachten wir sie nacheinander. Der Heilige Geist wird die Welt überführen:

1. *»von Sünde, weil sie nicht an mich glauben«*;

Beachten Sie, dass mit Sünde nicht allgemein Sünde gemeint ist (Lügen, Stehlen, Ehebruch usw.), sondern die bestimmte Sünde, nicht an Jesus zu glauben. Und wenn wir weiterfragen, wie er sie von der Sündhaftigkeit dieser Ablehnung überzeugen möchte, lesen wir die Antwort im zweiten Punkt:

2. *»von Gerechtigkeit …, weil ich zum Vater hingehe und ihr mich nicht mehr seht«*;

Gerechtigkeit müssen wir im rechtlichen Grundsinn verstehen. Gott erweckt Jesus von den Toten auf und erhöht ihn zu seiner Rechten. Dadurch rechtfertigt Gott ihn, erklärt ihn für gerecht und kehrt gleichzeitig das Urteil der Welt um und zeigt ihr, dass sie falsch und sündig handelt, indem sie Jesus ablehnt.

3. *»von Gericht …, weil der Fürst dieser Welt gerichtet ist«*.

Erstens haben alle Pläne Satans zu nichts geführt und werden durch die Auferstehung Jesu umgekehrt: Jesu Verrat, öffentliche Verurteilung durch die religiösen und später durch die politischen Führer, völlige Diskreditierung, Kreuzigung und Tod.

Zweitens ist der Fürst dieser Welt moralisch besiegt. Ein Mensch hat trotz aller Versuchungen Satans an seiner Treue zu Gott festgehalten und wird dafür gekreuzigt: Sein Glaube und seine Treue Gott gegenüber rechtfertigen ihn völlig und öffentlich. Gott erweckt ihn aus den Toten und setzt ihn über alle Macht.

Drittens erweist sich im großen geistlichen Kampf zwischen Satan und Gott Satan als verleumderischer Lügner. Seit Eden hat Satan behauptet, Gott sei gegen den Menschen. Aber das Kreuz Christi beweist das Gegenteil. Denn vonseiten Gottes ist der Tod Christi die Vorsorge für die Erlösung, Vergebung und Versöhnung des Menschen. Gott erweist seine Liebe gegenüber den Menschen dadurch, dass er seinen Sohn gibt, der für sie stirbt, als sie noch Sünder waren, gottlos, Feinde Gottes (Römer 5,6-11). Dem gewaltsamsten Rebellen kann vergeben werden, sodass er mit Gott versöhnt werden kann. Der unreinste Sünder kann nur durch die Gnade Gottes gerechtfertigt, gereinigt und von allem frei gemacht werden. Niemand muss verlorengehen. Wenn das jemand tut, kann nicht einmal Satan behaupten, es sei Gottes Schuld. Satans lange währende Lüge hat sich als solche erwiesen.

Und viertens lässt Satans moralische und geistliche Niederlage seine Totenglocke erklingen. Diese ihrerseits warnt diejenigen, die weiterhin auf seiner Seite stehen, dass sie eines Tages sein Schicksal teilen müssen.

Die Fortsetzung

Die Jünger werden das alles zu diesem Zeitpunkt nicht klar verstanden haben, wenn überhaupt. Aber wenn wir die Apostelgeschichte aufschlagen und beobachten, wie sie an Pfingsten und danach Zeugnis gaben, ist offensichtlich, dass der Heilige Geist gekommen ist und genau das tat, was Christus von ihm vorausgesagt hat. Die Apostel und Prediger kümmerten sich nicht darum, einzelne Sünden zu verurteilen oder Menschen zu ermutigen, Werte zu entwickeln. Und das nicht etwa, weil die ersten Christen gleichgültig gegenüber den ethischen Fragen oder menschlichen Werten gewesen wären: Die Briefe der Apostel an ihre ersten Bekehrten sind voller moralischer Anweisungen.

Aber in ihrem Zeugnis gegenüber der Welt waren sie – oder besser gesagt der Heilige Geist durch sie – beschäftigt mit einer bestimmten Sünde von unermesslicher Bedeutung. Die Auferstehung Christi hat ihn als Sohn Gottes mit Macht erwiesen. Und die zwangsläufige Schlussfolgerung ist entsetzlich: Israel hat seinen von Gott gesandten Messias gekreuzigt. Menschen haben die Quelle ihres Lebens getötet (Apostelgeschichte 3,15). Die Menschen haben ihren Schöpfer ermordet. Die Kreuzigung

Christi war, wie es die ersten Christen sahen (indem sie sich auf die Bibel stützten), bloße Wut der Menschen gegen Gott: eine gemeinschaftliche Bemühung von Juden und Heiden, um sich von Gottes Einschränkungen und Anspruch auf sie zu befreien (Apostelgeschichte 4,23-31). Das ist nicht übertrieben. Das Kreuz Christi zeigt das Grundproblem der ganzen Welt zu jeder Zeit. Es ist nicht die Feindschaft von Menschen untereinander – das ist nur ein untergeordnetes Symptom. Es ist die Feindschaft des Menschen gegenüber Gott. Die Kreuzigung von Gottes Sohn war nur die Spitze des Eisbergs, die an einem bestimmten Ort und zu einer bestimmten Zeit in der Geschichte die darunter liegende Feindseligkeit und Rebellion gegen Gott gezeigt hat. Diese Feindseligkeit, diese Rebellion hat seit der ersten Sünde des Menschen in jedem Herzen geschwelt, egal ob religiös oder nicht religiös, ob damals oder heute.

Aber wenn das Kreuz Christi, laut Heiligem Geist, so die Sünde des Menschen feststellt und aufdeckt, darf das Ganze hier nicht aufhören. Gleichzeitig verkündet der Heilige Geist allen, die hören wollen, dass der Tod Christi, seine Auferstehung und seine Erhöhung zum Thron Gottes die Grundlage ist, auf der Gott nun Vergebung der Sünden und die Gabe des Heiligen Geistes all denen anbieten kann, die Buße tun und glauben. Und das ist immer noch die Botschaft, die wir als untergeordnete Teilhaber des Heiligen Geistes verkünden können und müssen. Wachsende Heiligkeit führt uns dazu, der Welt Christus zu bezeugen.

26. Das Zeugnis des Heiligen Geistes: Christus verherrlichen

Noch vieles habe ich euch zu sagen, aber ihr könnt es jetzt nicht tragen. Wenn aber jener, der Geist der Wahrheit, gekommen ist, wird er euch in die ganze Wahrheit leiten; denn er wird nicht von sich selbst aus reden, sondern was er hören wird, wird er reden, und das Kommende wird er euch verkündigen. Er wird mich verherrlichen, denn von dem Meinen wird er empfangen und euch verkündigen. Alles, was der Vater hat, ist mein; darum sagte ich, dass er von dem Meinen empfängt und euch verkündigen wird. Johannes 16,12-15

Inzwischen muss die kleine Gruppe, die sich um den Herrn Jesus geschart hat, um jedes Wort von ihm zu erhaschen, in der unmittelbaren Nähe des Gartens Gethsemane gewesen sein. Bald mussten die Anweisungen vorläufig ruhen. Vieles musste ungesagt bleiben, was der Herr ihnen noch sagen wollte. Und das nicht nur aus Zeitmangel: Die Apostel hätten es nicht tragen können. Sie hatten vor einigen Monaten geglaubt und bekannt, dass Jesus der Christus ist, der Sohn des lebendigen Gottes (Matthäus 16,16). Aber wie konnten sie eine Vorstellung von den vor ihnen liegenden Dingen haben, bevor sie Christi verherrlichten, auferstandenen Leib sehen und betasten und die Himmelfahrt erleben konnten? Wie konnten sie beispielsweise eine Vorstellung von der Tatsache haben, dass es sich um den Schöpfer des Universums handelt, der vor ihren Augen in Kürze im Garten vor Todesqualen schwitzen und danach gekreuzigt und begraben werden wird? Er erzählt ihnen deshalb diese bevorstehenden Dinge nicht. Aber er wird sie ihnen später sagen. Und zwar auf diese Weise:

»Noch vieles habe ich euch zu sagen, aber ihr könnt es jetzt nicht tragen. Wenn aber jener, der Geist der Wahrheit, gekommen ist, wird er euch in die ganze Wahrheit leiten« (V. 12.13).

Das Zeugnis des Heiligen Geistes erfolgt nicht nur gegenüber der Welt, sondern auch gegenüber den Aposteln und durch sie uns gegenüber. Über dieses Zeugnis prägte der Herr Jesus den Aposteln drei wichtige Punkte ein.

Die Quelle der Wahrheit, in die der Heilige Geist die Apostel führen wird

Der Herr Jesus sagt, der Geist werde *»euch in die ganze Wahrheit leiten«* (V. 13). Unmittelbar darauf erklärt er, wie der Heilige Geist dies tun kann, wenn er selbst es während seines irdischen Lebens nicht getan hat. Daraus werden drei wichtige Punkte über die Quelle der Wahrheit deutlich, die der Heilige Geist den Jüngern Christi mitteilt:

A. Der Heilige Geist ist keine eigenständige Quelle der Wahrheit.

Christus sagt: *»… denn er wird nicht von sich selbst aus reden«* (V. 13).[5]

B. Der Heilige Geist ersetzt den Herrn Jesus als Lehrer der an Gott Glaubenden nicht.

Ja, natürlich, der barmherzige Dienst des Heiligen Geistes beinhaltet das Lehren derer, die zu Gott gehören. Unser Herr hat früher ausdrücklich gesagt: *»… der Heilige Geist, den der Vater senden wird in meinem Namen, der wird euch alles lehren«* (Johannes 14,26). Und natürlich leugnet der Herr Jesus hier nicht, was er dort gesagt hat. Aber er nennt uns hier die Quelle der Lehre des Heiligen Geistes: *»… denn er wird nicht von sich selbst aus reden, sondern was er hören wird, wird er reden, und das Kommende wird er euch verkündigen«* (V. 13). Die Lehren, die der Heilige Geist denen vermittelt, die an Gott glauben, hat er vor-

5 Manche übersetzen den griechischen Ausdruck mit »er wird nicht ›von sich selbst‹ reden«, was wiederum einige als »über sich« verstanden haben. Aber das ist nicht korrekt. Denn in den vom Heiligen Geist eingegebenen neutestamentlichen Briefen lesen wir viel über den Heiligen Geist.

her von jemandem gehört. Von wem? Vom Herrn Jesus, der wiederum alle seine Worte vom Vater empfängt (s. Johannes 14,10: *»Die Worte, die ich zu euch rede, rede ich nicht von mir selbst aus; der Vater aber, der in mir bleibt …«*).

Nehmen wir ein Beispiel aus dem Neuen Testament. Das Buch der Offenbarung bezeichnet sich selbst als *»Offenbarung Jesu Christi, die Gott ihm gab, um seinen Knechten zu zeigen, was bald geschehen muss«* (Offenbarung 1,1a). Dann erfahren wir, wer den Knechten Christi diese Offenbarung eigentlich kundgetan hat und wie das geschah: *»… und durch seinen Engel sendend, hat er [Jesus Christus] es seinem Knecht Johannes gezeigt«* (Offenbarung 1,1b). Dazu ist dem Johannes der auferstandene Christus in seiner majestätischen Pracht erschienen, und er selbst hat Johannes sieben Briefe diktiert. Den sieben Gemeinden in Kleinasien sollte jeweils einer davon geschickt werden.

Jeder Brief beginnt mit einer persönlichen Anrede durch den Herrn Jesus jede Gemeinde betreffend, in welcher er die Aufmerksamkeit auf ein oder mehrere Kennzeichen zieht, die er in dem Gesicht aufzeigte. Der erste Brief beginnt beispielsweise mit: *»Dem Engel der Versammlung in Ephesus schreibe: Dieses sagt der, der die sieben Sterne in seiner Rechten hält, der inmitten der sieben goldenen Leuchter wandelt …«* (Offenbarung 2,1). Genauso hat Johannes ihn in dem Gesicht gesehen. Und es war zweifellos der Herr Jesus, der die Briefe diktiert hat. Am Ende des Briefes sagt der Herr Jesus: *»Wer ein Ohr hat, höre, was der Geist den Versammlungen sagt!«* (Offenbarung 2,7a). Daraus schließen wir, dass der Heilige Geist sagt, was der Herr Jesus den Gemeinden sagt. Und dann beendet der Herr Jesus den Brief mit den Worten: *»Dem, der überwindet, dem werde ich [Jesus] zu essen geben von dem Baum des Lebens, der in dem Paradies Gottes ist«* (Offenbarung 2,7b).

Aus diesem allem wird deutlich, dass der Herr Jesus seinem Eigentum das offenbart, was Gott ihm zu offenbaren gibt. Und der Heilige Geist tut das kund, was er den Herrn Jesus sagen hört. Der auferstandene Herr Jesus bleibt der Lehrer der Seinen. Der Heilige Geist ersetzt den Herrn Jesus als Lehrer der Seinen nicht.

C. In welchem Umfang lehrt der Heilige Geist die Apostel?

Hier weist der Herr Jesus darauf hin, dass der Geist der Wahrheit die Apostel in die ganze Wahrheit führen und ihnen die kommenden Dinge erklären wird (V. 13).

Um die eigentliche Bedeutung dieser wunderbaren Verheißung zu erkennen, müssen wir gute Historiker sein und beachten, wem der Herr Jesus die Verheißung gegeben hat: *»der Geist der Wahrheit … wird …* ***euch*** *in die ganze Wahrheit leiten«*. Er sprach zu den Aposteln, nicht zu den nachfolgenden Generationen von Gläubigen. Und er sprach zu seinen Aposteln und Propheten, dem Fundament der Gemeinde, über die Offenbarung der Wahrheit, die bisher niemand gehört hatte, da sie bisher nicht offenbart worden war. Wie es der Apostel Paulus später ausdrückt: *»… dass mir durch Offenbarung das Geheimnis kundgetan worden ist …, das in anderen Geschlechtern den Söhnen der Menschen nicht kundgetan worden ist, wie es jetzt offenbart worden ist seinen heiligen Aposteln und Propheten im Geist«* (Epheser 3,3.5). Christus sprach nicht von dem anderen gnädigen Dienst des Heiligen Geistes, wodurch er uns heute hilft, ein immer besseres subjektives Verständnis dessen zu bekommen, was der Herr Jesus seinen Aposteln nach Pfingsten offenbart hat.

Ähnlich verhält es sich mit der vorherigen Aussage Christi: *»Noch vieles habe ich euch zu sagen, aber ihr könnt es jetzt nicht tragen«* (V. 12). Er redet hier nicht zu uns und sagt, dass wir viele Dinge der von ihm den Aposteln und Propheten offenbarten Wahrheit noch nicht tragen können und er sie uns später erklärt. Auch wenn dies vielleicht zutrifft. Er sagt seinen Aposteln, dass es neben den bereits offenbarten Wahrheiten immer noch welche gibt, die er ihnen zu diesem Zeitpunkt noch nicht offenbaren kann, weil sie sie nicht tragen können. Aber nach der Auferstehung, der Himmelfahrt und dem Kommen des Heiligen

Geistes an Pfingsten können sie diese weiteren Offenbarungen tragen und werden sie vollständig erhalten. Sie werden in die ganze Wahrheit geleitet werden. Judas, der Halbbruder des Herrn, kann in seinem Brief den Glauben als *»einmal den Heiligen überliefert«* beschreiben (Judas 3). Es dauert Jahrhunderte, um es völlig zu verstehen und alle Auswirkungen zutage zu fördern, aber dem Glauben selbst muss nichts hinzugefügt und an ihm nichts verändert werden.

Ebenso ist die Verheißung unseres Herrn, dass der Heilige Geist den Aposteln *»das Kommende«* (V. 13) erklären wird, sorgfältig formuliert. Es heißt nicht »einige kommende Ereignisse«, sondern *»**das** Kommende«*. Das bedeutet, dass Gott bereit ist, seinen ganzen Plan mit der Welt zu offenbaren. Diesen im Neuen Testament enthaltenen Plan zu verstehen, ist das Werk von Jahrhunderten. Und niemand kann behaupten, es jetzt vollkommen zu verstehen. Doch der Plan selbst wurde durch die Apostel und Propheten im Neuen Testament ein für alle Mal überliefert. Es lässt keinen Raum für spätere Hinzufügungen.

Was das Zeugnis des Heiligen Geistes beabsichtigt und beinhaltet

»Er wird mich verherrlichen« (V. 14), sagt Christus. Und das ist das oberste und wunderbarste Ziel des Heiligen Geistes seit seinem Kommen an Pfingsten. Petrus, mit Heiligem Geist erfüllt, wies die Volksmenge bei jener Gelegenheit nicht nur darauf hin, dass der Himmelfahrt Jesu die Ausgießung des Heiligen Geistes folgte, sondern auch darauf, dass der auferstandene und aufgefahrene Jesus selbst diesen Heiligen Geist ausgegossen hat: *»Nachdem er nun durch die Rechte Gottes erhöht worden ist und die Verheißung des Heiligen Geistes vom Vater empfangen hat, hat er [Jesus] dies ausgegossen, was ihr seht und hört«* (Apostelgeschichte 2,33). Aber der Heilige Geist ist nicht irgendeine

unpersönliche Kraft. Er ist Teil der göttlichen Dreieinheit. Wenn Jesus Christus den Heiligen Geist ausgegossen hat, wer muss dann Jesus Christus sein? Nur jemand, der selbst Gott ist, kann den Geist Gottes ausgießen. Und der Heilige Geist zeigte der Menge durch Petrus die Konsequenzen dieses erstaunlichen Phänomens: *»**So** soll nun das ganze Haus Israel mit Gewissheit erkennen, dass Gott Ihn sowohl zum Herrn* [im wahrsten Sinne des Wortes] *als auch zum Christus gemacht hat, ebendiesen Jesus, den ihr gekreuzigt habt«* (Apostelgeschichte 2,36; nach der Übersetzung Schlachter 2000). Der Heilige Geist hat vom ersten Augenblick an den Herrn Jesus verherrlicht.

Der Herr Jesus sagt: *»Er wird mich verherrlichen, denn von dem Meinen wird er empfangen und euch verkündigen«* (V. 14). Wenn wir fragen: »Wie viel umfasst der Ausdruck ›von dem Meinen‹?«, ist die Antwort Jesu gewaltig: *»Alles, was der Vater hat, ist mein; darum sagte ich, dass er von dem Meinen empfängt und euch verkündigen wird«* (V. 15).

Zuerst einmal sollten wir an dieser Stelle innehalten und den Herrn Jesus in unseren Herzen anbeten.

Als Zweites aber sollten wir unser ganzes Leben daran denken, dass wir nie mehr über Gott wissen werden, als der Herr Jesus uns durch den Geist offenbart. An einer anderen Stelle sagte Jesus: *»Alles ist mir übergeben von meinem Vater; und niemand erkennt den Sohn als nur der Vater, noch erkennt jemand den Vater als nur der Sohn und wem irgend der Sohn ihn offenbaren will«* (Matthäus 11,27). Wie könnte es anders sein, wenn *»alles, was der Vater hat«*, sein (Christi) ist?

Das ist es, was der Heilige Geist allen Glaubenden gelehrt hat, lehrt und lehren wird. Alle Theorien, die behaupten, dass man durch bestimmtes Verhalten oder bestimmte Methoden mehr über Gott wissen und erkennen oder ihm näherkommen kann, die über das hinausgehen, was Jesus Christus uns geben kann, erweisen sich somit als Lehren, die nicht vom Heiligen Geist stammen. Sie sind falsch. Wir wollen sie völlig meiden.

Ein Beispiel, wie der Heilige Geist Christus verherrlicht

Was würde am Ende dieser Lektion besser passen, als langsam und aufmerksam ein Beispiel dafür zu lesen, wie der Heilige Geist einen Apostel inspiriert, um uns die Herrlichkeit des Herrn Jesus Christus zu offenbaren? In diesem Beispiel wird Jesu Beziehung zum Vater, seine Beziehung zur Schöpfung und zur Versöhnung des Universums, seine Beziehung zur Gemeinde, sein Werk am Kreuz für uns in der Vergangenheit, sein Wohnen in uns in der Gegenwart und seine künftige Erscheinung in Herrlichkeit mit seinen Erlösten bei seiner Wiederkunft offenbart. Nach dem Lesen dieses Beispiels wollen wir erneut anbeten.

»*... danksagend dem Vater, der uns fähig gemacht hat zu dem Anteil am Erbe der Heiligen in dem Licht, der uns errettet hat aus der Gewalt der Finsternis und versetzt hat in das Reich des Sohnes seiner Liebe, in dem wir die Erlösung haben, die Vergebung der Sünden; der das Bild des unsichtbaren Gottes ist, der Erstgeborene aller Schöpfung. Denn durch ihn sind alle Dinge geschaffen worden, die in den Himmeln und die auf der Erde, die sichtbaren und die unsichtbaren, es seien Throne oder Herrschaften oder Fürstentümer oder Gewalten: Alle Dinge sind durch ihn und für ihn geschaffen. Und er ist vor allen, und alle Dinge bestehen durch ihn. Und er ist das Haupt des Leibes, der Versammlung, der der Anfang ist, der Erstgeborene aus den Toten, damit er in allem den Vorrang habe. Denn es war das Wohlgefallen der ganzen Fülle, in ihm zu wohnen und durch ihn alle Dinge mit sich zu versöhnen – indem er Frieden gemacht hat durch das Blut seines Kreuzes –, durch ihn, es seien die Dinge auf der Erde oder die Dinge in den Himmeln. Und euch, die ihr einst entfremdet und Feinde wart nach der Gesinnung in den bösen Werken, hat er aber nun versöhnt in dem Leib seines Fleisches durch den Tod, um euch heilig und untadelig und unsträflich vor sich hinzustellen, sofern ihr in dem Glauben gegründet und fest bleibt und nicht abbewegt werdet von der Hoffnung des Evan-*

geliums, das ihr gehört habt, das gepredigt worden ist in der ganzen Schöpfung, die unter dem Himmel ist, dessen Diener ich, Paulus, geworden bin. Jetzt freue ich mich in den Leiden für euch und ergänze in meinem Fleisch das, was noch fehlt an den Drangsalen des Christus für seinen Leib, das ist die Versammlung, deren Diener ich geworden bin nach der Verwaltung Gottes, die mir in Bezug auf euch gegeben ist, um das Wort Gottes zu vollenden: das Geheimnis, das von den Zeitaltern und von den Geschlechtern her verborgen war, jetzt aber seinen Heiligen offenbart worden ist, denen Gott kundtun wollte, welches der Reichtum der Herrlichkeit dieses Geheimnisses ist unter den Nationen, das ist: Christus in euch, die Hoffnung der Herrlichkeit; den wir verkündigen, indem wir jeden Menschen ermahnen und jeden Menschen lehren in aller Weisheit, damit wir jeden Menschen vollkommen in Christus darstellen; wozu ich mich auch bemühe, indem ich kämpfend ringe gemäß seiner Wirksamkeit, die in mir wirkt in Kraft.

Denn ich will, dass ihr wisst, welch großen Kampf ich habe um euch und die in Laodizea und so viele mein Angesicht im Fleisch nicht gesehen haben, damit ihre Herzen getröstet werden, vereinigt in Liebe und zu allem Reichtum der vollen Gewissheit des Verständnisses, zur Erkenntnis des Geheimnisses Gottes, in dem verborgen sind alle Schätze der Weisheit und der Erkenntnis.

Dies sage ich aber, damit niemand euch verführe durch überredende Worte. Denn wenn ich auch dem Fleisch nach abwesend bin, so bin ich doch im Geist bei euch, mich freuend und sehend eure Ordnung und die Festigkeit eures Glaubens an Christus. Wie ihr nun den Christus Jesus, den Herrn, empfangen habt, so wandelt in ihm, gewurzelt und auferbaut in ihm und befestigt in dem Glauben, so wie ihr gelehrt worden seid, überströmend darin mit Danksagung. Gebt acht, dass nicht jemand da sei, der euch als Beute wegführt durch die Philosophie und durch eitlen Betrug, nach der Überlieferung der Menschen, nach den Elementen der Welt, und nicht nach Christus. Denn in ihm wohnt die ganze Fülle der Gottheit leibhaftig; und ihr seid vollendet in ihm, der das Haupt jedes

Fürstentums und jeder Gewalt ist; in dem ihr auch beschnitten worden seid mit einer nicht mit Händen geschehenen Beschneidung, in dem Ausziehen des Leibes des Fleisches, in der Beschneidung des Christus, mit ihm begraben in der Taufe, in dem ihr auch mitauferweckt worden seid durch den Glauben an die wirksame Kraft Gottes, der ihn aus den Toten auferweckt hat.

Und euch, als ihr tot wart in den Vergehungen und der Vorhaut eures Fleisches, hat er mitlebendig gemacht mit ihm, indem er uns alle Vergehungen vergeben hat; als er ausgetilgt hat die uns entgegen stehende Handschrift in Satzungen, die gegen uns war, hat er sie auch aus der Mitte weggenommen, indem er sie an das Kreuz nagelte … Wenn ihr nun mit dem Christus auferweckt worden seid, so sucht, was droben ist, wo der Christus ist, sitzend zur Rechten Gottes. Sinnt auf das, was droben ist, nicht auf das, was auf der Erde ist; denn ihr seid gestorben, und euer Leben ist verborgen mit dem Christus in Gott. Wenn der Christus, unser Leben, offenbart werden wird, dann werdet auch ihr mit ihm offenbart werden in Herrlichkeit« (Kolosser 1,12–2,14; 3,1-4).

27. Die Erscheinungen Christi nach seiner Auferstehung: Eine Quelle nicht zu raubender Freude

Eine kleine Zeit, und ihr schaut mich nicht mehr, und wieder eine kleine Zeit, und ihr werdet mich sehen, weil ich zum Vater hingehe. Einige von seinen Jüngern sprachen nun zueinander: Was ist dies, was er zu uns sagt: Eine kleine Zeit, und ihr schaut mich nicht, und wieder eine kleine Zeit, und ihr werdet mich sehen, und: Weil ich zum Vater hingehe? Da sprachen sie: Was ist das für eine kleine Zeit, wovon er redet? Wir wissen nicht, was er sagt. Jesus erkannte, dass sie ihn fragen wollten, und sprach zu ihnen: Darüber fragt ihr euch untereinander, dass ich sagte: Eine kleine Zeit, und ihr schaut mich nicht, und wieder eine kleine Zeit, und ihr werdet mich sehen? Wahrlich, wahrlich, ich sage euch, dass ihr weinen und wehklagen werdet, aber die Welt wird sich freuen; ihr werdet traurig sein, aber eure Traurigkeit wird zur Freude werden. Die Frau, wenn sie gebiert, hat Traurigkeit, weil ihre Stunde gekommen ist; wenn sie aber das Kind geboren hat, denkt sie nicht mehr an die Bedrängnis um der Freude willen, dass ein Mensch in die Welt geboren ist. Auch ihr nun habt jetzt zwar Traurigkeit; aber ich werde euch wiedersehen, und euer Herz wird sich freuen, und eure Freude nimmt niemand von euch. Und an jenem Tag werdet ihr mich nichts fragen. Wahrlich, wahrlich, ich sage euch: Um was irgend ihr den Vater bitten werdet in meinem Namen, das wird er euch geben. Bis jetzt habt ihr um nichts gebeten in meinem Namen. Bittet, und ihr werdet empfangen, damit eure Freude völlig sei.

Johannes 16,16-24

Mittlerweile müssen die Jünger ziemlich müde sein – so müde, dass sie sofort nach ihrer Ankunft im Garten Gethsemane einschlafen, als sie mit Christus wach bleiben sollen. Sie hatten in den vergangenen Stunden so vieles gehört. Ein Großteil davon war ihnen völlig neu und manches schwer zu verstehen. Eine Aussage Christi finden sie besonders verwirrend, und sie diskutieren über diese untereinander, flüsternd sozusagen.

Die Aussage ist:

»Eine kleine Zeit, und ihr schaut mich nicht mehr, und wieder eine kleine Zeit, und ihr werdet mich sehen, weil ich zum Vater hingehe« (V. 16).

Zwei Dinge bereiten ihnen dabei Schwierigkeiten. Erstens sind für sie diese kurzen Zeitspannen, diese zwei »kleinen Zeiten« ziemlich unverständlich. Wie wird er nach einer kleinen Zeit aus ihrem Blickfeld verschwinden und eine weitere kleine Zeit später wieder darin auftauchen? Und wie hilfreich ist die Erklärung Christi *»weil ich zum Vater hingehe«* bei der Lösung dieses Problems? Vielleicht bedeutet der letzte Satz, dass er sehr bald sterben wird? Das würde den ersten Teil erklären: *»Eine kleine Zeit, und ihr schaut mich nicht mehr …«* Andererseits: Wenn Menschen sterben und ihr von Gott gegebener Geist zu ihm zurückkehrt, sieht man sie nicht nach einer kleinen Zeit wieder. Was bedeutet das alles? Wird er aus den Toten zurückkehren? Sie haben erlebt, wie der Sohn der Witwe von Nain aus den Toten auferweckt wurde (Lukas 7,11-17). Drei von ihnen waren Zeugen der Befreiung von Jairus' Tochter aus dem Schlaf des Todes (Lukas 8,49-56). Und alle hatten erlebt, wie Lazarus ins Leben zurückgerufen wurde (Johannes 11). Aber diese drei Menschen haben, nachdem sie ins Leben zurückgekehrt waren, hier auf der Erde weitergelebt: Sie waren offensichtlich nicht zum Vater gegangen.

Es ist alles sehr verwirrend. Und ihre Müdigkeit ist nicht der einzige Grund, warum sie die Probleme nicht lösen können. Zunächst war die Auferstehung von Lazarus und den anderen beiden keine vollständige Auferstehung in dem Sinn, wie Christus auferstehen wird. Es war eher eine Wiederbelebung. Lazarus wurde in dasselbe Leben in demselben Körper wie vorher zurückgerufen. Seine Wiederbelebung ist ein Hinweis auf die große Auferstehung, aber sie ist kein Beispiel dafür. Lazarus wird erneut sterben. Sein Körper wird begraben werden, aber seine Seele wird hingehen, um bei Christus im Paradies zu sein.

Dort wird er auf die körperliche Auferstehung warten, um *»mit unserer Behausung, die aus dem Himmel ist, überkleidet zu werden«* (2. Korinther 5,1-6).

Aber bei Christus wird es ganz anders sein. Er wird die Erde verlassen, um zum Vater zu gehen. Er wird allerdings nicht als körperloser Geist zum Vater gehen, dessen Leib weiterhin im Grab liegt. Er wird mit einem menschlichen Körper aus den Toten auferstehen, der mit dieser Welt interagieren kann, aber bereits zur zukünftigen Welt gehört. Er wird für die Jünger sichtbar und betastbar sein, aber bereits verändert sein, um in die Gegenwart Gottes aufzufahren und dort ewig zu bestehen. Die Jünger werden ihn deshalb zwischen Auferstehung und Himmelfahrt sehen, berühren, mit ihm reden und essen. Aber sein Leib wird Eigenschaften haben, die er vorher nicht hatte. Er wird unmittelbar erscheinen können, scheinbar aus dem Nichts, und ebenso unmittelbar wieder verschwinden können. Und wenn er schließlich auffahren wird, wird er diesen Leib nicht zurücklassen, sein Leib wird immer Teil von ihm sein. Bei seiner Himmelfahrt wird er als vollständiger Mensch mit Körper, Geist und Seele zum Vater gehen.

Schmerz und Kummer sind unvermeidbar

Die Auferstehung Christi wird etwas völlig Neues sein – etwas, was man noch nie vorher gesehen hat. Es ist kein Wunder, dass die Jünger durch die Bemerkungen unseres Herrn verwirrt sind, wenn diese nur durch eine Auferstehung dieser Art völlig erklärt werden können.

Wir fragen uns, warum unser Herr die Ratlosigkeit der Jünger nicht beendet, indem er ihnen in allen Einzelheiten die Eigenschaften seines Auferstehungsleibes erklärt.

Ein Grund ist vielleicht die Schwierigkeit, so etwas mit Worten und zu dieser späten Stunde zu erklären. Und warum jetzt die Mühe aufwenden, wenn sie es in drei Tagen auf einfachere Weise verstehen werden, indem sie seinen Auferstehungsleib sehen und betasten?

Aber wahrscheinlicher ist ein schwerwiegenderer Grund. Sie müssen umgehend und dringend auf den tiefen Schmerz und Kummer vorbereitet werden, dem sie wenige Stunden später gegenüberstehen werden: die Qualen, die Christus bevorstehen – Gethsemane, Verhaftung, Versuchungen, Geißelung, Kreuzigung, Verlassensein vom Vater und Tod. Das alles muss er in seinem Körper aus Fleisch und Blut erleiden. Dieser Körper ist unserem gegenwärtigen Körper gleich. Die Tatsache und das Wissen, dass er mit einem verherrlichten Leib auferstehen wird, vermindern seine gegenwärtigen Leiden nicht. Seine Erfahrung wird nicht wie die eines Engels sein, der von Menschen zugefügten körperlichen Schmerz nicht empfindet. Die Apostel werden Christus leiden und sterben sehen. Wenn sie dann aufgrund eines nur teilweisen Verständnisses bezüglich seines Auferstehungsleibes denken, dass seine Schmerzen in irgendeiner Weise unwirklich oder nicht spürbar sind, wäre das auf gravierende Weise irreführend.

Außerdem müssen die Jünger dem Hass der Welt gegenüber Christus und ihnen selbst, der in Christi Kreuzigung sichtbar wird, als Realität ins Auge schauen. Sie müssen sich dem Schlimmsten stellen, zu dem die Welt fähig ist. Da ist nicht nur die körperliche Grausamkeit, sondern auch die boshafte Freude und der Triumph. Die Wahrheit der späteren Auferstehung Christi wird ihr momentanes Leid nicht im Geringsten verkleinern. Es wird sie eher auf ihre späteren Schmerzen vorbereiten, wenn sie aufgrund ihres Zeugnisses für Christus Verfolgung, Verhaftung, Folter und Tod erleiden werden. Die Gewissheit ihrer eigenen Auferstehung wird dieses Leid nicht im Geringsten verkleinern. Um die Analogie unseres Herrn Jesus zu verwenden: Die Erwartung, ein Kind zu gebären, verringert die Geburtswehen der Frau nicht im Geringsten.

Andererseits haben sie den auferstandenen Christus nicht als körperlosen Geist angetroffen, als er zu ihnen kam, sie ihn sahen, betasteten, mit ihm redeten und aßen. Der Tod hatte Christi Körper nicht zerstört. Nicht ein Teil von ihm war tot – er war vollkommen lebendig als vollständiger Mensch. Der Tod hat nicht fortbestanden: Er wurde rückgängig gemacht. Der Leib war vor Christi Tod ein Bestandteil seiner Persönlichkeit als Mensch und wurde nicht zurückgelassen, sondern zu neuem Leben erweckt. Er wurde nicht ersetzt, sondern verherrlicht. Wenn die Jünger das erkennen, werden sie sich nicht nur freuen. Ihre Freude wird eine Freude sein, die die Welt ihnen per definitionem nicht nehmen kann. Der auferstandene Christus ist außerhalb des Machtbereichs der Welt. Sie kann ihm keinen Schaden mehr zufügen. Und das ist noch nicht alles! Denn selbst ein toter Körper ist außerhalb des Machtbereichs des Verfolgers und kann nicht mehr gequält werden. Aber Christus ist lebendig, nicht mit einem entstellten Körper und einer verminderten Persönlichkeit, sondern als verherrlichter Mensch mit allen Bestandteilen.

Diese Veranschaulichung wird ihnen durchaus von Nutzen sein, wenn sie ihrerseits für Christus leiden werden. Denn, um nochmals die Analogie Christi aufzunehmen, nur die Freude einer Mutter nach der Geburt hilft einer Gebärenden durch ihre Wehen. Nachdem die Jünger den Tod und die Auferstehung Christi erlebt haben werden, wird ihnen die Freude niemals mehr geraubt werden können.

Deshalb wurden sich die Apostel als Teilhaber dieses gewaltigen Ereignisses bewusst, dass es ihre klare Verantwortung war, die Auferstehung Christi zu bezeugen. Als sie jemanden suchten, der anstelle von Judas Apostel werden sollte, musste dieser nicht nur Zeuge des irdischen Lebens und Dienstes Christi, sondern auch von Christi Auferstehung sein (Apostelgeschichte 1,22).

Später legt Petrus seine Berechtigung zum Apostel dar und äußert gegenüber dem Heiden Kornelius: »*... uns, die wir mit ihm gegessen und getrunken haben, nachdem er aus den Toten auferstanden war*« (Apostelgeschichte 10,41).

Wir haben den Herrn nicht gesehen und seinen Auferstehungsleib nicht betastet. Aber wenn wir Christus in unserer Zeit bezeugen, sollten wir daran denken, »*dass er Kephas erschienen ist, dann den Zwölfen. Danach ... mehr als fünfhundert Brüdern auf einmal ... Danach ... Jakobus, dann den Aposteln allen; am Letzten aber ... erschien er auch mir*« (1. Korinther 15,5-8). Und auch wir wurden »*wiedergezeugt ... zu einer lebendigen Hoffnung durch die Auferstehung Jesu Christi aus den Toten*« und frohlocken mit unaussprechlicher und verherrlichter Freude (1. Petrus 1,3.8). Das wird uns Mut und Kraft geben, die Feindschaft der Welt uns gegenüber zu ertragen.

Vollkommene Freude

Auf den ersten Blick kann man sich schwer vorstellen, was eine größere Freude sein könnte, als den auferstandenen Herrn zu sehen. Aber zum Schluss dieser Lektion versichert der Herr den Jüngern, dass es eine solche Freude gibt. Zuerst weist er darauf hin, dass sie ihn an jenem Tag nichts fragen werden. Diese Verheißung muss im Zusammenhang gesehen werden. Sie haben ihm zu verschiedenen Dingen Fragen gestellt, wie Lukas uns berichtet (Apostelgeschichte 1,6). Doch was die Auferstehung und Himmelfahrt betrifft, die sie jetzt noch so verwirrend finden, müssen sie nichts mehr fragen, nachdem sie diese beiden Ereignisse miterlebt haben. Das Miterleben ist ausreichend. Und im weiteren Sinn trifft das auf alle Gläubigen zu, obwohl sie den auferstandenen Herrn nicht leibhaftig gesehen haben. Sie müssen nicht quälende Fragen über die Himmelfahrt stellen oder um Erklärungen bitten, wie der Herr Jesus mit seinem immer noch menschlichen Körper in der Gegenwart Gottes sein kann und dennoch bei und in jedem Gläubigen hier auf der Erde. Weil ein Gläubiger Gott kennt, wie ein Kind seinen Vater kennt, weiß er ohne zu fragen, dass diese Dinge wahr sind. Als Wissenschaftler stellen wir Fragen über Zugvögel: Warum können Vögel so fliegen? Warum fliegen sie genau zur richtigen Zeit in die richtige Richtung und an die richtigen Orte, obwohl sie es vorher noch nie getan haben? Aber Vögel müssen solche Fragen nicht stellen. Ihr »Wissen« dieser Dinge gehört zu ihrem Leben als Vögel. Ebenso ist es bei den Gläubigen: Seit sie dasselbe Leben haben wie der auferstandene Christus, wissen sie instinktiv, dass das Zeugnis der Apostel wahr ist und die Auferstehung und die Himmelfahrt Christi Tatsachen sind.

Im Namen des Herrn Jesus bitten

Doch den auferstandenen Herrn und sein »Gehen zum Vater« zu erleben, bewirkte etwas Entscheidendes bei den Gebeten der Jünger. Sie waren es gewohnt, zu Gott zu beten. Niemals zuvor hatten sie von Gott etwas im Namen Jesu erbeten, ebenso wenig wie im Namen bereits verstorbener Heiliger wie Mose, Jeremia oder einem von deren Zeitgenossen. Doch als sie den auferstandenen Christus in den Himmel auffahren sahen, verstanden sie mithilfe des Heiligen Geistes, was es für Christus bedeutete, wieder zum Vater zurückzukehren, von dem er ausgegangen war. Sie begriffen, dass der Vater ihre Bitten erfüllen wird, wenn sie um die Dinge bitten, die Jesus sie gelehrt hatte zu bitten, und sie in Jesu Namen bitten. Als Folge davon wird ihre Freude völlig sein. Somit wird die Erfahrung zeigen, dass Jesus, der mit ihnen hier auf der Erde gelebt hat, umhergegangen ist und geredet hat, nicht nur auf dem höchsten Thron des Universums sitzt, sondern am Herzen Gottes.

28. Christi Ermahnung und Zusicherung des Sieges zum Abschied

Dies habe ich in Gleichnissen zu euch geredet; es kommt die Stunde, da ich nicht mehr in Gleichnissen zu euch reden, sondern euch offen von dem Vater verkündigen werde. An jenem Tag werdet ihr bitten in meinem Namen, und ich sage euch nicht, dass ich den Vater für euch bitten werde; denn der Vater selbst hat euch lieb, weil ihr mich lieb gehabt und geglaubt habt, dass ich von Gott ausgegangen bin. Ich bin von dem Vater ausgegangen und bin in die Welt gekommen; wiederum verlasse ich die Welt und gehe zum Vater. Seine Jünger sprechen zu ihm: Siehe, jetzt redest du offen und sprichst kein Gleichnis; jetzt wissen wir, dass du alles weißt und nicht nötig hast, dass dich jemand fragt; darum glauben wir, dass du von Gott ausgegangen bist. Jesus antwortete ihnen: Glaubt ihr jetzt? Siehe, die Stunde kommt und ist gekommen, dass ihr zerstreut werdet, jeder in das Seine, und mich allein lasst; und ich bin nicht allein, denn der Vater ist bei mir. Dies habe ich zu euch geredet, damit ihr in mir Frieden habt. In der Welt habt ihr Bedrängnis; aber seid guten Mutes, ich habe die Welt überwunden. Johannes 16,25-33

Wie in jeder guten und gut funktionierenden Schule ist es auch in der Schule Christi: Im letzten Abschnitt wird der Hauptpunkt zusammengefasst, den die Jünger verstehen und behalten müssen. Viele der Einzelheiten kann der Heilige Geist ihnen später in Erinnerung rufen, aber zwei wesentliche Punkte der Lehre Christi müssen nun zusammengefasst werden. Ihre Gedanken und ihr Verständnis muss nun auf sie gerichtet werden.

Die entscheidenden Dinge über den Vater lehren

»Dies habe ich … zu euch geredet« (V. 25), sagte Christus. Die Art, wie er geredet hat, wird unterschiedlich übersetzt – »in Bild-

reden« oder »in Gleichnissen«. Aber in diesem Zusammenhang bedeutet es eher »rätselhaft«, d.h. »in geheimnisvoller Sprache«. Dann könnte man diesen Vers so umschreiben: »Dies habe ich in geheimnisvoller Sprache zu euch geredet; es kommt die Stunde, da ich nicht mehr in geheimnisvoller Sprache zu euch reden, sondern euch offen von dem Vater verkündigen werde.«

Die geheimnisvolle Offenbarung

In den vier Evangelien können wir in den Berichten über Christi öffentlichen Dienst erkennen, dass er dort immer in gewissen Rätseln über sich selbst redet, der »aus dem Himmel herabgekommen« ist, über seine Beziehung zum Vater und besonders über seinen Tod und sein Weggehen. Und wir können nur staunen über die göttliche Weisheit und Gnade, durch die er seine Beziehung zum Vater schrittweise auf diese geheimnisvolle Weise offenbarte. Er appellierte nicht beim ersten Mal an Petrus, Andreas oder einen der anderen von den Elf, ihn, den Zimmermann aus Nazareth, anzunehmen und zu glauben, dass er der Schöpfer des Universums ist. Was hätten sie wohl zu dieser Zeit mit einer solchen Aussage anfangen können?

Nein, er ließ sie das Zeugnis hören von seinem Wegbereiter, Johannes dem Täufer. Und dann ließ er sie sein demütiges Verhalten sehen, obwohl er von so hoher Herkunft war. Sie waren von der offenkundigen Weisheit und Autorität seiner Lehren beeindruckt. Sie spürten die unbekannte und unwiderstehliche Macht hinter seinem Ruf, und sie verließen ihre Fischernetze und folgten ihm nach. Dann erkannten sie, dass er wusste, was im Menschen ist, ohne dass es ihm jemand sagte. Manchmal spürten sie in seiner Gegenwart eine Ehrfurcht gebietende Heiligkeit. Und die in ihren Herzen so tief verborgene Sünde, von der sie nicht wussten, wurde in ihrer ganzen Unreinheit aufgedeckt. Dennoch waren sie gleichzeitig erstaunt über seinen Anspruch,

Sünden vergeben zu können. Über seine offensichtlich wirksame Autorität dachten sie wohl ähnlich wie die Schriftgelehrten und Pharisäer: *»Wer ist dieser, der auch Sünden vergibt? … Wer kann Sünden vergeben, außer Gott allein?«* (Lukas 7,49; 5,21).

Natürlich hatte er auch erstaunliche Wunder von übermenschlicher Macht gewirkt, die zeigten, dass er vom Vater gesandt war. Aber auch Mose hatte großartige Wunder getan, ebenso Elia und Elisa, die zeigten, dass auch sie von Gott gesandt waren. Von ihnen hatte jedoch keiner jemals den Anspruch erhoben, eins mit dem Vater zu sein. Natürlich hatten sie das nicht. Sie waren ja die strengsten monotheistischen Israeliten. Doch Jesu Erklärung seiner Wunder ging weit über das hinaus, was die Propheten bisher gesagt hatten. Als auf Moses Wort hin Manna als Nahrung für die Israeliten in der Wüste vom Himmel herabfiel, drehte sich Mose nicht um und sagte: »Schaut! Ich bin das Manna des Lebens!« Aber als Christus auf wundersame Weise ein paar Brote und Fische vermehrte und eine große Volksmenge speiste, erschraken sie durch seine Aussage: *»Ich bin das Brot des Lebens; … der, der aus dem Himmel herabkommt«* (Johannes 6,33.35). Und für viele Menschen war es offensichtlich so, denn er konnte den Hunger ihrer Seele stillen, was bisher durch nichts möglich war.

»Ich bin das Licht der Welt; ich bin der gute Hirte; ich bin die Auferstehung und das Leben« (Johannes 8,12; 10,11; 11,25): So hat er schrittweise aufgebaut auf ihr erstes Verständnis von dem, wer er war – bis er einmal tatsächlich den Ehrfurcht gebietenden Namen Gottes für sich beanspruchte und sagte: *»… denn wenn ihr nicht glaubt, dass* ***ich*** *es* ***bin****, so werdet ihr in euren Sünden sterben«* (Johannes 8,24). Einige Juden, die die Konsequenzen verstanden, bezeichneten es als Gotteslästerung und wollten ihn steinigen. Aber andere, die Jünger eingeschlossen, konnten nicht glauben, dass einer, den sie als so heilig kannten, der solche Wunder vollbracht hatte, die unbestritten Gottes Werk waren, gotteslästerlich reden würde oder könnte. Die ganze Zeit,

in der sie Jesus beobachteten, wirkte der Vater für sie unbemerkt in ihren Herzen – bis Jesus sie herausforderte und fragte, was sie dachten, wer er sei. Petrus antwortete für sie alle: *»Du bist der Christus, der Sohn des lebendigen Gottes«* (Matthäus 16,16). Und Christus merkte an: *»Fleisch und Blut haben es dir nicht offenbart, sondern mein Vater, der in den Himmeln ist«* (Matthäus 16,17).

Ja, sie waren einen langen Weg der Entdeckung gegangen bis dorthin. Und doch blieben Rätsel bestehen. Am Berg der Verklärung hatten sie die Wolke gesehen, das Zeichen für Gottes Gegenwart. Und sie hatten die Stimme aus der Wolke gehört, die sagte: *»Dieser ist mein geliebter Sohn«* (Matthäus 17,5). Die Erscheinung verging, und sie blieben mit der immer größer werdenden Frage zurück: Welch erstaunliche Beziehung drückt das Wort »Sohn« aus? Und wie ist das unter einen Hut zu bringen mit den immer häufiger werdenden Aussagen, dass er sterben muss, weggehen muss, zurück zu dem, der ihn gesandt hat, zurück zum Vater?

Als Christus sie nun deshalb im Gastzimmer aufforderte, in ihn dasselbe Vertrauen zu setzen, das sie bisher in Gott gesetzt hatten, forderte Philippus (wir erinnern uns), dass er ihnen nun endlich den Vater zeigen solle. Aber Christus sagte einfach: *»Wer mich gesehen hat, hat den Vater gesehen … Glaubst du nicht, dass ich in dem Vater bin und der Vater in mir ist?«* (Johannes 14,9.10). Das Rätsel bleibt bestehen. Es gab keine Zurschaustellung der Majestät Gottes – nicht einmal in der Form von Feuer und Blitzen, wie die Israeliten Gott am Sinai sehen durften. Und dies gab es aus gutem Grund nicht: Sie wären davor entsetzt zurückgewichen.

Wenn Jesus nun von Beginn an verkündet hätte, dass er Gott ist und welche Verbindung er zum Vater hat, wäre eine große Absicht der Menschwerdung durchkreuzt worden. Sie wären auf ihr Angesicht niedergefallen und hätten ihn als Schöpfer anerkannt – ihn, in dem, durch den und für den das Universum erschaffen wurde. Doch Gott wollte eine unendlich größere Beziehung zu den Menschen als die, die der Schöpfer zu seinen Geschöpfen hat. Er wollte seine Geschöpfe durch eine geistliche »Geburt von oben« als Kinder – und später als erwachsene Söhne – in Verbindung zum Vater bringen. Und diese geistliche Geburt hängt von der persönlichen Beziehung zum Sohn ab. Und diese hängt wiederum davon ab, wie sie Gefallen an ihm finden und wie furchtlos sie ihm gegenüber sind. Das Ganze ist mit wachsendem Glauben und einem immer tiefer werdenden Verständnis verbunden, indem er zu bestimmten Zeiten mehr von sich offenbart, um ihren Glauben und ihre Liebe immer weiter zu fördern. Aber er offenbarte dennoch nicht so viel, dass es für ihre Persönlichkeit zu schwer zu tragen gewesen wäre und es für sie unmöglich worden wäre, ihm gegenüber als Freunde zu handeln.

In vielen Völkern gibt es eine Geschichte von einem Prinzen, der sich in ein armes Mädchen auf dem Land verliebt. Er entschließt sich, sie zu seiner Braut zu machen. Er verlässt den Palast, zieht gewöhnliche Kleider an, geht als gewöhnlicher Mann auf sie zu, obwohl er ein wenig über ihrem Niveau ist und attraktiver, nicht nur vom Aussehen her, sondern zudem in seinem Auftreten. Dennoch verbirgt er seine Herrlichkeit, damit sie nicht vor ihm erschrickt – oder (im anderen Extrem) ihn nur liebt um seines Reichtums und seiner Stellung willen statt um seiner selbst willen. Und wenn er dann ihr Herz gewonnen und sie ihre Loyalität ihm gegenüber erwiesen hat, offenbart er ihr schrittweise immer mehr von seinem Reichtum und seiner Majestät – bis zur überwältigenden Herrlichkeit der öffentlichen Hochzeit und der späteren Krönung.

Das ist die Geschichte der Menschwerdung des Sohnes Gottes – und zwar nicht als Legende, sondern als historische Realität. Er kam auf die Erde als wahrer Mensch, der dennoch Gott war, um den Menschen zu suchen. Wir können nur ausrufen: Gesegnetes Geheimnis! Groß ist das Geheimnis der Gottseligkeit: Er, der offenbart worden ist im Fleisch (1. Timotheus 3,16)!

Doch das Reden in Geheimnissen, angepasst an ihre gegenwärtige begrenzte Fähigkeit zu verstehen, wird nicht auf ewig weitergehen. »Es kommt die Stunde, da ich nicht mehr in geheimnisvoller Sprache zu euch reden, sondern euch offen von dem Vater verkündigen werde.« Und diese Stunde kam bei seinem Tod, seiner Auferstehung und seiner Himmelfahrt.

Seine Auferstehung zeigt mehr als Worte, dass er *»erwiesen ist als Sohn Gottes in Kraft«* (Römer 1,4).

Seine Auferstehung zeigt außerdem, dass das Kreuz weder ein Unfall noch eine Katastrophe war – und gewiss nicht unvereinbar mit dem Wesen Gottes. In Wirklichkeit war es der deutlichste Ausdruck des Herzens Gottes in der gesamten Geschichte. Es war der Dreh- und Angelpunkt von Zeit und Ewigkeit. Und Gott hatte es vor Grundlegung der Welt in seinem bestimmten Ratschluss und Vorherwissen geplant (1. Petrus 1,20; Apostelgeschichte 2,23), in den alttestamentlichen Prophetien vorhergesagt (Lukas 24,25-27) und zur von Gott festgelegten Stunde ausgeführt. Es war das gewaltigste, umfassendste und unmissverständlichste Reden aus dem Herzen des Vaters, das sich der Mensch wünschen kann und das Gott sich erdacht hat.

Gott ist allmächtig, aber die Bibel sagt an keiner Stelle, dass Gott Macht ist – wir lesen, dass Gott Liebe ist. Wenn Liebe das wahre Wesen Gottes ist, wo können wir sie besser erkennen als im Kreuz Christi? *»Hierin ist die Liebe Gottes zu uns offenbart worden, dass Gott seinen eingeborenen Sohn in die Welt gesandt hat, damit wir durch ihn leben möchten. Hierin ist die Liebe: nicht dass wir Gott geliebt haben, sondern dass er uns geliebt und seinen Sohn gesandt hat als Sühnung für unsere Sünden … der Vater [hat] den Sohn gesandt … als Heiland der Welt«* (1. Johannes 4,9.10.14).

Aber Christus wäre dennoch damit noch nicht zufrieden. Was wäre, wenn Christus auf Golgatha das Wesen des Vaters vollständig verkündigt hätte, wir es aber nicht begreifen könnten? Um seine offene Verkündigung des Vaters zu vervollständigen, wird er nach seiner Himmelfahrt den Heiligen Geist zu jedem senden, der zu ihm gehört, um die Liebe Gottes in ihre Herzen auszugießen und ihr subjektives Begreifen und ihre Freude an dieser Liebe sicherzustellen.

Das Wichtigste, das man begreifen muss

Ganz egal, wie viel oder wie wenig die Apostel von der bisherigen Lehre Christi verstanden haben: Der wichtigste Punkt, den sie begreifen müssen, ist: *»… der Vater selbst hat euch lieb«* (V. 27). Das ist auch immer noch der wesentliche Punkt, den jeder Jünger Christi verstehen muss, ob jung bekehrt oder bereits lange gläubig. Wenn wir mit den täglichen Problemen des Lebens ringen, die Verantwortung als Christ zu schultern versuchen oder die Konsequenzen unseres Glaubens auf lehrmäßiger oder theologischer Ebene erarbeiten, kann es leicht geschehen, dass die unmittelbare, persönliche Liebe des Vaters zu jedem von uns in unseren Gedanken verblasst. Wenn wir seine Liebe nicht mehr vor Augen haben, verwandelt sich unser Gebetsleben in eine Last, die uns durch Zweifel und Angst niederdrückt.

Unser Herr hat den Aposteln in der vorherigen Lektion gesagt, dass sie nach seiner Auferstehung und Himmelfahrt in seinem Namen Bitten an den Vater richten können. Der Vater wird Christi Namen anerkennen und ihnen geben, worum sie bitten. Aber er wusste im Voraus, dass sie ohne weitere Anweisung genau diese großartige Verheißung missverstehen könnten. Sie könnten denken, dass der Vater in Wirklichkeit nicht an ihnen interessiert ist und ihre Bitten wahrscheinlich nicht erhören wird, wenn der Herr Jesus ihm nicht gut zureden und ihn überzeugen würde.

Natürlich ist das überhaupt nicht so. Im Grunde sagt Christus Folgendes aus: »*Der Vater selbst hat euch lieb.* Wenn ihr ihn in meinem Namen bitten werdet, werde ich ihn niemals fragen müssen: ›Warum hast du dich nicht um die Bitten meiner Jünger gekümmert? Warum hast du sie nicht erhört?‹[6] *Der Vater selbst hat euch lieb*, ihm könnt ihr vertrauen, dass er eure Bitten in Übereinstimmung mit meinem Namen erhören wird.«

Es stimmt natürlich, dass Christus nun als unser Fürsprecher vor Gott handelt. In dieser Eigenschaft betet er für uns. Wir werden ein Beispiel davon sehen, sobald diese Lektion zu Ende ist. Aber er muss sich nicht für uns verwenden, weil Gott gegen uns wäre. Seine Stellung als Fürsprecher ist ein Ausdruck von Gottes Liebe zu uns und von seiner Entscheidung, uns Gutes zu tun (Hebräer 5,1-10; 7,20-25).

Und schließlich stellen wir fest, dass Christus, als er seinen Aposteln versichert, dass der Vater sie lieb hat, nicht an die allgemeine Liebe denkt, die Gott für all seine Geschöpfe hat. Er meint die besondere Liebe und Zuneigung, die der Vater für diejenigen hat, die seinen Sohn lieben und glauben, dass Jesus vom Vater ausgegangen ist (V. 27). Es kostete Gott die Schmerzen seines Sohnes auf Golgatha, die er gern erduldete, um Sünder zu lieben, während sie noch Sünder waren. Gottes Antwort für diejenigen, die diese Liebe weiterhin ablehnen, die den Sohn Gottes mit Füßen treten und sein Blut als wertlos erachten, muss ewiger Zorn sein (Hebräer 10,28.29). Doch wenn Menschen auf die Liebe Gottes antworten, indem sie seinen Sohn als Liebes-Geschenk annehmen und lieben, wird das grenzenlose Liebe und Zuneigung zum Vater hervorrufen.

---

6 Das griechische Wort für »bitten« (aiteō) im ersten Teil von Vers 26 bedeutet »um etwas bitten«, »eine Bitte vorbringen«. Das griechische Wort für »beten« oder »bitten« im zweiten Teil von Vers 26 (erōtaō) bedeutet hier »sich bei jemandem nach jemandem oder etwas erkundigen«.

Nun ist die Zeit gekommen, um festzustellen, ob die Jünger das Wichtigste von Jesu Lehre über sich selbst wirklich verstanden haben. Die Gültigkeit aller seiner Worte hängt von dieser großen grundlegenden Tatsache ab:

»Ich bin von dem Vater ausgegangen und bin in die Welt gekommen; wiederum verlasse ich die Welt und gehe zum Vater« (V. 28).

Das sagt einer, der gemeinsam mit dem Vater und dem Heiligen Geist der dreieine Gott ist. Kein alttestamentlicher Prophet, auch nicht der größte unter ihnen, hat jemals etwas Ähnliches gesagt. Elia sprach von Gott als dem *»Gott Israels, vor dessen Angesicht ich stehe«* (1. Könige 17,1). Der Engel Gabriel verkündete: *»Ich bin Gabriel, der vor Gott steht«* (Lukas 1,19). Weder Prophet noch Engel konnte sagen: *»Ich bin von dem Vater ausgegangen …; wiederum verlasse ich die Welt und gehe zum Vater.«*

Das müssen die Apostel und die Christen nach ihnen verstehen, glauben und daran festhalten, wenn sie unter dem ungeheuren Druck der Welt hinausgehen und Christus bezeugen. Um das zu verstehen, betrachten wir einen Abschnitt alttestamentlicher Geschichte als Beispiel.

In 1. Mose 15 lesen wir, dass Gott den Patriarchen Abraham zum Stammvater einer neuen Nation berufen hat, die in der Geschichte eine besondere Rolle einnehmen würde. Gott erläuterte Abraham später den Lauf dieser Nation. Zu einem bestimmten Zeitpunkt würde die Nation, heute als Israeliten bekannt, dazu geführt werden, nach Ägypten auszuwandern. Irgendwann würden die Ägypter sich ihnen widersetzen. Dann würde Gott eingreifen, um sie zu befreien und sie ins »Gelobte Land« Kanaan zu führen. Und genauso geschah es dann auch (s. 2. Mose 1–12).

Aber für uns ist Folgendes wichtig: Als Gott Mose als Befreier von Gottes Volk nach Ägypten führte, sollte er vom Pharao, dem König Ägyptens, fordern, dass er Gottes Volk ziehen lässt.

Diese Forderung brachte Mose mit folgender Begründung vor: »Vor langer Zeit, bevor dieses Volk nach Ägypten kam, hat Gott mit ihren Vätern einen Bund geschlossen und ihnen seine Absichten offenbart. Das Volk würde zu einem bestimmten Zeitpunkt in der Geschichte nach Ägypten kommen und dort leben. Doch der Aufenthalt sollte nicht dauerhaft sein. Gott hatte eine Zukunft für die Israeliten außerhalb von Ägypten, und zwar in dem Land, das Gott ihren Vätern verheißen hatte. Nun ist die Zeit für ihre Befreiung gekommen: Der Pharao muss sie ziehen lassen.«

Wie reagierte der Pharao darauf? Er lachte Mose ins Gesicht. Um es vorwegzunehmen: Er erkannte Moses Gott nicht. Er verwarf den Gedanken, dass Gott in der Vergangenheit seinen Plan mit dem Volk deren Vorfahren offenbart hat, als bedeutungslose Legende. Er verwarf außerdem den Gedanken, die Nation habe außerhalb von Ägypten eine Zukunft. Und ihr Glaube, Gott werde sie ins verheißene Land bringen, war für ihn nur ein Märchen, das seine Aufseher ihnen in den Arbeitslagern schnell aus dem Kopf schlagen würden. Für die Israeliten war Ägypten die einzige Welt, die sie kannten. Und das Leben bestand für sie nur aus Arbeit, Essen, Schlaf und schließlich dem Tod.

Gott musste, um die Israeliten zu befreien, zuerst den Pharao töten. Doch zuvor musste er die Israeliten dazu bringen zu glauben, dass Mose von Gott nach Ägypten gesandt worden war. Und sie mussten glauben, dass es außerhalb Ägyptens das verheißene Land gibt, in das Mose sie führen wird, wenn sie ihm glauben.

Diese Geschichte aus der Antike wird für uns zu einem Gleichnis. Satan, der Fürst dieser Welt, hat Millionen von Menschen davon überzeugt, dass diese Welt die einzige ist – und dass hinter der Schöpfung des Universums kein göttlicher Plan steckt, da es keinen Gott gibt. Und er hat sie dazu gebracht zu glauben, dass es über dieses Leben hinaus nichts gibt, keinen Himmel. Er sagt, das Paradies Gottes sei ein Märchen. Und er hat Millionen überzeugt, die sich nicht gut genug in der Wissenschaftsphilosophie auskennen, um seine Lüge – Glaube an Gott und an den Himmel sei unwissenschaftlich – zu durchschauen. Auf diese Weise hat Satan für sie die Welt in ein Gefängnis verwandelt und das Leben in ein buchstäblich hoffnungsloses Dasein.

Gott hat seinen Sohn Jesus Christus in die Welt gesandt, um die Menschheit von dieser erbärmlichen Sklaverei zu befreien. Aber wenn wir befreit werden wollen, müssen wir vor allem eine Sache verstehen und glauben. Und das sind nicht einfach die ethischen Lehren Christi. Es ist Folgendes: *»Ich bin von dem Vater ausgegangen und bin in die Welt gekommen«* (V. 28). Also gibt es nicht nur diese Welt hier. Und diese Welt ist auch nicht von selbst entstanden. Hinter und vor ihr steht der Vater. Christus sagt außerdem: *»… wiederum verlasse ich die Welt und gehe zum Vater«* (V. 28). Das heißt: Diese Welt ist nicht das Ende, es gibt Leben darüber hinaus. Da das die Wahrheit ist, ist die Lüge Satans offenbar. Und für jene, die an Christus glauben, kann Satan die Welt nicht mehr in ein Gefängnis verwandeln.

Christus fordert seine Jünger heraus

Aber glauben die Jünger Christi das? Sie sagen »Ja«. Sie behaupten, dass Christus zuletzt offen geredet hat. Sie erkennen, dass er alles weiß und niemand ihn fragen muss. Sie versichern ihm: *»… darum glauben wir, dass du von Gott ausgegangen bist«* (V. 30).

Sie meinen zweifellos jedes Wort so, wie sie es sagen. Aber es ist eine Sache, zu sagen, dass man die Lektion vollkommen verstanden hat, und eine andere Sache, dies in einer Prüfungssituation auch in der Praxis zu zeigen. In seiner Barmherzigkeit stellt Christus deshalb ihre übermäßige Selbstsicherheit freundlich infrage: *»Glaubt ihr jetzt?«* (V. 31). Innerhalb von wenigen Stunden werden sie einer äußerst ernsten Prüfung gegenüberstehen. Ihr Glaube wird wanken, und ihr Verständnis der Wahrheit wird sich als nicht so stark erweisen, wie sie dachten: Sie werden Christus verlassen und davonlaufen, um ihr Leben und ihre Belange in der Welt zu schützen.

Die Zusicherung des Sieges

Wird dann alles verloren sein? Nein, keinesfalls. Allein mit seinem Vater wird Christus allem gegenüberstehen, was die Welt und ihr Fürst ihm bescheren kann, einschließlich Folter und Tod. Und Christus wird siegen. *»Seid guten Mutes«* (V. 33), sagt Christus, sogar kurz bevor die Jünger ihre Nerven verlieren und zunächst besiegt davonlaufen werden. *»In der Welt habt ihr Bedrängnis …, in mir [habt ihr] Frieden …, ich habe die Welt überwunden«* (V. 33). Er wird den satanischen Gefängniswärter am Boden halten. Er wird die Gitterstäbe seiner gefangenen Welt zerbrechen. Seine Auferstehung und Himmelfahrt werden die Türen des Gefängnisses weit aufreißen. Und wenn er siegreich zum Vater auffahren wird, werden jene, die zu ihm gehören, an seinem Sieg Anteil haben. In Christus werden sie auch mehr sein als Überwinder, durch den, der sie geliebt hat (Römer 8,37). *»Denn ich bin überzeugt, dass weder Tod noch Leben, weder Engel noch Fürstentümer, weder Gegenwärtiges noch Zukünftiges, noch Gewalten, weder Höhe noch Tiefe, noch irgendein anderes Geschöpf uns zu scheiden vermögen wird von der Liebe Gottes, die in Christus Jesus ist, unserem Herrn«* (Römer 8,38.39).

Wenn wir nun vor unseren Mitmenschen die Realität Christi bezeugen möchten, müssen wir das Geheimnis kennen, wie wir die Welt überwinden können. Hier lesen wir es in den Worten eines der Apostel: *»Denn alles, was aus Gott geboren ist, überwindet die Welt; und dies ist der Sieg, der die Welt überwunden hat: unser Glaube. Wer ist es, der die Welt überwindet, wenn nicht der, der glaubt, dass Jesus der Sohn Gottes ist?«* (1. Johannes 5,4.5).

Der Kurs: Teil III

Der Lehrer betet

29. Der Sohn berichtet dem Vater

Nun ist das offizielle Lehren Christi fürs Erste beendet. Seine Jünger werden noch grundlegende und tief bewegende Lektionen lernen, wenn sie sehen, wie er dem Konflikt in Gethsemane und den schrecklichen Leiden am Kreuz gegenübersteht. Aber er wechselt jetzt mit ihnen vergleichsweise wenig Worte, bis er in der großen Freude und Verwunderung des Auferstehungstags wieder zu ihnen kommt.

Obwohl das formelle Lehren vorübergehend endet, ist das Lehrwerk noch nicht abgeschlossen. Bis jetzt unterhielt er sich mit seinen Jüngern über seinen Vater. Jetzt muss er mit seinem Vater über seine Jünger reden. Er wird berichten, wie gut er sie gelehrt hat und wie gut sie die Lehren aufgenommen und geglaubt haben.

In der Schule gibt es immer zwei Seiten bei einer Lehrer-Schüler-Beziehung. Aufseiten des Schülers stellt sich die Frage nach der Bereitschaft zu lernen, nach dem Fleiß und der Fähigkeit, das Gelernte zu verstehen und anzuwenden. Wir haben bereits früher an diesem Abend gehört, dass der Herr Jesus ihnen zu diesem Zeitpunkt Dinge vorenthalten musste, weil sie nicht mehr bewältigen konnten (V. 12).

Doch Lernerfolg hängt nicht allein vom Schüler ab. Denn auf der Seite des Lehrers stellt sich die Frage: Kann er sein Fach gut vermitteln? Kann er das Grundlegende klar und einfach erklären, damit auch ein Schüler mit geringer Auffassungsgabe es begreifen kann?

Diese Frage ist von äußerster Wichtigkeit, wenn es um die Erkenntnis Gottes geht, von der unsere ewige Errettung abhängig ist. Denn wenn unsere Errettung letztlich von unserer Intelligenz oder unserer Fähigkeit zu lernen abhängen würde, wer könnte dann überhaupt gerettet werden? Nein, in diesem Fall hängt alles von der Fähigkeit des Einen ab, den Gott uns als Lehrer gesandt hat. Er versteht sein Fach vollkommen. Und er kennt seine Schüler durch und durch. Er weiß, wie der menschliche Verstand funktioniert, denn er hat ihn gemacht. Und außerdem wurde er selbst Mensch. Mit Christus als Lehrer werden alle, die Gott kennenlernen möchten, ihn auch wirklich kennenlernen.

Der Sohn berichtet dem Vater die Erfüllung seines Auftrags

Dies redete Jesus und erhob seine Augen zum Himmel und sprach: Vater, die Stunde ist gekommen; verherrliche deinen Sohn, damit dein Sohn dich verherrliche – so wie du ihm Gewalt gegeben hast über alles Fleisch, damit er allen, die du ihm gegeben hast, ewiges Leben gebe. Dies aber ist das ewige Leben, dass sie dich, den allein wahren Gott, und den du gesandt hast, Jesus Christus, erkennen. Ich habe dich verherrlicht auf der Erde; das Werk habe ich vollbracht, das du mir gegeben hast, dass ich es tun sollte. Und nun verherrliche du, Vater, mich bei dir selbst mit der Herrlichkeit, die ich bei dir hatte, ehe die Welt war. Johannes 17,1-5

Wie gründlich er sein Fach dargelegt hat

Zuerst betrachten wir, wie er das Thema definiert, das er gelehrt hat: »*… so wie du ihm [dem Sohn] Gewalt gegeben hast über alles Fleisch, damit er allen, die du ihm gegeben hast, ewiges Leben gebe. Dies aber ist das ewige Leben, dass sie dich, den allein wahren Gott, und den du gesandt hast, Jesus Christus, erkennen*« (V. 2.3).

Hier lernen wir einige Dinge von elementarer Wichtigkeit:

1. Heiligkeit, die wir in diesem Buch studieren, ist nicht ein Fach wie Chemie oder Physik. In Physik reicht es beispielsweise, wenn ein Schüler Einsteins berühmte Formel lernt. Er muss nichts über Einstein wissen, und noch weniger muss er Einstein persönlich kennen oder irgendeine Beziehung zu ihm haben. Aber wahrhaft heilig zu werden, bedeutet nicht, ein Fach zu lernen, sondern eine Person kennenzulernen. Diese Person ist Gott. Und ihn kennenzulernen, heißt nicht, einfach eine Menge über ihn zu lernen (so wichtig das auch ist), sondern ihn in einer persönlichen Beziehung kennenzulernen.

2. Zweitens sollten wir beachten, dass es ein großer Unterschied ist, ob man eine Sache oder eine Person kennenlernt. Nehmen wir beispielsweise ein Atom. Wenn man alles über ein Atom wissen möchte, was es darüber zu wissen gibt, kann man es in ein Zyklotron geben und mit energiereichen Teilchen beschießen. Irgendwann wird das Atom alle Geheimnisse preisgeben. Es kann nicht anders, es ist ein Gegenstand.

Aber eine Person kann man nicht auf diese Weise kennenlernen. Du kannst mein Gehirn scannen, ein EEG machen, die Chemie meiner Gehirnzellen analysieren, meinen Blutdruck messen und mein Gehirn jedem bekannten wissenschaftlichen Test unterziehen – aber du wirst mich trotzdem nicht kennen. Denn ich bin kein Gegenstand, sondern ein Mensch. Sofern ich nicht zulasse, dass du mich kennenlernst, indem ich mich dir mit Herz und Verstand mitteile, wirst du mich niemals kennen. Du wirst vielleicht eine Menge über mich wissen, mich selbst aber nicht kennen.

Ebenso lernt kein Mensch Gott kennen, außer Gott lässt es zu, dass dieser ihn kennenlernt, indem er sich dem Menschen mitteilt.

3. Aber indem Gott zulässt, dass ein Mensch ihn auf diese direkte und persönliche Weise kennenlernt, muss er ihm mehr als bloße Information mitteilen, nämlich sein eigenes Leben.

Denn das ewige Leben, von dem die Bibel spricht, ist nicht nur ein anderer Ausdruck für das Weiterleben nach dem Tod oder dafür, »in den Himmel zu kommen, wenn du stirbst« (auch wenn beide Dinge darin enthalten sind). Ewiges Leben bedeutet, den einzig wahren Gott und seinen Sohn Jesus Christus, der von Gott in unsere Welt gesandt wurde, zu kennen – und zwar persönlich durch eine lebendige Beziehung. Das ist im Übrigen der Grund, warum die Bibel sagt, dass jeder Gläubige bereits hier auf der Erde ewiges Leben hat, lange bevor er in den Himmel kommt. Denn der Vater gab Christus die Macht, dieses ewige Leben all denen zu geben, die Gott ihm gegeben hat. Das lesen wir im Gebet Christi (V. 2).

4. Heiligkeit bedeutet aber nicht nur, Gott kennenzulernen, sondern auch, ihm zu glauben, ihn zu lieben und sich ihm treu hinzugeben. Der Sohn Gottes hatte folgende große Aufgabe: Er musste in unsere Welt kommen und Gott den Menschen offenbaren, wie er wirklich ist, in all seiner Liebe, Reinheit, Majestät, Gnade und Schönheit. Und dies musste er tun vor dem Hintergrund aller Verleumdungen, mit denen Satan die Herzen der Menschen durchdrungen hat. Der Sohn sollte Gott unter den Menschen verherrlichen, das Denken des Menschen über Gott verändern und den Menschen von der Gleichgültigkeit gegenüber Gott zu einer leidenschaftlichen Hingabe gegenüber Gott dem Vater führen, dem alle Herrlichkeit und alle Anbetung gebührt.

Wenn dies also das Thema des Lehrers war, wie gut hatte er es vermittelt? Vollkommen und vollständig! Hören wir nochmals, was er dem Vater berichtet: *»Ich habe dich verherrlicht auf der Erde; das Werk habe ich vollbracht, das du mir gegeben hast, dass ich es tun sollte«* (V. 4). Während er dies sagt, blickt er zweifellos auf sein ganzes bisheriges Leben zurück. Aber er schaut auch nach vorne, denn er selbst sagt zu seinem Vater: *»… die Stunde ist gekommen«* (V. 1), die Stunde, die vor Grundlegung der Welt geplant war und zu der er durch sein gewaltiges Werk am Kreuz der Welt seine Liebe zu Gott und seine Gedanken über Gott zeigen wird. Und gleichzeitig wird er offenbaren, was der allheilige Gott über die Sünde der Welt denkt und wie der Gott aller Liebe die Menschen trotzdem lieben kann. Das Kreuz Christi wird dies alles ausdrücken.

Die Stunde ist gekommen, und Christus ist bereit, nach Beendigung seines Gebets den Bach Kidron zu überqueren und Gethsemane zu betreten, um das gewaltige Werk am Kreuz einzuleiten. Er ist so voller Vertrauen, das Werk zur ewigen und unendlichen Herrlichkeit Gottes zu vollenden, dass er bereits in der Vergangenheitsform davon spricht: *»Ich habe dich verherrlicht auf der Erde; das Werk habe ich vollbracht, das du mir gegeben hast, dass ich es tun sollte«* (V. 4).

Dennoch ist noch ein weiterer und letzter Schritt von Gott nötig, um die Offenbarung seines eigenen Wesens zu vervollständigen. Christus sagt: *»Ich habe dich verherrlicht auf der Erde … Und nun verherrliche du, Vater, mich bei dir selbst mit der Herrlichkeit, die ich bei dir hatte, ehe die Welt war«* (V. 4.5). Das heißt: Der Vater muss auf die äußerste Hingabe des Sohnes antworten, indem er ihn von den Toten auferweckt und in die Herrlichkeit erhebt, die er mit dem Vater schon vor der Schöpfung einnahm. Denn, wenn Gott – was undenkbar wäre – das Opfer seines Sohnes nicht durch die Auferweckung aus den Toten bestätigt hätte, sodass dessen verdorbene Kritiker die Möglichkeit gehabt hätten, dessen Tod verleumderisch misszudeuten, und Atheisten dessen Tod als Beispiel dafür hätten nehmen können, dass Glaube und Hingabe an Gott ein Aberglaube sei, der im Staub eines ewigen Grabes endet, dann wäre der Himmel selbst schwarz geworden und das Wesen Gottes für immer zerstört worden.

Aber diese Gefahr bestand niemals. Mit absolutem Vertrauen in den Vater, den er kannte, liebte und dessen Wesen er den Menschen offenbarte, bittet der Sohn Gottes seinen Vater, die Offenbarung seines Namens zu vervollständigen, indem er seinen Sohn aus den Toten auferweckt und ihn mit der früheren Herrlichkeit seiner ewigen Sohnschaft verherrlicht. Und diese Verherrlichung Christi beim Vater wird nicht nur seine Ehre wiederherstellen, die er schon vor der Schöpfung hatte – sie wird der Welt erzählen, dass sie, indem sie Jesus gesehen hatte, den Vater gesehen hatte.

Der Lehrer berichtet, wie gut seine Jünger ihre Lektionen gelernt haben

Ich habe deinen Namen den Menschen offenbart, die du mir aus der Welt gegeben hast. Dein waren sie, und mir hast du sie gegeben, und sie haben dein Wort gehalten. Jetzt haben sie erkannt, dass alles, was du mir gegeben hast, von dir ist; denn die Worte, die du mir gegeben hast, habe ich ihnen gegeben, und sie haben sie angenommen und wahrhaftig erkannt, dass ich von dir ausgegangen bin, und haben geglaubt, dass du mich gesandt hast. Johannes 17,6-8

Der Bericht hört sich sehr gut an:

1. *»sie haben dein Wort gehalten«* (V. 6);
2. *»Jetzt haben sie erkannt, dass alles, was du mir gegeben hast, von dir ist«* (V. 7);
3. *»... die Worte, die du mir gegeben hast, habe ich ihnen gegeben, und sie haben sie angenommen«* (V. 8);
4. *»sie haben ... wahrhaftig erkannt, dass ich von dir ausgegangen bin«* (V. 8);
5. *»sie haben ... geglaubt, dass du mich gesandt hast«* (V. 8).

Also Bestnote? Aber der Verdienst dafür liegt nicht bei den Jüngern, sondern eher beim Lehrer. Denn bedenken Sie einmal, wie Christus ihren Glauben förderte und ihre Liebe und Hingabe zu Gott hervorrief.

A. Als Erstes offenbarte er ihnen Gottes Namen:

Das erinnert uns vielleicht erneut daran, wie Gott die Israeliten aus Ägypten befreite. Diese Generation der Israeliten hat nur die äußerst harte Sklaverei unter der scheinbar unbeugbaren Macht des Pharaos Ägyptens gekannt. Als Mose mit der Botschaft zu ihnen kam, dass Gott ihn gesandt hatte, um das Volk zu befreien, war sowohl Entkommen als auch Rebellion offensichtlich ausgeschlossen. Wie konnte er also erwarten, dass die Israeliten ihm oder seinen Worten über Gott glauben?

Aber Mose hatte mit dieser Schwierigkeit gerechnet. Als Gott ihm diesen Auftrag gab, bat Mose: *»Und Mose sprach zu Gott: Siehe, wenn ich zu den Kindern Israel komme und zu ihnen spreche: Der Gott eurer Väter hat mich zu euch gesandt, und sie zu mir sagen werden: Was ist sein Name?, was soll ich zu ihnen sagen? Da sprach Gott zu Mose: ›Ich bin, der ich bin‹. Und er sprach: So sollst du zu den Kindern Israel sagen: ›Ich bin‹ hat mich zu euch gesandt. Und Gott sprach weiter zu Mose: So sollst du zu den Kindern Israel sagen: Der HERR, der Gott eurer Väter, der Gott Abrahams, der Gott Isaaks und der Gott Jakobs, hat mich zu euch gesandt. Das ist mein Name auf ewig, und das ist mein Gedächtnis von Geschlecht zu Geschlecht«* (2. Mose 3,13-15).

Mose ging zu den Israeliten und verkündigte ihnen den Namen Gottes, »ich bin, der ich bin«, der selbst-existierende und ewige Eine, der vollkommen gleichbleibend und unveränderlich ist und auf ewig jedem seiner Geschöpfe treu bleibt, mit dem er in eine Beziehung getreten ist, ob das Abraham, Isaak oder sonst jemand ist. Er wird sie in seiner Macht und seinem Mitleid gewiss retten und alle seine Verheißungen treu erfüllen.

Während die Israeliten der Verkündigung dieses Namens lauschten, wurden ihr Herz und ihr Geist bewegt. Gott hatte sich ihrer erinnert, da er so ist, wie er ist. Er wird keines seiner Geschöpfe aufnehmen, ihm seine Liebe bekunden, ihm Verheißungen geben und dann seiner überdrüssig werden, sich von ihm abwenden und es vergessen, wie ein Kind ein Spielzeug wegwirft, das nicht mehr interessant ist. Außerdem ist dieser ewige, unveränderliche Gott nicht unnahbar und gefühllos. Er hat ihre Schmerzen gesehen und ihr Stöhnen gehört und ist herabgekommen, um sie zu erretten (2. Mose 3,6-8).

Israel glaubte sowohl Mose als auch Gott, dessen Name Mose offenbarte. Glaube muss sich nicht selbst zu Überzeugung entwickeln: Glaube ist unsere Reaktion auf das offenbarte Wesen Gottes. Es ähnelt entfernt der Situation, wenn ein Mann eine Frau genug lieben und ihr vertrauen lernt, um sie zu heiraten. Er muss nicht selbst ein Gefühl des Vertrauens entwickeln. Er sieht ihre Schönheit und fühlt sich hingezogen, er sieht ihre Anmut, Freundlichkeit und Treue, und sein Herz wird von ihr angezogen, sodass er bereit ist, sich durch einen Willensakt lebenslang an sie zu binden.

Was Mose für die Israeliten tat, tat Christus für seine Jünger und für die ganze Menschheit. Er machte Gottes Namen bekannt, offenbarte Gottes Wesen in Wort und Tat, und vor allem erwies er durch seinen Tod am Kreuz Gottes Liebe und Treue zu uns, seinen Geschöpfen. Gottes einziger Sohn wollte lieber leiden und sterben, als dass jemand verlorenginge.

B. Zweitens hat der Herr Jesus nicht nur Gottes Namen offenbart oder Gottes Wort, d. h. Gottes Botschaft, übermittelt (V. 6), sondern die Worte waren ihm direkt vom Vater gegeben:

Die Jünger mussten nicht den Sinn hinter den Worten Jesu herausfinden, mit denen er ihnen die Botschaft Gottes überbrachte. Seine Worte waren die Worte Gottes. Sie erkannten das und auch, dass alles, was Christus hatte, ihm vom Vater gegeben worden war. Daraus entsprang die absolute Sicherheit, dass der Herr Jesus von Gott kam. Und sie glaubten, dass Gott ihn gesandt hatte.

So kommt auch heute noch der Glaube zustande. *»Also ist der Glaube aus der Verkündigung, die Verkündigung aber durch Gottes Wort«*, lesen wir in der Bibel (Römer 10,17). Gott ist sein eigener Beweis: Seine Worte haben ihre eigene göttliche Macht, um Menschen von ihrer Wahrheit zu überzeugen und so den Glauben und das Vertrauen in den Menschen hervorzubringen. Viele Menschen glauben nicht, weil sie niemals das Wort Gottes hören, niemals in der Bibel lesen. Sie hören sich die Argumente für und gegen die Existenz Gottes an, für und gegen Religion. Diese Argumente können hilfreich sein, oder auch nicht. Aber um einem Menschen zu vertrauen, müssen wir die Worte des Menschen hören. Und um Gott zu vertrauen, müssen wir persönlich und unmittelbar Gottes Wort hören. Es waren die Worte Gottes, die Jesus geredet hat. Wir müssen nicht ungeheuer intelligent sein, nicht hervorragend gebildet und keine ausgebildeten Theologen: Wir können die Worte Christi hören oder lesen und sie wörtlich nehmen. Es sind Gottes Worte direkt an uns, wenn Christus sagt: »*Wahrlich, wahrlich, ich sage euch: Wer mein Wort hört und dem glaubt, der mich gesandt hat, hat ewiges Leben und kommt nicht ins Gericht, sondern ist aus dem Tod in das Leben übergegangen*« (Johannes 5,24). Wir können sie einfach so glauben und annehmen und dadurch ewiges Leben empfangen. Denn, wie es an anderer Stelle in diesem Evangelium heißt: »*Wer sein Zeugnis angenommen hat, hat besiegelt, dass Gott wahrhaftig ist. Denn der, den Gott gesandt hat, redet die Worte Gottes*« (Johannes 3,33.34).

30. Der Sohn betet um die Bewahrung des Glaubens seiner Jünger

Ich bitte für sie; nicht für die Welt bitte ich, sondern für die, die du mir gegeben hast, denn sie sind dein (und alles, was mein ist, ist dein, und was dein ist, mein), und ich bin in ihnen verherrlicht. Und ich bin nicht mehr in der Welt, und diese sind in der Welt, und ich komme zu dir. Heiliger Vater! Bewahre sie in deinem Namen, den du mir gegeben hast, damit sie eins seien wie wir. Als ich bei ihnen war, bewahrte ich sie in deinem Namen, den du mir gegeben hast; und ich habe sie behütet, und keiner von ihnen ist verlorengegangen – als nur der Sohn des Verderbens, damit die Schrift erfüllt würde. Jetzt aber komme ich zu dir; und dieses rede ich in der Welt, damit sie meine Freude völlig in sich haben.

Johannes 17,9-13

Hier stehen die elf Jünger, ganz still vor Ehrfurcht, und lauschen dem Sohn, wie er für sie zum Vater betet. Sie hatten an ihn geglaubt, und somit auch an den Vater. Die Frage, die nun auftaucht: Sie sind jetzt Gläubige – aber werden sie das für immer bleiben? Wird ihr Glaube stark bleiben angesichts des Sturms, der bald um sie herum toben wird? Und auch angesichts aller Veränderungen im Leben? Oder besteht die Möglichkeit, dass Verfolgung, Krankheit, Todesfälle, Katastrophen oder Kummer so gewaltig sind, dass diese ihren Glauben brechen werden, sie von Christus trennen werden und sie in die ewige Verdammnis kommen? Diese Frage stellt sich früher oder später jeder Gläubige. Und deshalb ist es von höchster Wichtigkeit, auf das zu hören, was unser Herr uns darüber zu sagen hat.

Das Thema, um das es geht

Unser Herr hat diese Problematik natürlich vorhergesehen und ist sich völlig bewusst, wie ihr Glaube bewahrt und gestärkt werden muss. Sie glaubten bereits an Gottes Existenz, bevor sie Jesus begegneten. Jesus musste sie nicht dazu bekehren, an Gottes Existenz zu glauben. Aber Jesus forderte sie auf, mit demselben Glauben auch an ihn zu glauben. In ein und demselben Atemzug sagte er: *»Ihr glaubt an Gott, glaubt auch an mich!«* (Johannes 14,1).

So mancher Jude zu jener Zeit sah es als höchste Gotteslästerung an, dass Jesus von den Menschen forderte, denselben Glauben in ihn zu setzen wie in Gott. Die Jünger taten es, und es war nicht gotteslästerlich: Laut Christus waren sie ihm vom Vater gegeben. *»Dein waren sie* (als an Gott Gläubige), *und mir hast du sie gegeben«* (V. 6), sodass sie an Christus gläubig werden und ihm auf die völlig gleiche Weise gehören wie Gott. *»Ich bitte für sie; … für die, die du mir gegeben hast, denn sie sind dein«* (V. 9). Der Glaube an Christus trennte sie nicht von Gott oder schwächte ihre Treue Gott gegenüber. Und dass Christus in seinen Jüngern verherrlicht wird, beeinträchtigte die Verherrlichung des Vaters nicht. Denn *»alles, was mein ist, ist dein, und was dein ist, mein«* (V. 10). Christus war und ist der Sohn des Vaters. Eins mit dem Vater.

Nachdem Christus aufgefahren war, mussten seine Jünger hinausgehen und ihren Mitbürgern gegenübertreten, die behaupteten, an Gott zu glauben, und die zum Großteil sehr religiös waren. Doch für sie war Jesus ein Gotteslästerer, und sie waren bereit, alle zu verfolgen, die an ihn glaubten. Die Jünger könnten deshalb versucht sein zu denken, sie könnten den Glauben an die Gottheit Jesu aufgeben und trotzdem den Glauben an Gott behalten.

Das ist natürlich unmöglich. Der Apostel Johannes musste später seine Mitgläubigen warnen: *»Jeder, der den Sohn leugnet, hat auch den Vater nicht«* (1. Johannes 2,23). Durch all die Jahrhunderte hindurch meinten viele, sie könnten Gläubige an Gott bleiben und sich weiter Christen nennen, selbst wenn sie Jesus nur als Menschen betrachteten, der »auf einzigartige Weise mit Gott verbunden«, »der größte religiöse Führer« oder Ähnliches war. Aber sie waren nicht bereit, zu bekennen, dass Jesus eins mit dem Vater ist und dass das Wort Gottes, das seit Ewigkeit bei Gott und das selbst Gott war, in Jesus Fleisch wurde und unter uns wohnte. Diese Versuchung war in den theologischen Kreisen während der letzten hundert Jahre nicht nur weitverbreitet, sondern viele erlagen ihr.

Die Wahrheit über vom Glauben Abgefallene

Das wirft die schwerwiegendste Frage auf. Menschen, die sich so vom Glauben an die Gottheit des Herrn Jesus abwenden, und zwar bewusst und dauerhaft – waren sie jemals wahre Gläubige? Die Bibel sagt »Nein«!

Zuerst nochmals die Worte des Apostels Johannes (1. Johannes 2,18-29; s. Kapitel 20, S. 169-171, wo das Thema bereits erörtert wurde). Er spricht von Menschen, die sich einmal den Aposteln und Christen im Allgemeinen angeschlossen hatten, später aber geleugnet haben, dass Jesus der Sohn Gottes ist. Er sagt unverblümt: *»Sie sind von uns ausgegangen* [auf jeden Fall lehrmäßig, wenn nicht sogar tatsächlich], *aber sie waren nicht von uns; denn wenn sie von uns gewesen wären, so würden sie wohl bei uns geblieben sein; aber damit sie offenbar würden, dass sie alle nicht von uns sind«* (1. Johannes 2,19).

Johannes macht dann eine klare Unterscheidung zwischen denen, die ausgegangen sind, und den wahren Gläubigen. Von Letzteren sagt er: *»Und ihr habt die Salbung von dem Heiligen und wisst alles. Ich habe euch nicht geschrieben, weil ihr die Wahrheit nicht wisst, sondern weil ihr sie wisst, und dass keine Lüge aus der Wahrheit ist. Wer ist der Lügner, wenn nicht der, der leugnet, dass Jesus der Christus ist? … Jeder, der den Sohn leugnet, hat auch den Vater nicht«* (1. Johannes 2,20-23).

Ein wahrer Gläubiger weiß unwillkürlich, dass Jesus der Sohn Gottes ist. Er weiß, dass seine Vergebung, seine Versöhnung und der Frieden mit Gott, ja, tatsächlich seine gesamte Errettung von der Tatsache abhängig ist, dass der Sohn Gottes ihn geliebt hat, an seiner Stelle den Fluch Gottes auf sich genommen hat und am Kreuz stellvertretend für ihn starb. Kein noch so heiliger Mensch kann sich selbst als stellvertretendes Opfer für einen anderen Menschen darbringen, geschweige denn für die Sünden der ganzen Welt. Ein wahrer Gläubiger versteht das unwillkürlich und weiß, dass jede Lehre eine Lüge ist, die die Gottheit des Herrn Jesus leugnet.

Das implizite Urteil unseres Herrn

Zurück zum Gebet unseres Herrn. Von Christus lernen wir dieselbe Lektion wie gerade vom Apostel Johannes. Am Anfang schließt er ausdrücklich die Welt vom Anwendungsbereich seines Gebets aus: *»nicht für die Welt bitte ich«* (V. 9). Damit ist nicht gemeint, dass er im Gegensatz zu seinem Vater die Welt nicht liebt und sich nach ihrer Errettung sehnt (s. Johannes 3,16). Auch ist nicht gemeint, dass er im Gegensatz zum Apostel Paulus nicht bereit war, für die Errettung der Welt zu beten (s. Römer 10,1; 1. Timotheus 2,1.2). Doch an dieser Stelle betet er für die Bewahrung des Glaubens der Seinen. Es hat keinen Sinn, für die Bewahrung des Glaubens der Welt zu beten, denn in diesem Sinne hatte und hat die Welt keinen Glauben. Die Welt schließt per definitionem diejenigen ein, die nicht an den Sohn Gottes und somit auch nicht an den Vater glauben. Auch wenn solche Menschen bekennen, Christen zu sein, oder vielleicht Theologie lehren, sind sie ebenso »von der Welt« wie jeder Nichtchrist. Judas Iskariot hat nicht aufgehört, »von der Welt« zu sein, weil er eine Zeit lang als Apostel gedient hat. Er blieb, was er immer war: *»der Sohn des Verderbens«* (V. 12).

Unser Herr betet hier für die wahren Gläubigen, und zwar Folgendes: *»Bewahre sie in deinem Namen, den du mir gegeben hast, damit sie eins seien wie wir«* (V. 11).[7]

Wir verstehen den Ausdruck *»in deinem Namen, den du mir gegeben hast«*, wenn wir nochmals auf den Auszug aus Ägypten verweisen. Als Gott die Israeliten aus Ägypten führte, damit sie in das verheißene Land reisen konnten, sagte Gott: *»Siehe, ich sende einen Engel vor dir her, dass er dich auf dem Weg bewahre und dich an den Ort bringe, den ich bereitet habe. Hüte dich vor ihm und höre auf seine Stimme …, denn mein Name ist in ihm«* (2. Mose 23,20.21). Das heißt, dem Engel, der sie führte, war von Gott Autorität übertragen worden. Ihm nicht zu gehorchen, bedeutete, Gott nicht zu gehorchen.

Nun hat der Vater, in einem weit umfassenderen Sinn, seinen Namen dem Sohn gegeben. Und die Jünger müssen in der Macht dieses Namens geleitet werden. Und sie müssen weiterhin glauben, dass der Herr Jesus den Namen Gottes trägt, da er eins mit dem Vater ist. Es würde nicht reichen, wenn sie sich moralisch einwandfrei verhalten oder glauben, wie es viele zu jener Zeit in Israel taten, dass Jesus ein großer Prophet ist – oder aber gar der aus dem Totenreich zurückgekehrte Elia. Sie müssen die herausfordernde Frage Jesu jederzeit beantworten können. *»Ihr aber, wer sagt ihr, dass ich sei?« »Du bist der Christus, der Sohn des lebendigen Gottes.* Du und der Vater, ihr seid eins« (s. Matthäus 16,13-17).

Da der Vater und der Sohn tatsächlich eins sind, ist es für alle wahren Gläubigen wichtig, in ihrem Glauben und ihrem Zeugnis eins zu sein. Nicht nur die Wirksamkeit ihres Zeugnisses in der Welt, sondern auch ihre gesamte Errettung hängt davon ab, dabei ihrem Glauben und dem Herrn Jesus treu zu bleiben.

---

7 Manche übersetzen: »… bewahre durch deinen Namen die, die du mir gegeben hast«, was aber auf Manuskripten beruht, die an dieser Stelle weniger zuverlässig sind.

Da so viel auf dem Spiel steht, kommen wir um die Frage nicht herum, wie wirksam wohl das Gebet unseres Herrn ist.

Erfreulicherweise wissen wir, wie wirksam Christi Bewahrung der elf wahren Jünger ist, denn er selbst bemerkt: *»Als ich bei ihnen war, bewahrte ich sie in deinem Namen, den du mir gegeben hast; und ich habe sie behütet, und keiner von ihnen ist verlorengegangen – als nur der Sohn des Verderbens, damit die Schrift erfüllt würde«* (V. 12).

Kein Einziger verloren! Das ist eine großartige Aussage. Aber es ist weder eine Übertreibung noch eine außergewöhnliche Aussage, die aufgrund ihrer Ungewöhnlichkeit nicht zu wörtlich genommen werden dürfe. Unser Herr hat dasselbe bereits früher genauso nachdrücklich gesagt: *»Alles, was mir der Vater gibt, wird zu mir kommen, und wer zu mir kommt, den werde ich nicht hinausstoßen; denn ich bin vom Himmel herabgekommen, nicht um meinen Willen zu tun, sondern den Willen dessen, der mich gesandt hat. Dies aber ist der Wille dessen, der mich gesandt hat, dass ich von allem, was er mir gegeben hat, nichts verliere, sondern es auferwecke am letzten Tag. Denn dies ist der Wille meines Vaters, dass jeder, der den Sohn sieht und an ihn glaubt, ewiges Leben habe; und ich werde ihn auferwecken am letzten Tag«* (Johannes 6,37-40).

Also sind die Jünger sicher, solange Christus bei ihnen ist. Und das nicht, weil sie mit eigener Kraft ihren Glauben aufrechterhalten, sondern weil Christus ihren Glauben bewahrt. Aber was wird in Zukunft sein, da er sie bald verlassen und nicht mehr hier auf der Erde sein wird? Wer oder was wird sie bewahren? Die Antwort ist die Bitte Christi an seinen Vater, nun diese Aufgabe zu übernehmen: »Während ich bei ihnen war, habe ich sie bewahrt: Vater, bewahre du sie nun.«

Die einzig notwendige Frage für einen wahren Gläubigen ist deshalb: »Wird der Vater meinen Glauben weniger gewissenhaft und wirksam bewahren, als der Herr Jesus den Glauben seiner elf Apostel bewahrte?« Die Antwort ist offensichtlich: »Natürlich nicht!« Aber zur doppelten Sicherheit hören wir erneut, was unser Herr bei einer früheren Gelegenheit darüber sagte: *»Meine Schafe hören meine Stimme, und ich kenne sie, und sie folgen mir; und ich gebe ihnen ewiges Leben, und sie gehen nicht verloren in Ewigkeit, und niemand wird sie aus meiner Hand rauben. Mein Vater, der sie mir gegeben hat, ist größer als alles, und niemand kann sie aus der Hand meines Vaters rauben. Ich und der Vater sind eins«* (Johannes 10,27-30).

Dabei wird jeder wahre Gläubige eine Welle tiefer Freude empfinden. Genau das ist die Absicht unseres Herrn. Er versammelt seine Jünger um sich, als er betet. Sie sollen genau hören, was er für sie betet, und sie sollen sich sicher sein können, dass sein Gebet erhört wird: *»... dieses rede ich in der Welt, damit sie meine Freude völlig in sich haben«* (V. 13).

Ein typisches Beispiel

»Aber was ist dann mit Petrus?«, wirft vielleicht jemand ein. »Lesen wir nicht im nächsten Kapitel, dass trotz des Gebets unseres Herrn Petrus ihn verleugnet hat?«

Ja, leider ist das so. Aber das erinnert uns daran, dass ein Gläubiger unter Druck allzu leicht inkonsequent handeln und bezüglich seines Glaubens Kompromisse eingehen kann.

Doch Petrus war nicht Judas. Petrus war ein wahrer Gläubiger. Und als der Herr Jesus betete, dass der Vater Petrus bewahrt, hatte der Herr Jesus vorhergesehen und tatsächlich auch vorhergesagt, dass Petrus ihn vorübergehend verleugnen wird (Johannes 13,37.38). Trotzdem betete der Herr Jesus für ihn. Und sein Gebet wurde erhört. Lesen Sie das letzte Kapitel des Johannesevangeliums und finden Sie heraus, auf welche Weise Jesu Gebet erhört wurde. Petrus war nicht verloren. Er wurde völlig wiederhergestellt, sein Glaube wurde geläutert, und er blieb dem

Herrn für den Rest seines Lebens treu, bis er Gott durch den Tod als Märtyrer verherrlichte.

So bleibt die Aussage unseres Herrn ungebrochen und wird für jeden wahren Gläubigen bis zum Ende der Zeit feststehen: »Von denen, die der Vater mir gegeben hat, habe ich nicht einen verloren.«

31. Der Sohn betet für die Heiligung der Jünger und ihre Aussendung in die Welt

Ich habe ihnen dein Wort gegeben, und die Welt hat sie gehasst, weil sie nicht von der Welt sind, wie ich nicht von der Welt bin. Ich bitte nicht, dass du sie aus der Welt wegnehmest, sondern dass du sie bewahrest vor dem Bösen. Sie sind nicht von der Welt, wie ich nicht von der Welt bin. Heilige sie durch die Wahrheit: Dein Wort ist Wahrheit. Wie du mich in die Welt gesandt hast, so habe auch ich sie in die Welt gesandt; und ich heilige mich selbst für sie, damit auch sie Geheiligte seien durch Wahrheit. Aber nicht für diese allein bitte ich, sondern auch für die, die durch ihr Wort an mich glauben; damit sie alle eins seien, wie du, Vater, in mir und ich in dir, damit auch sie in uns eins seien, damit die Welt glaube, dass du mich gesandt hast. Und die Herrlichkeit, die du mir gegeben hast, habe ich ihnen gegeben, damit sie eins seien, wie wir eins sind; ich in ihnen und du in mir, damit sie in eins vollendet seien und damit die Welt erkenne, dass du mich gesandt und sie geliebt hast, wie du mich geliebt hast.

Johannes 17,14-23

Nachdem der Herr Jesus für die Bewahrung des Glaubens seiner Jünger gebetet hat, betet er für ihre Aussendung in die Welt, damit noch viele zum Glauben an ihn kommen und die Welt anerkennt, dass Gott ihn gesandt hat. Wir können diesen Abschnitt des Gebets einfach zusammenfassen:

A. V. 14-19: die Aussendung der Jünger in die Welt: *»Wie du mich in die Welt gesandt hast, so habe auch ich sie in die Welt gesandt«* (V. 18);

B. V. 20-23: die Auswirkung der Aussendung der Jünger: *»… nicht für diese allein bitte ich, sondern auch für die, die durch ihr Wort an mich glauben«* (V. 20).

Untersuchen wir im Folgenden einmal diese zwei Teile des Gebets, zuerst Teil A in diesem Kapitel und Teil B dann im nächsten Kapitel.

Die Aussendung der Jünger in die Welt

Das Gebet ist sehr sorgfältig gegliedert:

1. a) Situation: »... *die Welt hat sie gehasst*« (V. 14).
   b) Bitte: »... *dass du sie bewahrest vor dem Bösen*« (V. 15).
2. a) Situation: »*Sie sind nicht von der Welt, wie ich nicht von der Welt bin*« (V. 16).
   b) Bitte: »*Heilige sie durch die Wahrheit*« (V. 17).
3. a) Situation: »*Wie du mich in die Welt gesandt hast, so habe auch ich sie in die Welt gesandt*« (V. 18).
   b) Vorsorge: »... *ich heilige mich selbst für sie, damit auch sie Geheiligte seien durch Wahrheit*« (V. 19).

Die erste Situation – die Feindschaft der Welt

»*Ich habe ihnen dein Wort gegeben, und die Welt hat sie gehasst, weil sie nicht von der Welt sind, wie ich nicht von der Welt bin*« (V. 14).

Die Welt kann ein sehr feindseliger Ort sein, wie wir alle nur zu gut wissen. Sie ist voll von bitterem Hass, hervorgerufen durch Nationalismus, Rassismus, Klassenkampf, religiös motivierte Kriege sowie Gier und Aggressivität der Einzelnen. Aber unser Herr bezieht sich nun auf eine besondere Art des Hasses. Dieser wird im Herzen der Welt durch das Wort Gottes ausgelöst, das den Jüngern durch Christus gegeben wurde. Dieses Wort verursacht immer eine grundlegende Spaltung unter den Menschen (Johannes 7,43; 9,16; 10,19). Es deckt die Sünde des Menschen auf, ruft ihn zur Buße und dazu, seine Waffen der Rebellion gegen Gott niederzulegen und mit ihm versöhnt zu werden. Verständlicherweise werden diejenigen, die das Wort annehmen und befolgen, von denen, die es ablehnen, als Überläufer empfunden. Und folglich hasst die Welt sie, weil sie nicht mehr von der Welt sind, ebenso wie Jesus nicht von der Welt war.

Seltsamerweise hat Jesus nicht nur durch das Aufdecken und Verurteilen der Sünde den Hass hervorgerufen. Oft hatte seine Botschaft der Gnade, Vergebung und Errettung denselben Effekt. Die damaligen religiösen Lehrer widerstanden heftig (Lukas 5,17-21; 7,49), wenn er lehrte und aufzeigte, dass durch Buße und Glauben einem Menschen vergeben werden kann, er gerechtfertigt wird, Frieden mit Gott bekommt und sich dessen sicher sein kann. Die Juden suchten ihn zu töten (Johannes 5,18-24), als er lehrte, dass er als Richter der ganzen Menschheit hier und jetzt denen ewiges Leben geben kann, die glauben, sodass diese sich vollkommen sicher sein können, in Ewigkeit nicht verdammt zu werden. Diese Menschen hatten trotz ihrer religiösen Zeremonien und ihrer Versuche, das Gesetz zu halten, keine Gewissheit, errettet zu sein. Der Anspruch Christi, seinen Jüngern diese Gewissheit geben zu können, erfüllte diese Menschen mit Unbehagen, Missgunst und Hass.

Wenn die Welt nun Christus hasste, als er Gottes Wort predigte, wird sie auch seine Jünger hassen, wenn sie in die Welt hinausgehen, um dasselbe Wort zu predigen. Deshalb hat Christus zuerst (wie wir im vorherigen Kapitel gesehen haben) für die Bewahrung ihres Glaubens gebetet, bevor er erwähnt, dass er sie in die Welt aussenden wird. Und deshalb hat Christus sie auch hören lassen, wie er den Vater um ihre Bewahrung bat. Denn dadurch werden sie sich völlig sicher sein, dass der Vater keinen von ihnen verlorengehen lassen wird und dass ihre Herzen mit Freude erfüllt sein werden (V. 12.13). Wie hätten sie ohne diese Gewissheit der Errettung in ihrem Herzen hinausgehen, der Welt das Wort predigen und ihren Hass ertragen können? Und was für ein Evangelium hätten sie sonst verkündigen können?

»Ich bitte nicht, dass du sie aus der Welt wegnehmest, sondern dass du sie bewahrest vor dem Bösen« (V. 15).

Gleichzeitig war sich der Herr bewusst: Der Böse, der Fürst und Gott dieser Welt, wie ihn die Bibel nennt (Johannes 14,30; 2. Korinther 4,4), würde versuchen, den Dienern Christi Schlimmes anzutun. Er wird ihnen nicht nur durch Verfolgung Schaden zufügen wollen, sondern versuchen, sie in Weltlichkeit, Kompromisse und Sünde zu locken, um nach Möglichkeit ihr Evangelium in Verruf zu bringen. Das ist eine ernste Angelegenheit, doch unser Herr fürchtet sich nicht davor. Er verschwendet keinen Gedanken daran, dafür zu beten, dass Gott seine Jünger aus der Welt wegnimmt, um die Angriffe des Feindes zu verhindern. Christus vertraut dem Vater völlig, dass er seine Jünger vor dem Bösen bewahrt. Und dafür betet er. Christen können es sich niemals erlauben, über Satan leichtfertig zu denken oder zu sprechen. Besonders diejenigen, die eifrig Gottes Wort verbreiten, müssen damit rechnen, Ziel seiner Angriffe zu sein. *»Denn unser Kampf ist nicht gegen Fleisch und Blut, sondern gegen die Fürstentümer, gegen die Gewalten, gegen die Weltbeherrscher dieser Finsternis, gegen die geistlichen Mächte der Bosheit in den himmlischen Örtern«* (Epheser 6,12).

Aber wir stehen nicht allein oder unbewaffnet in diesem Kampf. Der Vater selbst beschützt und bewaffnet uns. Es ist unsere Aufgabe, allezeit demütig von ihm abhängig zu sein und zu lernen, die von ihm bereitgestellten Waffen zu verwenden. *»Im Übrigen, Brüder, seid stark in dem Herrn und in der Macht seiner Stärke. Zieht die ganze Waffenrüstung Gottes an, damit ihr zu bestehen vermögt gegen die Listen des Teufels. … Deshalb nehmt die ganze Waffenrüstung Gottes, damit ihr an dem bösen Tag zu widerstehen und, nachdem ihr alles ausgerichtet habt, zu stehen vermögt. Steht nun, eure Lenden umgürtet mit Wahrheit und angetan mit dem Brustharnisch der Gerechtigkeit und an den*

Füßen beschuht mit der Bereitschaft des Evangeliums des Friedens, indem ihr über das alles ergriffen habt den Schild des Glaubens, mit dem ihr imstande sein werdet, alle feurigen Pfeile des Bösen auszulöschen. Nehmt auch den Helm des Heils und das Schwert des Geistes, das Gottes Wort ist, zu aller Zeit betend mit allem Gebet und Flehen in dem Geist, und hierzu wachend in allem Anhalten und Flehen für alle Heiligen und für mich, damit mir Rede verliehen werde im Auftun meines Mundes, um mit Freimütigkeit kundzutun das Geheimnis des Evangeliums (für das ich ein Gesandter bin in Ketten), damit ich in ihm freimütig rede, wie ich reden soll« (Epheser 6,10.11.13-20).

Die zweite Situation

»Sie sind nicht von der Welt, wie ich nicht von der Welt bin« (V. 16).

Wenn wir unseren Herrn dies sagen hören, scheint es uns vielleicht zuerst so, dass er einfach Wort für Wort wiederholt, was er in Vers 14 bereits gesagt hat. Und vielleicht fragen wir uns: »Warum diese Wiederholung?« Obwohl es natürlich eine Wiederholung ist, ist es trotzdem nicht einfach eine Wiederholung. In Vers 14 erklärt Christus die Ursache des Hasses der Welt, und so stellt jener Vers die Grundlage seines Gebets um Bewahrung vor dem Bösen dar. Vor dem Bösen bewahrt zu werden, stellt die negative Seite der Heiligkeit dar. Aber die negative Seite an sich reicht nicht aus. Sie muss durch die positive Seite ergänzt werden. Deshalb führt unser Herr erneut die Tatsache an, dass seine Jünger nicht von dieser Welt sind. Aber diesmal macht er diese Tatsache zur Grundlage für seine Bitte um Heiligung.

»Heilige sie durch die Wahrheit: Dein Wort ist Wahrheit« (V. 17).

Um die zwei Seiten der Heiligung zu veranschaulichen, nehmen wir als Beispiel die heiligen Geräte, die im israelitischen Tempel verwendet wurden. Für den Dienst für Gott mussten sie in erster Linie rein sein. Kein Fleck durfte diese Geräte verunreinigen. Oder sie mussten unverzüglich gereinigt werden. Aber es reichte nicht, dass diese Geräte fleckenlos rein waren. Schließlich gab es in den Küchen der israelitischen Hausfrauen viele Geräte, die fleckenlos rein waren. Doch sie wurden nicht im Tempel verwendet. Warum nicht? Weil sie niemals dem Dienst für den Herrn übergeben worden waren. Die Hausfrauen verwendeten sie nur für ihre eigenen Zwecke. Wenn ein Gerät im Dienst für den Herrn verwendet werden sollte, musste es nicht nur rein sein, sondern dem Herrn völlig hingegeben. So ist es auch bei einem Jünger Christi: Um als Zeuge Christi in der Welt verwendet zu werden, muss er dem Herrn völlig hingegeben sein.

Das betrifft nicht nur die vollzeitlichen Mitarbeiter im geistlichen Dienst, sondern gleichermaßen jeden Gläubigen in jedem Beruf. Christliche Arbeiter in der Landwirtschaft, in der Fabrik, im Geschäft oder wo auch immer werden ermahnt, alles, was sie tun, von Herzen als dem Herrn und nicht den Menschen zu arbeiten, und so Christus zu dienen (Kolosser 3,23.24). Die mazedonischen Christen werden im Neuen Testament als Beispiel dargestellt. Als sie gebeten wurden, einen Beitrag für einen Hilfs-Fonds für die Mitchristen in Jerusalem zu leisten, die unter einer Hungersnot litten, gaben sie eine erstaunlich hohe Summe. Ihr Geheimnis war: *»… sie gaben sich selbst zuerst dem Herrn«* (2. Korinther 8,5). Danach war es für sie einfach, ihr Geld zu geben, wenn Gott es wollte. Der Standard für alle wahren Christen sollte folgendermaßen aussehen: *»Denn keiner von uns lebt sich selbst, und keiner stirbt sich selbst. Denn sei es, dass* *wir leben, wir leben dem Herrn; sei es, dass wir sterben, wir sterben dem Herrn. Sei es nun, dass wir leben, sei es, dass wir sterben, wir sind des Herrn. Denn hierzu ist Christus gestorben und wieder lebendig geworden: um zu herrschen sowohl über Tote als auch über Lebende«* (Römer 14,7-9).

Die Grundlage und die Mittel der Heiligung

Nun wollen wir untersuchen: 1. die Grundlage für Christi Gebete für die Heiligung seiner Jünger und 2. die Mittel, durch die Heiligung gefördert und bewirkt wird.

Die Grundlage ist: *»Sie sind nicht von der Welt, wie ich nicht von der Welt bin«* (V. 16). Wie wurden sie *»nicht von der Welt«*? Das wurden sie, um mit den Worten unseres Herrn in Kapitel 3 des Johannesevangeliums zu sprechen, als sie »von Neuem geboren« (oder auch: »von oben her geboren«; Johannes 3,3.7) wurden. Dabei erhielten sie ein neues Leben, das nicht »von der Welt« ist – ebenso wenig, wie der Sohn Gottes von der Welt ist. Dieses Leben wurde ihnen unmittelbar von Gott eingesetzt, als sie Gottes Sohn im Glauben aufnahmen (Johannes 1,11-13). Das ist die »neue Geburt«, die »Waschung der Wiedergeburt«, das »Bad«. Diese haben wir in Kapitel 2 betrachtet.

Aber nun, da die Jünger nicht länger »von der Welt« sind, müssen sie völlig im Dienst für Gott hingegeben sein und beständig in dieser Hingabe bleiben. Wie kann das erfolgen? *»Heilige sie durch die Wahrheit: Dein Wort ist Wahrheit«* (V. 17).

Während sie in der Welt für Christus leben und zeugen möchten, werden sie ständig von den Vorstellungen, Plänen, Motiven und Handlungsweisen der Welt umgeben sein. Und es wird eine ständige Gefahr sein, dass die Gemeinde von ihrer Hingabe gegenüber Christus abweicht und die Ansichten und Methoden der Welt übernimmt. In den vergangenen Jahrhunderten wurde die Christenheit allzu oft Teil der politischen

Regierungssysteme in den verschiedenen Ländern und Großreichen der Welt. Die Christenheit hat sich weit davon entfernt, eine keusche jungfräuliche Verlobte für Christus und niemanden sonst als ihrem Herrn und Haupt zu sein (Epheser 1,10; Kolosser 1,18; 2. Korinther 11,2.3). Sie hat es zugelassen, dass das Haupt der weltlichen politischen Macht den Platz Christi einnimmt und so die Treue und Hingabe der Gemeinde gegenüber dem Herrn wegnimmt. Es ist eine einfache, dennoch bedauerliche geschichtliche Tatsache, dass die christliche Gemeinde seit dem vierten Jahrhundert riesige kirchliche Strukturen errichtet hat, die die selbstherrlichen Machtstrukturen des Römischen Reiches zum Vorbild hatte. Und diese Strukturen wurden schnell zum Grund für weltliche, skandalöse Machtkämpfe und internationale Streitigkeiten vonseiten ehrgeiziger Geistlicher und Politiker. Zu jeder Zeit war es für die Gemeinde gefährlich einfach, das Evangelium mit irgendeiner gerade vorherrschenden politischen Philosophie gleichzusetzen, egal ob Monarchie oder Feudalismus, Demokratie oder Sozialismus, Marxismus oder Befreiungstheologie, bis das Evangelium selbst völlig durcheinandergebracht war in den Köpfen der Menschen und die Länder der Dritten Welt dachten, Missionare seien Agenten ihrer Kolonialregierungen.

Diener Christi und ihr Zeugnis müssen nicht nur davor bewahrt werden, von der Politik der Welt irregeführt zu werden, sondern auch davor, mit unangemessenen Moralmaßstäben, Philosophien und dem Handelsgeist der Welt vermischt zu werden. Oft ist es ein öffentlicher Skandal, der das Christentum als große gewinnbringende Maschine erscheinen lässt, die alle Verkaufstechniken ihrer Zeit einsetzt, um Geld zu verdienen. Und es war mindestens genauso verhängnisvoll, wenn nicht sogar schlimmer, dass in den letzten zweihundert Jahren besonders im Westen das akademische Studium der Bibel oft auf rationalen Philosophien gegründet war. Da Unglaube die Grundannahme dieser Philosophien war, ist es nicht verwunderlich, dass am

Ende Unglauben herauskam, der den Glauben von Generationen von Studenten untergraben hat.

Wie können Christi Diener als reine Gefäße für die Verwendung durch den Meister bewahrt werden, sodass sie nicht von der Welt geprägt sind, sondern frei sind von ihren eigenen Lastern und Begierden (2. Timotheus 2,14-26)?

»Durch die Wahrheit«, sagt Christus. Aber was ist Wahrheit? »Gottes Wort ist Wahrheit«, ist die Antwort Christi. Jahrhunderte zuvor hat der Psalmist gefragt: *»Wodurch wird ein Jüngling seinen Pfad in Reinheit wandeln?«* Seine Antwort war: *»Indem er sich bewahrt nach deinem Wort«* (Psalm 119,9). Die Antwort bleibt wahr für Jung und Alt, Einzelne und ganze Gemeinden, zu jeder Zeit und an jedem Ort. Der Schlüssel für kontinuierliche Heiligung und, wenn notwendig, für die Wiederherstellung der Heiligung ist sorgfältiges und eifriges Studium des Wortes Gottes, Gehorsam ihm gegenüber und das Umsetzen des Wortes Gottes in die Praxis. Denn durch sein Wort heiligt Gott jene, die an ihn glauben. Und diejenigen, die gebadet sind, müssen es dem Herrn erlauben, ihre Füße durch das Waschen mit Wasser durch das Wort zu reinigen, wenn sie Gemeinschaft mit ihm in seinem Dienst haben und in der Welt für ihn auf richtige Art und Weise Zeugnis geben möchten.

Die dritte Situation

»Wie du mich in die Welt gesandt hast, so habe auch ich sie in die Welt gesandt« (V. 18).

In der Welt zu leben, birgt wirkliche Gefahren für die Jünger Christi. Sowohl ihr Glaube als auch ihre Heiligkeit bedürfen der Bewahrung. Aber wahre Heiligkeit bedeutet nicht, die Jünger aus der Welt herauszunehmen und Mauern um sie zu bauen, damit sie überhaupt nicht in Kontakt mit der Welt kommen. Christus ist dafür erneut ein Vorbild. In seiner Liebe hat der Vater Christus in die Welt gesandt: Er kam, um zu suchen und zu retten, was verloren war. Er gab sich nicht einfach damit zufrieden, in den Synagogen zu predigen. Er mischte sich freiwillig unter die Menschen. Und zwar so weit, dass er bereit war, selbst verrufenen Sündern persönliche Freundschaft entgegenzubringen und bei ihnen zu Gast zu sein. Dafür erntete er im Gegenzug oft Hass (Lukas 15,1.2; 19,7). Die Pharisäer kritisierten ihn dafür erbittert, als würde er Gottes Maßstäbe der Heiligkeit herunterschrauben und sündiges Verhalten dulden. Seine Erwiderung konnten seine Kritiker nicht widerlegen: *»Nicht die Gesunden brauchen einen Arzt, sondern die Kranken; ich bin nicht gekommen, Gerechte zu rufen, sondern Sünder zur Buße«* (s. Lukas 5,30-33). Ein Arzt, der im Krankenhaus Menschen behandelt, die mit einer gefährlichen Krankheit infiziert sind, sagt nicht, dass Krankheit nicht von Bedeutung ist: Er versucht, sie zu heilen. Und so war es auch bei Christus, als er sich unter das sündige Volk mischte. Jeder Anwesende wusste, was seine Absicht war: Er war gekommen, um sie zu retten. Aber er selbst blieb völlig unbefleckt von ihrer Sünde.

»Aber ist es nicht gefährlich für seine Jünger, so etwas zu tun?«, fragt vielleicht jemand. Ja, natürlich. Die Erfahrung lehrt uns, dass man einen jungen Menschen, der gerade von Drogen frei geworden ist, nicht zurück zu den Dealern schickt. Ebenso wenig wird man einen unerfahrenen, ungeschulten Teenager aussenden, um bei jemandem Pocken zu behandeln. Aber generell sind alle Jünger Christi in die Welt gesandt. Und die Welt ist auf allen Ebenen ein gefährlicher Ort. Doch Christus, der die Jünger aussendet, hat die Gefahren vorhergesehen und Vorsorge getroffen, damit die Jünger für diese Gefahren gewappnet sind.

»Und ich heilige mich selbst für sie, damit auch sie Geheiligte seien durch Wahrheit« (V. 19).

Unser Herr Jesus wurde niemals von Sünde verunreinigt. Er war sein ganzes Leben lang heilig, unschuldig und rein. In ihm war keine Sünde. Er kannte Sünde nicht. Er tat niemals Sünde (Hebräer 7,26; 1. Johannes 3,5; 2. Korinther 5,21; 1. Petrus 2,22). Wie kann er dann davon reden, sich selbst zu heiligen?

Nun, er redete von Heiligung nicht in dem Sinn, sich zu reinigen – denn er benötigte keine Reinigung. Sondern er meinte Heiligung im anderen Sinn des Wortes: sich für das Werk abzusondern, zu dem Gott ihn berufen hat.

Ein Beispiel wird uns helfen, das zu verstehen. Als Gott Israel angewiesen hat, ihm ein irdisches Heiligtum zu bauen, um unter ihnen zu wohnen, berief er Aaron als Israels Hohenpriester. Es war Aarons erhabene Aufgabe, in das Heiligtum zu gehen und dort als Stellvertreter des Volkes Gott zu begegnen. Für diese besondere Aufgabe musste er geheiligt werden, d. h. von allem anderen abgesondert werden für diesen Zweck.

Gott hat das System mit der irdischen Stiftshütte und den irdischen Hohenpriestern schon lange beendet. Heute gibt es nur einen von Gott berufenen Hohenpriester, und das ist Christus (Hebräer 7). Er dient als Stellvertreter der Seinen zudem nicht in einem irdischen Heiligtum, sondern direkt im Himmel (Hebräer 8,1.2; 9,24).

Als Christus hier nun mit seinen Jüngern steht und betet und über seine Heiligung redet, damit auch sie geheiligt werden, bezieht er sich darauf, dass er sie – und diese Welt – bald verlassen wird, um sich abzusondern für die zwei großen Aufgaben, zu denen Gott ihn berufen hat. Diese zwei Aufgaben sind:

1. sich am Kreuz als Opfer für die Sünde zu geben, um die Seinen zu reinigen und zu heiligen;

2. als Hoherpriester, Stellvertreter und Fürsprecher vor Gott im Himmel für die Seinen zu wirken.

Diese zwei gewaltigen Aufgaben werden wir in den Worten der Heiligen Schrift beschreiben. Dabei wird offenbar werden, wie maßgeblich diese beiden Dienste unseres Herrn sowohl für die anfängliche Heiligung der Seinen als auch für die weitere Bewahrung sind, damit sie in die Welt hinausgehen und für ihn leben und ihn bezeugen können.

Die heiligende Auswirkung von Christi Tod

a) Hebräer 10,6-10: *»… an Brandopfern und Opfern für die Sünde hast du kein Wohlgefallen gefunden. Da sprach ich: ›Siehe, ich komme (in der Rolle des Buches steht von mir geschrieben), um deinen Willen, o Gott, zu tun.‹ Während er vorher sagt: ›Schlachtopfer und Speisopfer und Brandopfer und Opfer für die Sünde hast du nicht gewollt noch Wohlgefallen daran gefunden‹ (die nach dem Gesetz dargebracht werden), sprach er dann: ›Siehe, ich komme, um deinen Willen zu tun.‹ (Er nimmt das Erste weg, damit er das Zweite aufrichte.) Durch diesen Willen sind wir geheiligt durch das ein für alle Mal geschehene Opfer des Leibes Jesu Christi.«*

b) Hebräer 13,12-14: *»Darum hat auch Jesus, damit er durch sein eigenes Blut das Volk heiligte, außerhalb des Tores gelitten. Deshalb lasst uns zu ihm hinausgehen, außerhalb des Lagers, seine Schmach tragend. Denn wir haben hier keine bleibende Stadt, sondern die zukünftige suchen wir.«*

Die Auswirkungen der Hohenpriesterschaft und Fürsprache Christi

a) Unterstützung und Stärkung derer, die an ihn glauben, in Zeiten der Versuchung und Anfechtung: *»Daher musste er in allem den Brüdern gleich werden, damit er in den Sachen mit Gott* *ein barmherziger und treuer Hoherpriester werde, um die Sünden des Volkes zu sühnen; denn worin er selbst gelitten hat, als er versucht wurde, vermag er denen zu helfen, die versucht werden. … Da wir nun einen großen Hohenpriester haben, der durch die Himmel gegangen ist, Jesus, den Sohn Gottes, so lasst uns das Bekenntnis festhalten; denn wir haben nicht einen Hohenpriester, der nicht Mitleid zu haben vermag mit unseren Schwachheiten, sondern der in allem versucht worden ist in gleicher Weise wie wir, ausgenommen die Sünde. Lasst uns nun mit Freimütigkeit hinzutreten zu dem Thron der Gnade, damit wir Barmherzigkeit empfangen und Gnade finden zu rechtzeitiger Hilfe«* (Hebräer 2,17.18; 4,14-16).

b) Fürsprache, wenn sie in Sünde fallen: *»Meine Kinder, ich schreibe euch dies, damit ihr nicht sündigt; und wenn jemand gesündigt hat – wir haben einen Sachwalter bei dem Vater, Jesus Christus, den Gerechten. Und er ist die Sühnung für unsere Sünden, nicht allein aber für die unseren, sondern auch für die ganze Welt. … Simon, Simon! Siehe, der Satan hat begehrt, euch zu sichten wie den Weizen. Ich aber habe für dich gebetet, damit dein Glaube nicht aufhöre; und du, bist du einst umgekehrt, so stärke deine Brüder«* (1. Johannes 2,1.2; Lukas 22,31.32).

c) Er kann und wird jene, die an ihn glauben, völlig erretten und durch all ihre Schwierigkeiten nach Hause zum Vater bringen: *»… zum Ergreifen der vor uns liegenden Hoffnung, die wir als einen sicheren und festen Anker der Seele haben, der auch in das Innere des Vorhangs hineingeht, wohin Jesus als Vorläufer für uns hineingegangen ist, der Hoherpriester geworden ist in Ewigkeit nach der Ordnung Melchisedeks. … dieser aber, weil er in Ewigkeit bleibt, hat ein unveränderliches Priestertum. Daher vermag er diejenigen auch völlig zu erretten, die durch ihn Gott nahen, indem er allezeit lebt, um sich für sie zu verwenden. … wer ist es, der verdamme? Christus ist es, der gestorben, ja noch mehr, der auch auferweckt worden, der auch zur Rechten Gottes ist, der sich auch für uns verwendet. Wer wird uns scheiden von der Liebe des Christus? Drangsal oder Angst oder Verfolgung oder Hungersnot* *oder Blöße oder Gefahr oder Schwert? Wie geschrieben steht: Deinetwegen werden wir getötet den ganzen Tag; wie Schlachtschafe sind wir gerechnet worden. Aber in diesem allen sind wir mehr als Überwinder durch den, der uns geliebt hat. Denn ich bin überzeugt, dass weder Tod noch Leben, weder Engel noch Fürstentümer, weder Gegenwärtiges noch Zukünftiges, noch Gewalten, weder Höhe noch Tiefe, noch irgendein anderes Geschöpf uns zu scheiden vermögen wird von der Liebe Gottes, die in Christus Jesus ist, unserem Herrn«* (Hebräer 6,18-20; 7,24.25; Römer 8,34-39).

32. Der Sohn betet, dass die Aussendung seiner Jünger in die Welt wirksam ist

An dieser Stelle des Gebets bringt unser Herr eine Bitte vor, auf die dann die Erklärung der Vorsorge folgt, die er selbst getroffen hat.

Die Bitte

Aber nicht für diese allein bitte ich, sondern auch für die, die durch ihr Wort an mich glauben; damit sie alle eins seien, wie du, Vater, in mir und ich in dir, damit auch sie in uns eins seien, damit die Welt glaube, dass du mich gesandt hast. Johannes 17,20.21

Unser Herr blickt an dieser Stelle seines Gebets auf die vielen nachfolgenden Jahrhunderte und sieht in Gedanken die immer größer werdende Zahl der Männer und Frauen, die aufgrund des Zeugnisses der Apostel zum Glauben an ihn kommen werden. Er betet für sie, dass sie alle eins seien.

Das ist kein diffuses Gebet aus unbestimmtem Idealismus heraus, denn unser Herr präzisiert umgehend, welche Einheit er im Sinn hat und wie diese erreicht werden soll: *»… damit sie alle eins seien, wie du, Vater, in mir und ich in dir, damit auch sie in uns eins seien«* (V. 21).

Diese Einheit aller Gläubigen aller Zeiten hängt davon ab, wie gleich alle Gläubigen in Christus und im Vater sind.

Damit wir verstehen, warum Christus den Vater bitten musste, diese Art Einheit zu bewirken, müssen wir erneut gute Historiker sein und uns in Gedanken neben Jesus und seine elf Jünger an den Eingang zum Garten Gethsemane stellen.

Zu diesem Zeitpunkt sind die Jünger noch nicht in Christus. Sie sind dies ganz offensichtlich noch nicht, denn er steht außerhalb von ihnen mit seinem Körper neben ihnen. Sie können erst mit ihm vereint sein, nachdem er gestorben, auferstanden und aufgefahren ist und der Heilige Geist an Pfingsten gekommen ist. Bisher wurden die Jünger einfach durch ihr gemeinsames Interesse am Herrn Jesus und durch ihre Liebe zu ihm als eine Gruppe von Menschen zusammengehalten. Wie eine Armee dem General folgt oder eine Gruppe Schulkinder sich um einen geliebten Lehrer schart, sind sie mehr oder weniger eng miteinander verbundene Individuen. Mehr aber auch nicht.

Doch bald wird eine unendlich großartigere Einheit entstehen. Auf dieses Gebet hin wird Gott dem Herrn Jesus *»die Verheißung des Vaters«* (s. Apostelgeschichte 1,4) geben. Und der Herr Jesus wird den Heiligen Geist über seine Jünger ausgießen (Apostelgeschichte 2,33). Als erstaunliche Folge werden die Jünger (und alle nachfolgenden an Christus Gläubigen) *in* Christus versetzt, vereint mit ihm und Gott dem Vater.

Was es bedeutet, »in Christus« zu sein

Doch was bedeutet das? In manchen Religionen wird gelehrt, dass die Seele des Einzelnen sich schließlich mit der universalen Seele vereinigt, wie ein Wassertropfen sich mit dem Meer verbindet. Aber in diesem Fall verliert der Wassertropfen seine eigene Identität vollkommen. Das meint die Bibel nicht, wenn sie davon spricht, dass der Gläubige *in* Christus ist. Dort lesen wir von einem Leib mit seinen Gliedern (1. Korinther 12,12-31). An einem menschlichen Körper behalten alle Glieder, egal ob Hand, Fuß oder Auge, ihre eigene unterschiedliche Identität. Und doch ist der Leib nicht nur eine Ansammlung einzelner Teile. Jedes Glied ist ein wesentlicher Teil des Leibes. Und alle Glieder sind Glieder voneinander. Das ergibt sich daraus, dass jedes Glied am Körper ist und das Leben des Körpers sich in allen Gliedern ausbreitet und diese zusammenhält.

So ist es mit jedem an den Herrn Jesus Gläubigen seit Pfingsten. Der auferstandene Christus hat alle Gläubigen mit Heiligem Geist getauft und sie *in sich* versetzt. Wenn Sie das Neue Testament lesen, werden Sie sehen, dass die ersten Christen beständig davon sprachen, nun »in Christus« zu sein. Nachfolgend eine kleine Auswahl:

»Also ist jetzt keine Verdammnis für die, die in Christus Jesus sind« (Römer 8,1).

»Wenn jemand in Christus ist, da ist eine neue Schöpfung« (2. Korinther 5,17).

»Wir wissen aber, dass der Sohn Gottes gekommen ist und uns Verständnis gegeben hat, damit wir den Wahrhaftigen erkennen; und wir sind in dem Wahrhaftigen, in seinem Sohn Jesus Christus« (1. Johannes 5,20).

»Paulus und Silvanus und Timotheus der Versammlung der Thessalonicher in Gott, dem Vater, und dem Herrn Jesus Christus« (1. Thessalonicher 1,1).

»In Christus« zu sein, unterscheidet Gläubige von Ungläubigen. Es ist eine Unterscheidung und Tatsache, die der körperliche Tod nicht auszutilgen vermag. Paulus sagt: Wenn Christus wiederkommt, werden die Toten *in Christus* zuerst auferstehen (1. Thessalonicher 4,16).

Die historische Einzigartigkeit Christi

Historisch gesehen ist das bemerkenswert. Platon und Sokrates beispielsweise hatten viele begeisterte Nachfolger. Aber keiner von ihnen beschrieb sich selbst als »in Sokrates« oder »in Platon«. Es hätte für sie keinen Sinn ergeben, denn Sokrates und Platon, so hervorragend sie auch waren, waren doch allenfalls Menschen. Aber Jesus ist nicht nur ein Mensch. Er ist der »zweite Adam«, der Sohn des Menschen, der alle, die ihm glauben, mit sich vereinigen kann. Und wie wir bereits weiter oben gesehen haben, ist es auffallend und höchst bedeutsam, dass es für die ersten Christen einige Jahre nach Christi Auferstehung völlig normal war, davon zu reden, »in Christus« zu sein. Das zeigt, dass sie von Anfang an erkannten, wer und was Jesus wirklich ist.

Für jeden Einzelnen von uns ist es ebenso wichtig, sich die persönliche Frage zu stellen: »Bin ich in Christus?« Alle an Christus Gläubigen wissen automatisch, dass sie in Christus sind. Wie Noah und seine Familie wussten, dass sie in der Arche und somit sicher vor der Flut waren, erkennt jeder Gläubige automatisch, dass er in Ewigkeit gerettet und sicher ist, weil er *»in ihm gefunden [wird], indem [er] nicht [seine] Gerechtigkeit [hat], die aus dem Gesetz ist, sondern die, die durch den Glauben an Christus ist – die Gerechtigkeit aus Gott durch den Glauben«* (Philipper 3,9). Aber es ist nur zu leicht möglich, ein Namenschrist zu sein – ohne Erfahrung, was es bedeutet, in Christus zu sein. Deshalb müssen wir uns ehrlich die Frage stellen: »Bin ich in Christus?«

Was ist nötig, um »in Christus« zu sein?

Einfach: Der Glaube an Christus! Christus spricht hier ausdrücklich von denen, *»die durch ihr* [der Apostel] *Wort an mich glauben«* (V. 20). Es handelt sich nicht um einen fortgeschrittenen geistlichen Zustand, in den besonders heilige Christen nach Jahren geistlicher Disziplin gelangen. Alle Gläubigen sind vom ersten Augenblick an »in Christus«, wenn sie in wahrer Buße und Glauben ihr Vertrauen in Christus setzen. Und Gott ist es, der sie in Christus versetzt. Paulus sagt: *»Aus ihm aber seid ihr in Christus Jesus, der uns geworden ist Weisheit von Gott und Gerechtigkeit und Heiligkeit und Erlösung«* (1. Korinther 1,30). Und die Gläubigen sind nicht nur in Christus, von dem Augenblick an, in dem sie ihr Vertrauen auf ihn setzen, sondern sie sind alle gleich in Christus. Es ist nicht eine Frage des Abschlusses: Niemand ist in größerem Ausmaß »in Christus« als ein anderer. Außerdem beseitigt das Sein in Christus zur Errettung alle anderen Unterscheidungen: *»Da ist nicht Jude noch Grieche, da ist nicht Sklave noch Freier, da ist nicht Mann und Frau; denn ihr alle seid einer in Christus Jesus«* (Galater 3,28).

Der Beweis, der die Welt überzeugt

Als unser Herr seinen Vater bittet, dass alle, die an ihn glauben, eins sein sollen, hat er ein weiteres Ziel im Blick. Und zwar, *»damit die Welt glaube, dass du mich gesandt hast«* (V. 21). Daraus wird klar, dass dieses Einssein dadurch hervorgerufen wird, dass jeder Gläubige in Christus und im Vater ist. Er denkt nicht an die großen – und kleinen – Organisationsstrukturen, die im Lauf der Jahrhunderte in der Christenheit aufgekommen sind. Die Christenheit hat immer wieder und in unterschiedlichen Teilen der Welt gigantische Organisationen geschaffen, ebenso wie unzählige kleinere. Aber Einheit auf organisatorischer Ebene veranschaulicht nicht, dass Jesus Christus von Gott gesandt ist. Die verschiedenen Formen des marxistischen Kommunismus bewirkten gewaltige organisatorische Einheiten, die durch extreme Nötigung der Gedanken und des Körpers zusammengehalten wurden und somit jegliche Abweichung oder Änderungsgedanken schonungslos unterdrückten. Aber solche Einheiten belegen nicht, dass Marx von Gott gesandt wurde. Und noch weniger belegen sie, dass Marx' Lehre richtig war.

Unser Herr beabsichtigt etwas, was die Welt beeindrucken wird, nämlich: Wenn Menschen mit einzelnen wahren Gläubigen in Kontakt kommen und sie beobachten, werden sie erkennen, dass sie alle eine auffallende und hervorstechende Sache gemein haben: Jesus Christus ist für sie Wirklichkeit! Dabei spielt es keine Rolle, ob die Gläubigen reich oder arm sind, gebildet oder ungebildet. Sie werden von Jesus nicht als bloße historische Person sprechen, auch nicht als unnahbare Person in irgendeinem entfernten Himmel. Sie werden von ihm als von jemandem reden, den sie kennen, wie ein Baby seine Eltern kennt. Sie werden sich selbst als »in Christus« und »in Gott dem Vater« beschreiben. Welcher Denomination sie auch (oder auch nicht) angehören – sie werden der Welt nicht erzählen, dass sie sich der Gemeinde anschließen mussten, um errettet zu werden. Sie werden die Welt auch nicht zu überzeugen versuchen, dass ihre Gemeinde die einzig wahre ist. Sie werden Christus verkünden, Christus allein als den, durch den der Mensch errettet wird. Für sie ist Christus alles und in allem. Sie werden zweifellos christliche Lehren weitergeben. Aber diese Lehren werden deutlich machen, dass nicht diese erretten, sondern Christus. Jeder muss einzeln direkt zu ihm kommen, nicht zu Vermittlern. Wir müssen ihm vertrauen, ihn annehmen, von ihm angenommen werden, um durch ihn wie durch eine Tür in die Errettung einzutreten, wie ein Schaf in den Pferch, und um für immer bei ihm zu sein. Erst dann ist es für sie angemessen, sich einer christlichen Gemeinde anzuschließen.

Der Stein des Anstoßes der unterschiedlichen Denominationen

Es ist eine bedauerliche Tatsache, dass diese Einheit aller Gläubigen durch die verschiedenen Denominationen oft verhüllt wird. Aus irgendeinem Grund haben Christen eine verdrehte (und biblisch unzulässige) Tendenz gezeigt, sich unter einer Reihe von Bezeichnungen in der Öffentlichkeit bekannt zu machen. Sie haben ihre Gemeinden nach Ländern oder Städten benannt. Oder nach herausragenden christlichen Leitern (entgegen 1. Korinther 1–4). Oder nach bestimmten christlichen Lehren oder Bräuchen, nach unterschiedlichen Theorien und Methoden bezüglich der Leitung einer Gemeinde. Manchmal wurde der einzige Name, nach dem sie benannt sein sollten, völlig ausgeklammert: der Name Christi. Das ist ein Ärgernis und verunehrt Christus. Alle Christen sollten schnellstens darüber Buße tun.

Doch trotz dieses Ärgernisses bleibt die Einheit aller wahren Gläubigen dadurch bestehen, dass alle wahren Gläubigen (trotz aller Denominationen) in Christus und in dem Vater sind. Diese Einheit kann nicht zerstört werden. Und sie weist die Welt hin auf Christus als den lebendigen Herrn, der von Gott zur Errettung der Menschheit gesandt wurde.

Die Vorsorge

Und die Herrlichkeit, die du mir gegeben hast, habe ich ihnen gegeben, damit sie eins seien, wie wir eins sind; ich in ihnen und du in mir, damit sie in eins vollendet seien und damit die Welt erkenne, dass du mich gesandt und sie geliebt hast, wie du mich geliebt hast.

Johannes 17,22.23

Auf den ersten Blick scheint diese Vorsorge einfach die Bitte wortwörtlich zu wiederholen. Aber trotz der Ähnlichkeiten gibt es auch wesentliche Unterschiede.

Christus spricht erstens nicht länger nur von ihrem Einssein, sondern davon, in eins vollendet zu sein. Das ist ein Einssein, das sich entwickeln und zunehmen kann.

Zweitens sagt Christus hier nicht, dass die Gläubigen »in Christus« und »in dem Vater« (*»in uns«*; V. 21) sind, sondern genau das Gegenteil, nämlich dass er »in den Gläubigen« ist und der Vater »in ihm« und somit auch »in den Gläubigen« (*»ich in ihnen und du in mir«*; V. 23).

Beides trifft gleichzeitig zu: Der Gläubige ist in Christus, und Christus ist im Gläubigen (s. Kolosser 1,27; 2. Korinther 13,5). Ein Fisch muss, um zu leben, im Wasser sein, und das Wasser muss in ihm sein. Ein Mensch muss, um körperlich lebendig zu bleiben, in der Luft sein, und die Luft muss gleichzeitig in ihm sein. Leben kann nicht existieren, wenn nur eine dieser Voraussetzungen zutrifft. So hängt das ewige, geistliche Leben eines Gläubigen davon ab, ob er in Christus ist und gleichzeitig Christus in ihm ist.

Drittens beschreibt Christus hier, wie er das bewirkt: »... *die Herrlichkeit, die du mir gegeben hast, habe ich ihnen gegeben«* (V. 22). Die Herrlichkeit, die der Vater Jesus gegeben hat, ist die Herrlichkeit des Vaters, der in ihm ist (Johannes 14,10). Nun kündigt unser Herr seinen Entschluss an (daher die Verbform: »habe ich gegeben«), zu kommen und in jedem Einzelnen von denen, die an ihn glauben, zu wohnen. Und da der Vater in Christus wohnt, wohnt er auch in den an Christus Gläubigen, wenn der Herr Jesus in ihnen wohnt.

Viertens sollten wir jedoch einen wesentlichen Unterschied beachten. Alle Gläubigen sind in Christus. Das ist nicht eine Frage des Ausmaßes – es sind nicht die einen mehr, die anderen weniger in Christus. Alle sind in gleichem Maß in ihm. Gleichzeitig ist Christus in allen Gläubigen. Doch hier gibt es Unterschiede in Bezug auf das Ausmaß. In manchen Gläubigen wohnt Christus mehr als in anderen. Das lässt sich mit einem Haus vergleichen. Ein Hauseigentümer lädt Sie zu sich ein. Vielleicht erlaubt er Ihnen den Zutritt zu einem Raum und verbietet Ihnen den Zugang zu allen anderen Räumen. Oder er lässt Sie in zwei Räume – oder in alle. Christus wohnt in allen Gläubigen. Aber manchmal gibt es Bereiche in unserem Herzen, die so voll mit anderen Dingen sind, dass in ihnen kein Raum für Christus ist. Und manchmal halten wir die Türen zu anderen Bereichen vor ihm verschlossen. Deshalb hat der Apostel Paulus gewohnheitsmäßig für die Neubekehrten gebetet, dass sie gestärkt werden, damit Christus in ihren Herzen rückhaltlos Wohnung nehmen kann. Hier ist das Gebet, das auch wir für uns beten sollten:

»Deshalb beuge ich meine Knie vor dem Vater unseres Herrn Jesus Christus, von dem jede Familie in den Himmeln und auf der Erde benannt wird, damit er euch gebe, nach dem Reichtum seiner Herrlichkeit mit Kraft gestärkt zu werden durch seinen Geist an dem inneren Menschen; dass der Christus durch den Glauben in euren Herzen wohne, indem ihr in Liebe gewurzelt und gegründet seid, damit ihr völlig zu erfassen vermögt mit allen Heiligen, welches die Breite und Länge und Höhe und Tiefe sei, und zu erkennen die die Erkenntnis übersteigende Liebe des Christus, damit ihr erfüllt sein mögt zu der ganzen Fülle Gottes. Dem aber, der über alles hinaus zu tun vermag, über die Maßen mehr, als was wir erbitten oder erdenken, nach der Kraft, die in uns wirkt, ihm sei die Herrlichkeit in der Versammlung in Christus Jesus auf alle Geschlechter des Zeitalters der Zeitalter hin! Amen« (Epheser 3,14-21).

Wenn Christus immer mehr in unseren Herzen wohnt, werden wir zu einer immer tieferen Freude der Gemeinschaft mit den anderen Gläubigen geführt: Wir sind *»in eins vollendet«* (V. 23).

Und schließlich werden wir bei fortschreitendem Prozess in unseren Herzen immer stärker empfinden, was es bedeutet, von Gott geliebt zu sein – was es bedeutet, dass Gott uns auf dieselbe Weise und in demselben Ausmaß liebt, wie er seinen Sohn liebt. Und Menschen in dieser lieblosen, hoffnungslosen, hasserfüllten, unsicheren und ruhelosen Welt werden dies spüren. Sie werden erkennen, dass unsere Freude, unser Friede und unsere Gewissheit nicht unser Verdienst ist, nicht durch unsere Wesensstärke, auch nicht durch unsere Umstände verursacht wird – sondern dadurch, dass Christus in uns wohnt und wir von Gott geliebt sind.

33. Der Sohn betet für alle Gläubigen während ihres ganzen Wegs in die himmlische Heimat

Vater, ich will, dass die, die du mir gegeben hast, auch bei mir seien, wo ich bin, damit sie meine Herrlichkeit schauen, die du mir gegeben hast, denn du hast mich geliebt vor Grundlegung der Welt. Gerechter Vater! – Und die Welt hat dich nicht erkannt; ich aber habe dich erkannt, und diese haben erkannt, dass du mich gesandt hast. Und ich habe ihnen deinen Namen kundgetan und werde ihn kundtun, damit die Liebe, mit der du mich geliebt hast, in ihnen sei und ich in ihnen.

Johannes 17,24-26

Der Herr Jesus betet im Laufe seines Gebets für die Jünger und ihren Fortschritt in der Heiligung, und dabei bringt er seine Bitten in einer logischen Reihenfolge hervor. Er wiederholt zuerst die Art und Weise, wie er sie am Anfang ihrer geistlichen Pilgerreise zum Glauben geführt hat. Dann wiederholt er, wie er während seines irdischen Dienstes bei ihnen war und den Glauben genährt und entwickelt hat. Anschließend betet er für die Bewahrung ihres Glaubens während seiner Abwesenheit. Als Nächstes geht es ihm um ihre Aussendung in die Welt und die Notwendigkeit anhaltender Heiligung. Danach betet er für die Wirksamkeit ihres Zeugnisses, damit Generationen nach ihnen im Lauf der Jahrhunderte durch ihre Worte zum Glauben kommen. Und nun, am Ende seines Gebets, freut er sich auf die Vollendung, wenn all jene, die ihm gehören, in der Herrlichkeit seiner ewigen Gegenwart ankommen werden, völlig geheiligt. Und er betet auch für die Absicherung ihrer Vollendung. Der das gute Werk in ihnen angefangen hat, wird es auch vollenden. Er wird durch seine Verkündigung nichts anfangen, was er nicht durch seine Gebete vollenden wird.

Deshalb betet er nun für die Vollendung der Heiligkeit der an ihn Glaubenden. Achten Sie darauf, wie er es umschreibt. Er betet nicht, dass sie in den Himmel genommen werden, auch wenn das inbegriffen ist. Er betet: *»Vater, ich will, dass die, die du mir gegeben hast, auch bei mir seien, wo ich bin«* (V. 24). Er betet nicht einfach: »… damit auch sie sind, wo ich bin«. Die Liebe Gottes kann es nicht so unklar belassen. Sie muss es präziseren: *»**bei mir** seien, wo ich bin«*. Die Liebe Christi wird nicht zufrieden sein, bis jeder Gläubige für immer *bei ihm* sein wird.

Das ist die wirklich christliche Aussage: *»Heute wirst du **mit mir** im Paradies sein«*, sagte Christus zu dem sterbenden Übeltäter (Lukas 23,43). Paulus schreibt: *»ausheimisch von dem Leib und einheimisch **bei dem Herrn**«* (2. Korinther 5,8). Und an anderer Stelle fügt er hinzu: *»indem ich Lust habe, abzuscheiden und **bei Christus** zu sein, denn es ist weit besser«* (Philipper 1,23).

Bei dem Gebet, dass all die Seinen letztlich bei ihm sein werden, hat Christus eine weitere Absicht: *»damit sie meine Herrlichkeit schauen, die du mir gegeben hast«* (V. 24). Das ist die Herrlichkeit, von der unser Herr am Anfang seines Gebets gesprochen hat, die Herrlichkeit, die er beim Vater hatte, ehe die Welt war (V. 5). Der Anblick dieser Herrlichkeit – auch wenn sie uns unvorstellbar scheint – wird uns klar vor Augen führen, was wir jetzt nur undeutlich erkennen: Den Reichtum, den er hatte, hat er verlassen, damit er um unsertwillen arm wurde und wir durch seine Armut reich werden (2. Korinther 8,9).

Doch wenn Christus dafür betet, dass wir seine Herrlichkeit erkennen können, die er vor Schaffung der Welt hatte, gehen die Gedanken des Herrn in eine klein wenig andere Richtung. Diese Herrlichkeit war der Ausdruck und das Maß der Liebe des Vaters für ihn. Deshalb müssen wir diese Herrlichkeit erkennen. Denn wenn wir diese unermessliche Herrlichkeit erkennen, werden wir anfangen, die unendlich große Liebe des Vaters zu seinem

Sohn zu erfassen. Und dann – kurz vor dem Höhepunkt seines Gedankengangs – wirft er etwas Ernstes ein: *»Gerechter Vater! – Und die Welt hat dich nicht erkannt«* (V. 25). Welch bedauerliche Unwissenheit! Die Welt in ihrer Entfremdung und törichten Unabhängigkeit und Rebellion erkennt den Sohn des Vaters nicht. Und wie ein rebellisches kleines Kind will sie sich nicht demütigen, um von Gott gelehrt zu werden, damit die Liebe Gottes und seines Sohnes ihnen offenbart werde. Stattdessen übergeben sie den Sohn Gottes der Schande des Kreuzes. In der Gerechtigkeit Gottes werden sie aber nicht nur die Segnungen der Schöpfung und Erlösung einbüßen, sie werden auch nicht an der Herrlichkeit des Schöpfers und Erlösers in der Ewigkeit teilhaben.

Aber hören wir mit tieferer Dankbarkeit aufgrund dieses traurigen Hintergrunds unserem Herrn weiter zu: *»… ich aber habe dich erkannt, und diese haben erkannt, dass du mich gesandt hast«* (V. 25).

Doch wir stellen uns die Frage: Wie haben sie das erkannt? Sie haben es nicht durch einen außergewöhnlichen Intellekt erkannt, und sicherlich nicht durch ihren eigenen Verdienst. Sie waren so, wie der Herr sie beschreibt: »Unmündige«, wie kleine Kinder (Lukas 10,21-24). Nur: Sie waren bereit, die Stellung von kleinen Kindern einzunehmen. Der Name, von dessen Kenntnis ihre Errettung, ihr ewiges Leben und ihre ewige Herrlichkeit abhing, wurde ihnen durch den göttlichen Lehrer bekannt gemacht. Christus sagt: *»ich habe ihnen deinen Namen kundgetan«* (V. 26). Und bereits als kleine geistliche Kinder, die vom Sohn selbst gelehrt wurden, kannten sie den Vater. Ebenso tun das alle kleinen Kinder in Gottes Familie, wenn sie auch sonst wenig verstehen (1. Johannes 2,13.14).

Aber der Name Gottes, d. h. Gottes Wesen, ist in seiner Fülle und Herrlichkeit grenzenlos. Gottes Kinder dürfen keine geistlichen Kinder bleiben. Sie müssen wachsen in der Erkenntnis Gottes, zu reifen Söhnen werden und in ihrem Verständnis vom Vater und vom Sohn zunehmen. Deshalb sichert Christus hier eine nicht endende Offenbarung zu: *»ich habe ihnen deinen Namen kundgetan und werde ihn kundtun«* (V. 26).

Gemäß dieser Verheißung macht Christus den Seinen fortwährend den Namen des Vaters bekannt, in dem Maß, wie sie es tragen können. Dazu gebraucht er Gottes Wort und die Erziehung und Züchtigung durch das tägliche Leben. Nur wenige Menschen haben einen annähernd vollkommenen irdischen Vater. Einige wurden durch die (unabsichtlich) verzerrte Darstellung von Vaterschaft durch ihre Eltern emotional durcheinandergeworfen oder verletzt. Es kann ein Leben lang dauern, bis Christus diese Prägung korrigiert und in den Verstand und, noch wichtiger, in das Herz die vollkommene Fürsorge, Erziehung, Anteilnahme, Geduld und Gnade der Liebe des Vaters einprägt und uns davon überzeugt, dass es schöner ist, als wir uns je hätten träumen lassen. Genauso kann es Christus viel Zeit kosten, uns Gottes unstillbares Verlangen bewusst zu machen, dass die an ihn Glaubenden an Heiligkeit zunehmen, bis ihre Heiligkeit seiner Heiligkeit entspricht, koste es, was es wolle (Hebräer 12,5-11).

Hören wir nun jedoch den Höhepunkt, auf den das Gebet Christi zusteuert. Er beabsichtigt, die Seinen schließlich zu sich zu nehmen – dorthin, wo er ist. Dort wird er ihnen den unerschöpflichen Reichtum zeigen, den er vor Grundlegung der Welt hatte. Durch diese nicht endende Offenbarung sollen sie immer mehr das unendliche Ausmaß der Herrlichkeit entdecken, die der Vater ihm gegeben hat. Und dadurch sollen sie mit wachsendem Staunen die Liebe des Vaters für den Sohn erkennen. Über ihrer Anbetung der Liebe des Vaters für den Sohn wird die Stimme des Sohns gehört werden, die immer mehr vom Namen des Vaters offenbart. Welle über Welle begeisterten Staunens und großer Freude wird sie ihrerseits erfüllen, wenn sie wieder und wieder erkennen – als wäre es etwas völlig Neues –, dass der Vater auch sie liebt. Und zwar so vollkommen, reichlich und unendlich wie seinen Sohn. Und die Liebe Gottes wird in ihnen sein, und der Sohn Gottes wird in ihnen sein – in Ewigkeit!